Ma généalogie

Comment retrouver l'histoire de ma famille ?

Marie-Odile Mergnac

W0338026

Sommaire de l'ouvrage

© 2011 Archives & Culture - 26 bis, rue Paul-Barruel, 75015 Paris - www.archivesetculture.fr
ISBN : 978-2-35077-204-2

Introduction

L'instituteur de votre enfant lui a demandé de dresser une petite généalogie ? Ou bien l'envie de commencer la vôtre vous titille depuis quelque temps ? Ou bien vous êtes déjà remonté jusqu'au XVIIIe siècle mais vous avez perdu le fil de certaines branches ? Ou bien encore vous rêvez d'organiser une grande cousinade rassemblant tous les descendants de l'arrière arrière grand père Louis marié en 1854 ?... Ce livre est fait pour vous. Il part de vos envies, de vos questionnements, de vos doutes, de votre période de recherche, aussi loin soit-elle dans le temps, pour vous faire progresser et franchir les écueils. Pas de cours sur l'état civil ou les registres paroissiaux, pas de liste interminable des fonds d'archives dans lesquels le chercheur doit trier ce qui l'intéresse (du genre : les archives en France sont organisées comme ça... et puis débrouillez-vous). Les informations sont données ici en fonction de ce que vous cherchez, siècle par siècle.

Le livre part donc d'aujourd'hui pour vous accompagner au-delà du XVIe siècle et vous aider à passer les difficultés que chaque période vous réserve. Si vous avez remonté le temps jusqu'à 1810, commencez la lecture directement en partie 3 (*Les recherches sous l'Empire et la Révolution*). Et si vous en êtes déjà à la Révolution, sautez en partie 4 (*Les recherches avant la Révolution*). Vous ne reviendrez aux textes plus contemporains que si vous entreprenez une généalogie descendante ou si vous souhaitez étoffer, par des informations biographiques sur la vie, le métier, la situation de fortune, un arbre qui serait encore un peu « sec », comportant seulement des noms, des prénoms, des dates et des lieux.

Car une généalogie, ce n'est pas qu'une liste d'ascendants. La recherche des noms dans le temps est bien sûr aussi passionnante qu'une enquête policière, mais celle sur le caractère ou le quotidien de vos aïeux l'est encore plus, aussi vivante qu'une saga familiale. Accessibles à tous, les fonds d'archives en France sont d'une telle richesse qu'il est possible « d'entrer » virtuellement dans la maison que l'aïeul occupait il y a trois cents ans, de retrouver ses brouilles avec ses voisins ou ses aléas de fortune, bref de faire revivre chaque ancêtre disparu au point d'avoir l'impression de l'avoir connu. Et, comme les sagas réservent toujours des rebondissements, vous découvrirez sans doute quelques surprises dans les branches de votre arbre puisque, comme le dit l'adage, « chacun descend d'un roi et d'un pendu ». Barack Obama, par exemple, descend bien à la fois d'un esclave et du roi Hugues Capet. Et bien sûr les frontières s'effacent. Kate Middleton, qui vient d'épouser le prince William d'Angleterre, descend ainsi d'un médecin français de Dordogne, Gaston Martineau, protestant exilé à Londres et naturalisé anglais en 1688.

Lancez-vous donc dans l'aventure généalogique ! Elle ne demande que du temps et peut se pratiquer avec ou sans budget, sur place ou à distance (les archives mettent leurs documents sur Internet), par tous les temps et quel que soit votre âge : un passe-temps intellectuel passionnant qui rassemble toutes les générations : celles d'aujourd'hui comme les disparues !

Bonne quête !

Débuter ses recherches

Que faut-il chercher pour débuter ?

Comment dater et conserver les documents ?

Comment interroger la famille ?

Comment débuter dans l'état civil ?

Comment retrouver le grand-père de 1914-1918 ?

Que faire quand un grand père vient de l'étranger ?

Comment noter les premiers résultats ?

Que faut-il chercher pour commencer ?

On entend parfois dire : « La généalogie, c'est compliqué, il faut se déplacer dans les mairies une par une… » ou bien : « J'habite trop loin de la région de mes ancêtres ». Pas besoin d'aller bien loin pourtant : la première étape de recherche se déroule chez vous !

Vous avez tous vu des arbres généalogiques : ils donnent, génération après génération, des noms, des dates, des lieux, des informations, en commençant par vous-même, puis par vos parents, vos grands-parents, autant de personnes qui vous sont a priori familières : ce sont sur ces proches qu'il vous faut glaner les premières informations.

Retrouver les papiers de famille

En France, chacun peut librement accéder aux archives de l'état civil, mais seulement lorsqu'elles ont plus de soixante-quinze ans pour les actes de mariage et de naissance. Pour franchir ces soixante-quinze premières années, c'est-à-dire remonter en gros jusqu'à la Première Guerre mondiale, il suffit le plus souvent de fouiller ses tiroirs et ses greniers. La première étape d'une généalogie consiste ainsi à rassembler tous les documents qui peuvent servir à retracer l'histoire de la famille. On peut les chercher chez soi, chez ses parents, dans le grenier de la maison de famille ou bien même chez le grand-oncle réputé pour n'avoir jamais rien jeté !

Ces papiers de famille sont de trois sortes : ceux qui vont vous donner des dates, des noms, des prénoms et des lieux précis de naissance, mariage ou décès. Ceux qui vont vous apporter des éléments sur le quotidien de vos aïeux ; enfin ceux, plus généraux, qui évoquent leur époque, les événements de l'histoire locale ou nationale qu'ils ont traversés. Conservez les trois : vous constaterez très vite qu'il n'est pas possible de rechercher ses aïeux sans avoir envie de comprendre comment ils ont vécu.

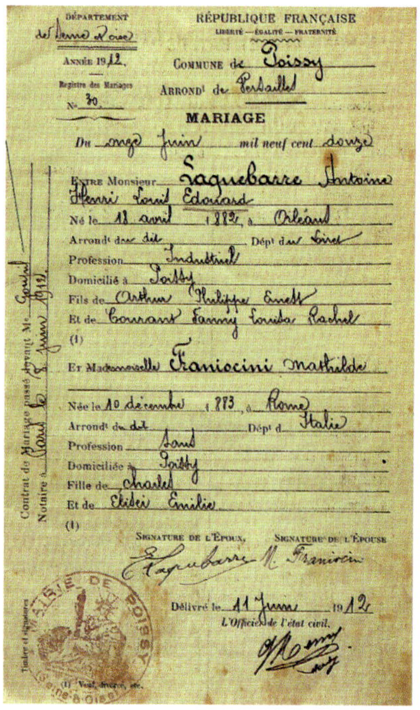

DÉPARTEMENT de Seine et Oise

RÉPUBLIQUE FRANÇAISE
LIBERTÉ — ÉGALITÉ — FRATERNITÉ

ANNÉE 1912.
COMMUNE de Poissy
Registre des Mariages N° 30
ARROND^t de Versailles

MARIAGE

Du onze Juin mil neuf cent douze

ENTRE Monsieur Laguebarre Antoine Henri Louis Edouard
Né le 18 avril 1882, à Orléans
Arrond^t dudit Dép^t du Loiret
Profession Industriel
Domicilié à Poissy
Fils de Arthur Philippe Ernest
Et de Courant Fanny Louisa Rachel
(1)

ET Mademoiselle Franiocini Mathilde
Née le 10 décembre 1883, à Rome
Arrond^t dudit Dép^t d'Italie
Profession Sans
Domiciliée à Poissy
Fille de Charles
Et de Elidei Emilie
(1)

Contrat de Mariage passé devant Me Gourd Notaire à Paris le 8 juin 1912

SIGNATURE DE L'ÉPOUX, SIGNATURE DE L'ÉPOUSE
E. Laguebarre M. Franiocini

Délivré le 11 Juin 1912
L'Officier de l'état civil.

Timbre et signatures

MAIRIE DE POISSY (Seine-&-Oise)

(1) Veuf, divorcé, etc.

Les livrets de famille comptent parmi les documents les plus conservés. Si ceux de vos parents, grands-parents et arrière grands-parents ne sont pas chez vous, ils sont peut-être chez un vieil oncle.

Photo de mariage d'après guerre. En cette période de restriction, on se mariait davantage en tailleur.

De vieilles pièces d'identité, cartes associatives ou d'ancien combattant peuvent être retrouvées dans le grenier familial ou les tiroirs des grands-parents…

Les papiers qui datent…

Si vous voulez consulter les archives de plus de soixante-quinze ans et remonter ensuite très haut dans le temps, il vous faut un point de départ qui va vous permettre de rebondir d'acte en acte. Ce point de départ n'est rien d'autre, tout simplement, que des éléments d'état civil précis sur vos ancêtres les plus proches : leurs prénoms au complet, le nom de famille bien sûr, leurs dates et lieux précis de naissance, mariage et décès éventuels… jusqu'à obtenir des lieux et des dates de plus de soixante-quinze ans. Si vos arrière grands-parents vivent encore près de chez vous, c'est parfait : il suffit sans doute de les interroger pour passer ce fameux cap. Sinon, vous pouvez retrouver ces informations de base chez vous ou chez vos parents dans de nombreux documents, qui présentent par ailleurs l'avantage d'être plus précis que la mémoire familiale :

– des extraits ou des copies d'actes d'état civil
– d'anciennes cartes d'identité ou d'anciens passeports
– des livrets de famille ; ils ne sont apparus qu'en 1877 mais ils sont particulièrement précieux, car ils sont remis à chaque mariage et vous donnent les noms et prénoms des parents des deux époux. Ils sont souvent conservés par les générations successives.

Deux mariés de 1906. Remarquez les belles moustaches recourbées de l'époux, très à la mode à l'époque, et sa mèche en accroche-cœur sur le front !

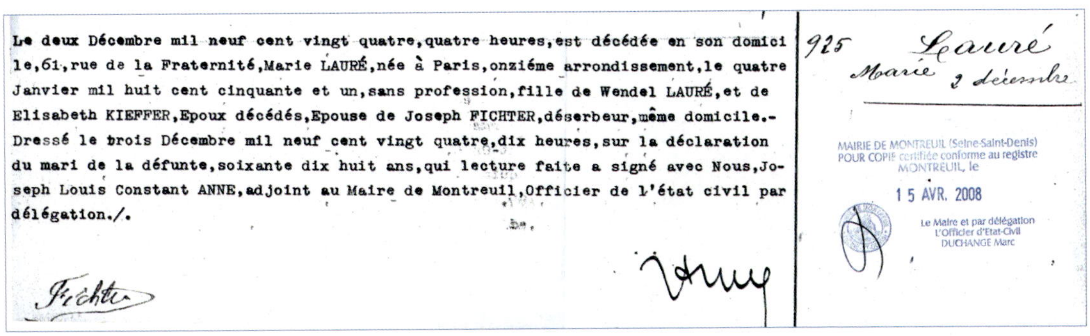

Le deux Décembre mil neuf cent vingt quatre, quatre heures, est décédée en son domicile, 61, rue de la Fraternité, Marie LAURÉ, née à Paris, onzième arrondissement, le quatre Janvier mil huit cent cinquante et un, sans profession, fille de Wendel LAURÉ, et de Elisabeth KIEFFER, Epoux décédés, Epouse de Joseph FICHTER, déserbeur, même domicile.- Dressé le trois Décembre mil neuf cent vingt quatre, dix heures, sur la déclaration du mari de la défunte, soixante dix huit ans, qui lecture faite a signé avec Nous, Joseph Louis Constant ANNE, adjoint au Maire de Montreuil, Officier de l'état civil par délégation./.

925 Lauré Marie 2 décembre

MAIRIE DE MONTREUIL (Seine-Saint-Denis) POUR COPIE certifiée conforme au registre MONTREUIL, le 15 AVR. 2008
Le Maire et par délégation L'Officier d'État-Civil DUCHANGE Marc

Des copies d'actes d'état civil sont parfois conservées par les familles. Celles qui manquent pourront être demandées en mairie.

Tous ces documents vont vous permettre de retrouver des prénoms et des noms précis, y compris les noms de jeune fille oubliés des arrières grands-mères, des dates, des lieux aussi. Grâce à eux, vous pourrez compléter les premières cases de votre arbre généalogique, presque sans être sorti de chez vous !

Commune de Séligny

BAL

DES CONSCRITS

DE LA CLASSE 1908

MADEMOISELLE,

Vous êtes priée d'honorer de votre présence le BAL offert par les conscrits de la Classe 1908, qui aura lieu le ~~Dimanche~~ 28 Avril 1909, salle de M. GARNAULT.

Mercredi

Ouverture du Bal à 8 heures précises

Si vos amis et connaissances n'ont pas reçu de cartes, prière de leur en faire part

IMP. A. LIENARD, SAINTE-MAURE. J. RICHARD, SUCC^R

Les papiers qui racontent...

D'autres documents vous apportent en même temps une moisson d'informations biographiques :

– les livrets militaires, car ils donnent non seulement l'état civil mais aussi le descriptif physique, les affectations, les guerres, les blessures, les décorations ou les condamnations… Ce sont hélas les documents les moins conservés, une fois le service militaire ou la guerre finie

– les faire-part, mentionnant des dates, parfois des lieux, de naissance, de mariages ou de décès et indiquant presque toujours des filiations. Dans le cas le plus intéressant pour le généalogiste, celui des faire-part de décès, les membres de la famille proche sont cités, classés selon leur parenté

– les actes notariés : contrat de mariage, ventes ou achats de biens, successions… Autant d'éléments qui vont vous donner à la fois l'état civil et un état (ou une évolution) du patrimoine d'une personne précise. Ils sont toujours conservés par les familles car ils marquent des évènements majeurs

– des cartes d'ancien combattant ou d'invalide de guerre

– les décorations. Parfois accompagnées d'un document précisant les conditions d'at-

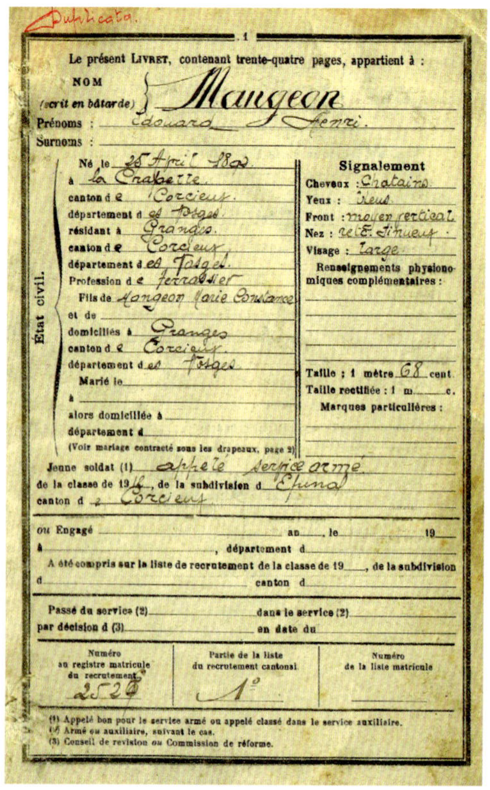
Duplicata.

1

Le présent LIVRET, contenant trente-quatre pages, appartient à :

NOM (écrit en bâtarde) Mangeon

Prénoms : Edouard Henri.

Surnoms :

État civil.

Né le 25 Avril 189…

à la Crabette.

canton de Corcieux.

département des Vosges.

résidant à Granges.

canton de Corcieux

département des Vosges.

Profession de ferrassier

Fils de Mangeon Marie Constance

et de

domiciliés à Granges

canton de Corcieux.

département des Vosges

Marié le

à

alors domiciliée à

département d

(Voir mariage contracté sous les drapeaux, page 2)

Signalement

Cheveux : Chatains

Yeux : bleus

Front : moyen vertical

Nez : rect. sinueux

Visage : large

Renseignements physionomiques complémentaires :

Taille : 1 mètre 68 cent.

Taille rectifiée : 1 m. c.

Marques particulières :

Jeune soldat (1) appelé service armé.

de la classe de 1916, de la subdivision d'Epinal

canton de Corcieux

ou Engagé an , le 19

à , département d

A été compris sur la liste de recrutement de la classe de 19 , de la subdivision d canton d

Passé du service (2) dans le service (2)

par décision d (3) en date du

Numéro au registre matricule du recrutement	Partie de la liste du recrutement cantonal	Numéro de la liste matricule
2529	1°	

(1) Appelé bon pour le service armé ou appelé classé dans le service auxiliaire.

(2) Armé ou auxiliaire, suivant le cas.

(3) Conseil de revision ou Commission de réforme.

Les décorations (ci-dessus médaille militaire), et les photos prises pendant le service (ici en 1939) sont souvent conservées. Mais les papiers de l'armée, notamment le livret militaire, sont parmi les documents que les familles jettent le plus et qu'on retrouve rarement.

L'avantage des photos de classe, c'est que la date y figure souvent ! Ici, une école primaire parisienne dans les années 1950.

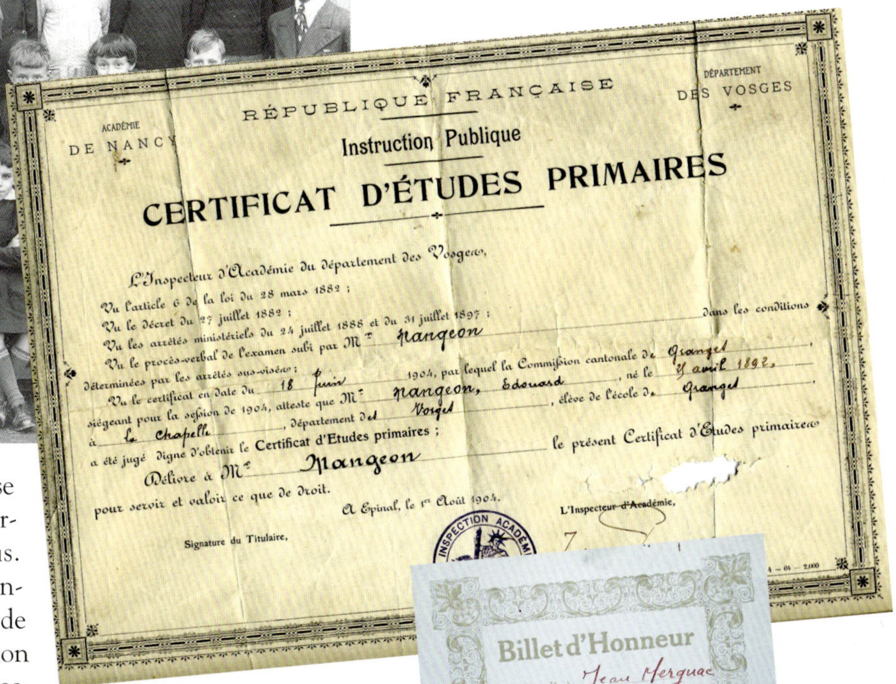

ACADÉMIE DE NANCY — RÉPUBLIQUE FRANÇAISE — DÉPARTEMENT DES VOSGES

Instruction Publique

CERTIFICAT D'ÉTUDES PRIMAIRES

L'Inspecteur d'Académie du département des Vosges,

Vu l'article 6 de la loi du 28 mars 1882 ;
Vu le décret du 27 juillet 1882 ;
Vu les arrêtés ministériels du 24 juillet 1888 et du 31 juillet 1897 ;
Vu le procès-verbal de l'examen subi par Mr Nangeon dans les conditions déterminées par les arrêtés sus-visés ;
Vu le certificat en date du 18 juin 1904, par lequel la Commission cantonale de Granges siégeant pour la session de 1904, atteste que Mr Nangeon, Edouard, né le 4 avril 1892, élève de l'école de Granges à la Chapelle, département des Vosges a été jugé digne d'obtenir le Certificat d'Etudes primaires ;
Délivre à Mr Nangeon le présent Certificat d'Études primaires pour servir et valoir ce que de droit.

A Epinal, le 1er Août 1904.

Signature du Titulaire,

L'Inspecteur d'Académie,

Tribution, elles constituent une information précieuse sur leur titulaire et permettent de se tourner vers l'organisme qui les a attribuées pour en savoir plus. Attention à ne pas prendre pour un éminent personnage un grand-oncle qui était un collectionneur de médailles et en achetait sur les brocantes. Attention aussi à la tombe familiale qui peut comporter des décorations : pendant la Première Guerre mondiale et jusqu'à la fin des années 1920, les militaires morts pour la France ou des suites de leurs blessures avaient souvent une Médaille militaire et une croix de Guerre en émail incrustées sur leur tombe, même s'ils n'en étaient pas titulaires, en hommage général aux combattants

– les photos, qui vous montrent le bébé, le jeune homme, l'adulte, le vieillard… un panorama visuel d'un ancêtre dont vous aviez peut-être oublié le visage

– les correspondances. Lettres ou cartes postales vous donnent quantité d'informations sur le niveau d'étude et d'écriture de votre aïeul, sur ses centres d'intérêt, sur ses relations avec les autres membres de la famille, sur d'éventuels secrets de famille (le sujet est à la mode !)… N'hésitez pas à sortir les cartes des albums anciens pour vous intéresser au verso plutôt qu'au recto !

– des journaux intimes. Rien ne peut bien sûr vous rapprocher davantage de leur auteur. Mais il est rare de les retrouver : ils ont souvent été détruits sur le tard par celui qui les avait écrits. Demandez-vous aussi si vous avez le droit d'aller aussi loin dans l'intimité d'une personne proche…

Tous ces documents ne sont peut-être pas chez vous ; si vous les trouvez chez des grands-parents ou chez un grand-oncle, ils ne voudront pas s'en séparer facilement, même si vous promettez de les photocopier et de les rendre. Prenez-les plutôt en photo. À l'ère du numérique, c'est très facile !

Billet d'Honneur

Accordé à Jean Merguac

pour son vocabulaire

Le 11/1/40.

Ne négligez pas les documents scolaires : cahiers d'écoliers, diplômes… Ils ne vous apporteront pas d'informations sur l'état civil de votre aïeul, mais un aperçu de ses capacités et de ce qu'il aimait.

Les papiers et objets qui témoignent…

Dans les tiroirs du grand-père, dans le grenier de la maison de famille, vous pouvez aussi trouver bien d'autres éléments qui traduisent surtout une époque ; ils vous

Les images pieuses de baptême ou de communion portent au dos un prénom, une date, une prière… Ci-dessus, une image religieuse distribuée dans les tablettes de chocolat dans les années 1920.

donnent des informations plus indirectes sur vos ancêtres, mais ils peuvent être tout aussi émouvants. Ils sont si nombreux qu'aucune liste ne peut être exhaustive et ils sont à analyser au cas par cas. Évoquons par exemple :

– des tickets de rationnement de la Seconde Guerre mondiale

– des cahiers d'écoliers et des manuels du siècle dernier, avec parfois des annotations, des bons points oubliés entre les pages, des petits personnages découpés dans des catalogues et placés là par l'élève

– des images pieuses, sur laquelle le communiant a parfois noté une date, un évènement, une prière, une action de grâce

– des revues, qui laissent deviner des centres d'intérêt

– des cartes d'électeurs (rappelons que les femmes et les militaires n'ont eu le droit de vote qu'en 1945 et que la majorité était de 21 ans jusqu'en 1974), mais aussi des tracts ou des papiers syndicaux, qui peuvent témoigner d'un engagement politiques de votre aïeul

– des livres de compte, factures, documents d'assurance, papiers administratifs, fiscaux ou bancaires…

Ne jetez pas ces documents. Froissés, pliés, imprimés sur des papiers inhabituels aujourd'hui, ils sont le reflet d'une décennie, d'une génération… Si vous rédigez un jour un livre de famille, vous pourrez les utiliser comme illustration.

Quelques tickets de rationnement de la Seconde Guerre mondiale et de l'immédiate après-guerre se retrouvent encore dans les greniers. Pas parce qu'on n'en avait pas besoin à l'époque mais parce que les magasins étaient parfois si vides qu'on ne pouvait même pas les utiliser. Ici une carte de tabac de 1945 et des tickets de charbon et de pain de 1948.

Comment dater et conserver les documents ?

Les cartes postales comme la photographie ont une histoire, qu'il est tout à fait utile de connaître pour dater de nombreux documents familiaux. Petit aperçu des modes et des techniques d'hier...

Vous avez maintenant exploré vos tiroirs et votre grenier. Certains documents vous ont apporté leur lot d'informations et d'émotions. D'autres sont plus difficiles à cerner : les cartes postales par exemple, si l'expéditeur n'indique pas le jour d'expédition, et les photos si vous ne reconnaissez pas celui qui y figure. Quelques astuces peuvent pourtant vous permettre de les dater, donc de disposer d'indices pour identifier le portrait ou l'auteur. N'oubliez pas enfin qu'il faut ensuite un peu d'organisation pour classer et conserver le tout...

Les premières cartes postales

La première carte postale date du 1er octobre 1869, invention d'un professeur d'économie politique de Vienne, Emmanuel Hermann, sur une idée du secrétaire d'État aux Services postaux allemands, Heinrich von Stephan, qui voulait créer une correspondance pratique et peu coûteuse. Sans grand succès.

En France, la carte postale apparaît avec la guerre contre la Prusse : lors du siège de Strasbourg en 1870, la Croix-Rouge obtient des militaires allemands que les Strasbourgeois puissent communiquer avec leur famille à l'extérieur grâce à des cartes sans enveloppe (donc facile à contrôler par l'assiégeant) marquées d'une croix rouge.

Deux ans plus tard, fin 1872, une loi permet la création des cartes postales et la Poste vend les premiers exemplaires fabriqués. En carton de format 12 x 7,5, ils ne comportent rien d'autre que l'indication « Carte postale », quelques lignes pour guider l'écriture, ainsi qu'une ou deux mentions légales. En 1875, sa fabrication par des entreprises privées est autorisée par l'État.

La première carte postale illustrée aurait été créée en 1881 par la Caisse d'Épargne. D'autres voient le jour, à partir de 1889 et de l'Exposition universelle de Paris, avec des dessins de la tour Eiffel. Mais « illustrée » est un bien grand mot : l'adresse du destinataire occupe intégralement le recto, l'image n'est donc imprimée que sur la moitié du verso, voire moins, pour laisser un peu de place au message... Aussi est-il très facile de reconnaître une carte antérieure à 1903.

En 1903 en effet, la Poste modifie sa législation : le recto tout entier est désormais consacré à l'image, le verso se partageant l'adresse du destinataire et le texte. C'est l'engouement immédiat ! Un engouement d'autant plus rapide que les procédés

Les premières cartes postales couleur étaient parfois peintes ou colorisées à la main. Ici : une carte d'anniversaire de 1907. Attention au cachet de la Poste sur le timbre : il peut vous aider à dater un courrier.

Avant 1914, on photographie pour les cartes postales les centenaires, les cortèges de mariage, les fêtes locales… À partir des années 1930, on les colorise de plus en plus.

photographiques se développent et qu'il devient bientôt facile et assez peu coûteux d'imprimer une sorte de photo carte postale noir et blanc sur un carton mat épais, format 9 x 14, en quelques dizaines ou quelques centaines d'exemplaires.

Quels sujets ?

Les photographes parcourent désormais les campagnes et les villes pour fixer paysages et scènes de genre sur leurs pellicules puis sur des cartes postales : les plus beaux monuments, les personnages célèbres, les jeunes filles en costumes régionaux, le centenaire du village, les fêtes locales… L'humour n'est pas interdit, mais les entorses à la morale oui. La carte postale est soumise dès ses débuts à la législation sur la presse et l'affichage. En 1904, le sénateur Bérenger fait même passer un décret interdisant la vision… du moindre poil (sauf barbes et moustaches bien sûr) !

Des cartes que les familles s'approprient

À partir de 1920, les cartes se font aussi individuelles et familiales : les jeunes conscrits du service militaire se font tous photographier et envoient, depuis la caserne, leur portrait en uniforme sur carte à toutes leurs connaissances ; ceux qui sont moins riches achètent des cartes toutes faites, déjà colorisées, représentant un beau militaire, avec un cadre laissé en blanc à ses pieds : « Souvenir de… du régiment de… ». Les communiants se font photographier en studio, prenant une pose obligée, avec chapelet et missel, devant un prie-Dieu pour adresser un souvenir de l'événement à toute la famille. Parfois, c'est le curé lui-même qui finance les cartes pour les premiers du catéchisme. Les jeunes gens envoient leur portrait sur carte postale à leurs amoureuses. Les cortèges de mariage se fixent aussi sur le papier. Quant aux fameux bébés nus sur leurs peaux d'ours, ils connaîtront leur heure de gloire à partir des années 1930.

Des cartes remplaçant le téléphone

Au tout début du XXe siècle, le téléphone n'existe guère encore, et la carte est rapide et moins chère qu'une lettre : autant d'éléments qui facilitent son essor. Tous les collectionneurs de cartes l'ont constaté : on utilisait la carte postale hier comme on utilise un texto aujourd'hui.« J'arriverai jeudi par le train de 12 h, André », « Bon souvenir de celui qui vous aime, Émile », « Fernand peut-il venir samedi avec son cheval ? Jules », etc. Et comme, dans un village, tout le monde peut lire la carte, depuis le facteur jusqu'à la famille du destinataire au grand complet, les amoureux s'envoient des cartes chiffrées, à décoder. Une mode qui disparaît au cours de la guerre de 1914-1918, avec la destruction systématique par la censure de toutes les cartes codées.

La guerre n'arrête cependant pas l'essor de la carte postale qui atteindra le record de ventes de 800 millions d'exemplaires en France sur l'année 1920 !

Dater les photos

C'est à partir des années 1930 qu'apparaissent les photographies d'amateur, de tout petit format, en noir et blanc, avec un cadre blanc à bord dentelé : les appareils ont désormais des prix accessibles et chaque famille va progressivement prendre elle-même ses propres clichés… plus ou moins bien cadrés, ainsi que vous le découvrirez en explorant vos tiroirs…

Auparavant, vous trouverez surtout les « cartes postales familiales » qu'on vient d'évoquer, prises par des professionnels, et, plus loin encore dans le temps, avant 1914, des tirages appelés « portraits cartes » ou bien « cartes de visite », en papier albuminé collé sur du carton fort, en général de format 10,5 cm x 6 cm (voir page suivante le zoom sur les astuces de datation).

Bien sûr, les procédés photographiques existent depuis les années 1830, mais la plupart des familles ne trouvent pas dans les greniers des photos datant du XIXe siècle. D'abord parce que la demande de portraits était réservée à une petite élite, souvent parisienne, compte tenu de son prix particulièrement élevé (de 50 à 100 francs, à une époque où un ouvrier gagnait parfois moins d'un franc par jour), ensuite parce qu'il ne s'est longtemps fait que des pièces uniques, donc rares, et que les aléas des déménagements et des transmissions ont pu faire disparaître au fil des générations. Le prix baisse à partir de 1855 (20 francs pour douze copies, ce qui commence à

Dater des photos d'avant 1914

Au dos du carton, on trouve souvent le nom et la ville du photographe, parfois une date, mais il peut s'agir de celle de l'installation du photographe et pas du cliché. La carte elle-même fournit de nombreux indices.

L'épaisseur des cartons de tirage augmente avec les années :
- 1858-1869 : 0,5 mm au plus.
- 1860-1900 : de 0,75 à 1 mm.
- 1890-1910 : 1 mm ou plus.

Le découpage carré des cartons de tirage a été rapidement abandonné au profit de découpes plus douces :
- 1858-1871 : coins carrés.
- 1871-1910 : coins arrondis.
- 1902-1910 : coins carrés et découpages « fantaisistes ».

La couleur du cartonnage évolue :
- 1858-1869 : carton blanc.
- 1873-1910 : couleurs pastel.
- 1902-1910 : gris pâle.

La tranche est aussi un indice :
- 1875-1900 : taillée en biseau.
- 1886-1914 : colorée ou dorée.
- 1894-1900 : dentelée.

Les marques de photographe varient :
- 1860-1867 : nom seul au dos.
- 1861-1866 : 2 ou 3 lignes de texte.
- 1870-1900 : caractères fantaisie, bordures, etc.
- 1860-1900 : cartouche ou logo sur le cliché.
- 1886-1914 : signature au bas du cliché.

Les mariés faisaient parfois graver une médaille à leurs noms, que le prêtre bénissait en même temps que les alliances lors de la cérémonie.

rendre le portrait, en studio et toujours retouché à la main, accessible à la petite bourgeoisie), mais surtout à partir de 1890, avec l'arrivée des premiers appareils automatiques Kodak. Non seulement les prix chutent considérablement, mais le nombre de studios se multiplie et les photographes peuvent se déplacer dans les campagnes avec du matériel moins lourd.

Les fameux groupes de mariage

Lorsque la photographie commence à se diffuser partout, à la toute fin du XIXe siècle et au début du XXe siècle, elle s'impose pour certaines circonstances de la vie familiale, principalement le mariage. À ce moment-là, il n'y a pas plusieurs photos, mais une photo, unique, qui fait bientôt partie du rituel de la cérémonie elle-même : la fameuse photo de groupe.

Cette majestueuse photo de groupe, montée sur un carton qui fait jusqu'à 40 cm de large, comme nous pouvons tous en retrouver dans nos greniers ou dans les albums des années 1900-1920, est prise devant l'église, ou bien juste après, devant la plus belle maison du village, ou devant la ferme ou l'auberge où va se dérouler le repas de fête.

Les deux familles ne sont réunies au grand complet que pour ces deux moments forts : la messe et le repas, et le photographe sait profiter de l'occasion. Une règle d'or : prendre toujours le cliché avant le repas, car après… Il réussit toujours à faire tenir tous les invités dans son cadre et les place dans un ordre immuable, similaire à celui décrit par exemple par les archives départementales du Puy-de-Dôme : « Au centre de la composition, au premier rang, le mari avec sa femme à son bras gauche. Assis sur des bancs, symétriquement répartis, les parents des époux auxquels on a confié les jeunes enfants. Debout, en gradins,

Photos de groupe et globes de mariée font partie des rites des mariages d'avant 1914.

les deux parentèles, chacun placé à raison de sa proximité avec la famille, en veillant toutefois à garder une place de choix aux garçons et demoiselles d'honneur. Amis et voisins sont à l'arrière, car au début du siècle chaque famille du village est représentée. Enfin, qu'il soit ou non proche de la famille, le musicien a toujours sa place sur la photo » (Marius Force). En revanche, le curé n'y est jamais, pas plus que le maire, à moins qu'ils n'aient un lien de parenté avec les mariés.

On repère assez facilement, sur la plupart des clichés d'avant 1910, les fameuses livrées, c'est-à-dire les petits rubans de couleurs différentes que chaque marié a offerts à ses invités pour qu'ils les mettent au revers des vestes et des corsages. Parfois, au lieu de rubans, il s'agit de fleurs, mais elles sont en papier ou en tissu jusqu'à la Seconde Guerre mondiale, les fleurs naturelles semblant trop communes dans un univers encore très rural. Elles ne s'imposeront qu'à partir des années 1950, avec le fameux œillet à la boutonnière pour le marié.

Attention, on ne bouge plus !

Si nos grands-parents nous semblent si figés et si peu souriants sur ces portraits de groupe du début du XXe siècle, c'est bien sûr parce que les photos étaient rares et que l'événement était important. Mais c'est aussi parce que la technique photographique elle-même nécessitait cette immobilité. La faible sensibilité des plaques demandait un long temps de pose, même pour des photos prises en pleine lumière, au beau milieu de la journée. Si par exemple les mains des noceux du premier rang sont presque toujours posées bien à plat sur les genoux, c'est parce que le photographe le demandait : c'était la meilleure façon d'éviter les mouvements intempestifs. En général, les mariés et les anciens restent bien sages, mais les enfants un peu moins : le moindre petit mouvement et leur visage sera flou…

Pendant la guerre, les groupes figurant sur les photos sont bien clairsemés : les hommes de dix-huit à trente ans ne sont guère visibles sur les clichés. Après guerre, on y voit beaucoup plus de femmes que d'hommes : après 1,3 million de morts pour la France, il est en effet bien difficile de trouver un cavalier pour chaque cavalière.

Les coiffes traditionnelles, déjà rares avant-guerre, disparaissent dans les années 1920. Au cours de cette même décennie, les robes raccourcissent et prennent une forme

On a continué à prendre des photos de groupe jusque dans les années 1950.

de tube, avec une taille basse (contrairement aux tailles de guêpe et corsets d'avant 1910), accompagnées d'une simple couronne de fleurs d'oranger ou de perles. En 1930, le voile long, serré au front, fait son apparition ; les robes rallongent et cachent à nouveau les pieds des mariées. Elles sont parfois remplacées par des tailleurs pendant les restrictions de 1939-1945.

Autant de détails qui vous permettent de retrouver la date approximative d'une photo. Signalons que les groupes se font de taille plus réduite à partir de 1930, particulièrement pour les mariages citadins.

Enfin, à partir des années 1960, la photo de groupe tend à disparaître. Le photographe prend des photos plus nombreuses et plus variées, par petits groupes, et les propose séparément aux invités. Et puis ceux-ci ont désormais leurs propres appareils...

La photo officielle du couple

À partir du milieu du XIXe siècle pour l'élite parisienne, à partir du début du XXe siècle pour les citadins et à partir des années 1920 pour l'ensemble de la population, les jeunes mariés posent aussi pour ce que l'on peut appeler la « photo officielle » des mariés. Jusqu'aux années 1950, cette photo officielle se fait dans le studio du photographe : draperies, bouquets de fleurs, colonnes antiques, décor romantique ou fausses arches gothiques peintes sur toile, balustrades, tout est prévu à la fois pour le fond de l'image mais aussi, pour les photos les plus anciennes, pour que les mariés puissent s'appuyer ou s'adosser car le temps de pose est fort long.

Le couple en extérieur

À partir des années 1910, apparaissent parfois quelques photos du couple en extérieur, à l'entrée de leur maison, mais elles restent fort rares. Ce n'est qu'à partir des années 1950 que le studio va être véritablement détrôné pour la photo officielle du couple – ou du moins dédoublé car, même si la photo en studio se maintient, elle va s'accompagner d'une autre, tout aussi « officielle », mais prise en plein air, dans un cadre bucolique : le jardin familial par exemple, le plus joli square de la ville, ou le parc où se fait la réception. Pelouse bien tondue, cygnes glissant sur un plan d'eau tranquille, beaux arbres verts... la mariée en blanc et le marié en noir ressortent comme prince et princesse sur un fond de château.

L'évolution technique

Au XIXe siècle, ces clichés sont collés sur un carton fort, enluminé de motifs dorés et portant souvent au dos ou sur la face avant le nom du photographe. Jusqu'aux années 1880, ils restent fort rares et fort chers, réservés à une élite, et sont soigneusement retouchés : le nez, les rides, etc. tout est retravaillé pour le plus grand bonheur des mariés.

À partir des années 1910, on l'a vu dans le chapitre sur les cartes, ces clichés sont transformés en cartes postales, que l'on peut facilement envoyer en souvenir à toute la famille, aux amis et aux invités du grand jour.

La photo du couple, exclusivement en pied à l'origine, prend un cadrage plus serré à partir des années 1930 : on zoome sur les visages et le buste, une évolution qui suit

Peu de bouquets de mariée à la main avant 1914 : les fleurs sont dans les cheveux ou sur les chapeaux !

Les photos des défunts, notamment des bébés et des enfants, figuraient dans l'album de famille au milieu de celles des vivants avant 1914. L'habitude s'en est perdue après-guerre. On avait vu trop de morts pour souhaiter en photographier encore…

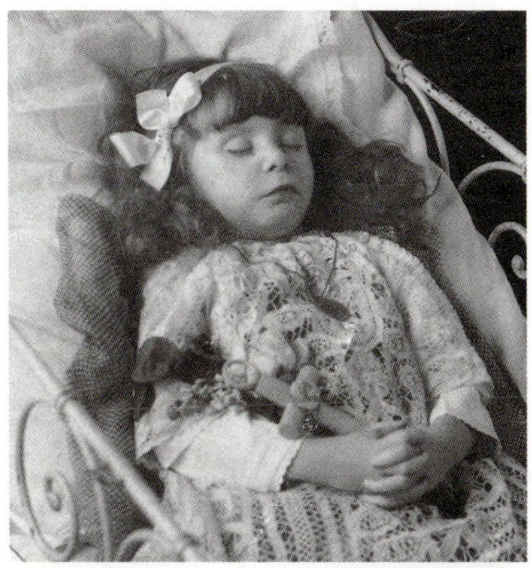

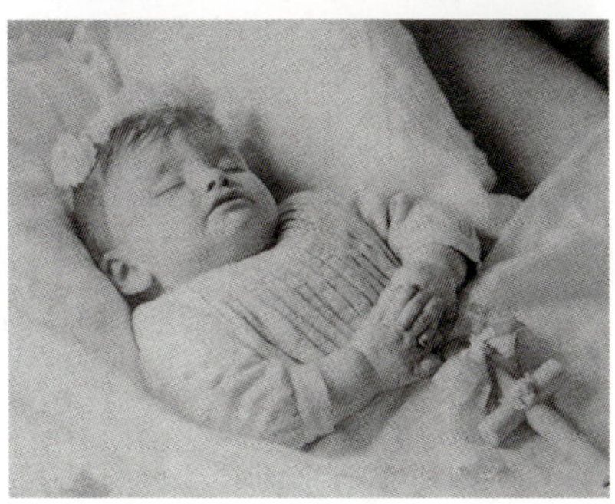

celle du cinéma. Le photographe se met aussi, à la même époque, à coloriser les images. Attention : il ne s'agit pas encore de clichés en couleur, mais de photos noir et blanc retouchées à la main dans son atelier ou son laboratoire. En même temps, le format devient plus grand : finies les dimensions de la carte postale ; la photo va désormais s'exposer en grand dans un cadre ou se conserver dans un vaste carton blanc ou crème gaufré, avec un papier transparent de protection.

À partir des années 1950 avec les photos du couple prises en extérieur, c'est le retour aux cadrages en pied. Seules les photos en studio, s'il y en a (souvent à la demande des grands-parents, qui leur trouvent une allure plus officielle), sont encore en gros plan.

Les post-mortem

Un post-mortem n'est ni un rite funéraire, ni un cercueil mais le nom donné à une photographie après décès, principalement d'un nouveau-né ou d'un enfant. Dès les débuts de la photographie et jusqu'en 1920, on permet ainsi à la famille, à travers un portrait dit post-mortem, de conserver un souvenir de l'enfant mort, rangé tout naturellement dans l'album de famille aux côtés des vivants…

« À l'origine sous forme de daguerréotypes et donc réservés aux élites, ces portraits, d'une grande sérénité, seront rapidement popularisés grâce aux tirages albuminés. La mort des jeunes enfants est mise en scène dans l'atelier du photographe dans des poses donnant l'illusion de la vie (assis au milieu de leurs jouets par exemple), sur leur lit ou dans leur cercueil. Il existe également des montages photographiques réalisés à partir d'un portrait vivant de l'enfant, encadré de fleurs ou de volutes et accompagné d'une forme d'épitaphe » (*Bébés d'hier*, Archives & Culture). Si vous en trouvez dans vos albums, sachez qu'ils sont en général antérieurs aux années 1920.

Qu'il s'agisse de photos, de cartes postales, de documents administratifs ou d'anciens livres d'école, apprenez à les conserver le mieux possible.

Protégez vos archives

Ces papiers et photos de famille que vous avez commencé à rassembler sont fragiles. Ils craignent le soleil, l'humidité, les écarts de températures, les insectes ou les rongeurs, aussi bien que les excès de manipulation. Évitez donc :

– de les ranger dans des boîtes trop pleines ou trop étroites,

– de les attacher par des agrafes, des trombones, des épingles (qui rouillent et laissent des marques),

– de les entourer d'élastiques (qui sèchent et restent collés),

– de les glisser dans des pochettes en plastique PVC (l'encre du document s'y colle au bout de quelques mois… et y reste).

Si vous souhaitez donc que tous vos papiers anciens puissent passer aux générations suivantes, il faut utiliser des chemises en papier, en carton ou en polypropylène, et des boîtes d'archives professionnelles, chimiquement neutres et s'ouvrant par le dessus (tirer des documents d'une boîte s'ouvrant sur le côté entraîne toujours un risque de déchirure).

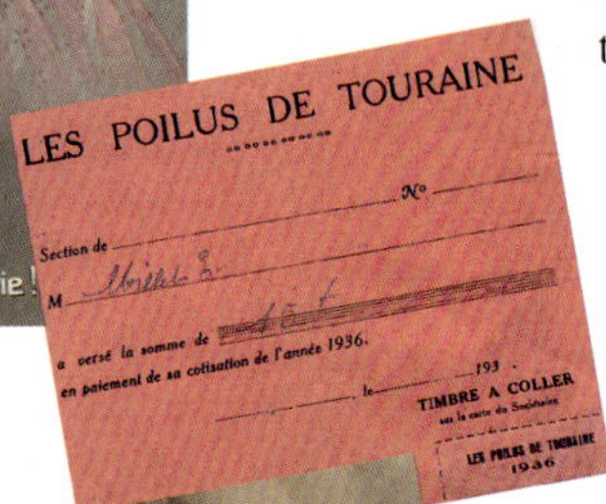

Vous pouvez en trouver dans certaines papeteries, mais ce ne sont pas toujours les plus proches de chez vous. Pour connaître les bons points de vente, vous pouvez consulter les sites de fabricants proposant du matériel professionnel d'archivage et de conservation, comme Yvert et Tellier (www.yvert.com), Lindner (www.lindnerorginal.fr), Stouls (www.stouls.fr) et Atlantis (www.atlantis-france.com). Vous consulterez utilement sur le sujet le guide pratique *Reconnaître les photos et cartes postales anciennes*, écrit par Thierry Dehan et Sandrine Sénéchal, qui aborde les conseils de conservation de cartes et photos.

Pensez à numériser

En dehors de la conservation elle-même, vous pouvez aussi faire des duplicata photographiques de vos documents les plus fragiles ou les plus anciens. Mais, à l'ère de l'informatique, le plus simple est de les scanner ou d'en faire une photo numérique que vous rentrez ensuite sur votre ordinateur. Vous pouvez les classer ou les regrouper ensuite comme vous le souhaitez, et en adresser si nécessaire des copies aux cousins par mail ou par envoi d'un CD-Rom.

Aujourd'hui, les logiciels de généalogie peuvent intégrer des photos, nous y reviendrons. Mais il en existe aussi qui proposent aux généalogistes des systèmes d'archivage des photos de famille ; les deux principaux sont *Photos de famille* (PC seulement, CDIP, 16, rue de la République, 95570 Bouffémont - www.cdip.com) et *Planète Généalogie* (PC et Mac, BSD Concept, 1140, avenue Albert-Einstein, CS 49458, 31961 Montpellier cedex 2), qui permettent de les annoter sur écran, d'y ajouter les noms des personnes, des dates, des lieux, des commentaires…, puis de les classer avec des accès multicritères, d'extraire des portraits individuels des photos de groupe, etc. En dehors des photos, vous pouvez aussi les utiliser pour stocker les images des passeports, des livrets de famille, des livrets militaires, des documents notariés, bref, de tout ce qui concerne votre famille. Ajoutons que ces logiciels facilitent les transmissions Internet de tous vos fichiers. Pour un meilleur partage avec tous les cousins !

Comment interroger la famille ?

Vos papiers de famille vous ont peut-être donné le rappel de quelques noms et de quelques dates, mais il s'agit en général d'éléments relatifs à vos ancêtres directs (parents, grands-parents). Si vous n'avez rassemblé que peu de papiers ou si vous souhaitez déjà remonter plus haut ou noter des collatéraux, il faut aller à la rencontre de vos grands-parents, de vos grands-oncles ou grand-tantes les plus proches, tant qu'ils sont encore de ce monde.

Interrogez tous les anciens

Il est rare aujourd'hui, avec la mobilité voire l'éclatement des familles, qu'on trouve des personnes pouvant citer de tête les cousins jusqu'à la cinquième génération ou bien les noms de jeune fille de toutes les « branches rapportées ». Aussi n'hésitez pas à interroger tous les anciens de la famille, car les propos de l'un compléteront les propos de l'autre.
N'oubliez pas que vous bénéficiez d'une chance extraordinaire que n'ont pas eu les généalogistes du passé : la longévité de vos cousins. De 1950 à nos jours, l'espérance de vie a augmenté de treize ans. Actuellement, pour chaque heure qui passe, nous gagnons un quart d'heure d'espérance de vie ! Si vous avez ainsi des parents proches qui ont soixante-dix, quatre-vingt, quatre-vingt-dix ans, ils peuvent vous parler de personnes âgées qu'ils ont connues dans leur enfance, ce qui peut vous faire remonter oralement jusqu'aux années 1850.

Prenez rendez-vous

Dressez la liste des personnes âgées de votre famille que vous connaissez, même si vous ne les avez pas revues depuis le mariage du cousin Charles en 1958. Si vous n'avez pas leur adresse, demandez-la à des parents qui les connaissent bien. Dans

Vous avez exploré vos tiroirs et votre grenier. Avant de vous lancer dans des recherches en mairie ou en archives, il faut aussi interroger les cousins et parents les plus âgés pour constituer, à la fois à partir de vos documents et de leurs témoignages, une première ébauche d'arbre généalogique.

Autrefois, il était si rare d'atteindre un âge avancé que les doyens des villages étaient immortalisés sur les cartes postales (ci-dessus, une octogénaire bretonne des années 1910). Aujourd'hui, une femme sur deux dépasse quatre-vingt-cinq ans. À ce rythme, une fille sur deux née cette année vivra centenaire.

Prenez rendez-vous avec vos cousins âgés et feuilletez avec eux les albums de famille.

Les portraits et photos d'hier sont les meilleurs guides d'entretien : ils ravivent les souvenirs et amènent facilement les personnes âgées à parler du passé.

Rien de mieux que les albums d'hier pour suivre vos cousins à tous les âges !

tous les cas, appelez-les pour prendre rendez-vous et alignez-vous sur ce qu'on vous propose plutôt que d'imposer votre date. Cet appel préalable a plusieurs buts :

– il constitue une reprise de contact courtoise, s'il y a des années, voire des décennies que vous ne vous êtes pas vus ;

– il vous permet de présenter votre démarche et le but exact de votre visite. Rassurez-vous, une recherche généalogique est toujours bien perçue (sauf secret de famille épouvantable !) car les gens aiment bien parler de leur passé et des disparus qu'ils ont connus et aimés ;

– il permet à la personne âgée de rassembler tranquillement ses souvenirs avant votre rencontre : photos d'autrefois, albums de cartes postales, voire des livrets de famille ou bien des documents déjà écrits par un arrière-grand-oncle érudit.

Arrivez « équipé »

Bien sûr, vous pouvez arriver avec des fleurs ou des chocolats. Mais, sur le plan pratique, ne venez pas les mains vides sans papier, sans crayons et sans appareil photo. Vous pouvez éventuellement apporter un magnétophone, mais ne le faites pas sans avoir prévenu votre interlocuteur et obtenu son accord, car cet appareil impressionne souvent la personne âgée qui a du mal, du moins en début d'entretien, à se concentrer et à parler naturellement.

D'ailleurs, êtes-vous sûr qu'il est si pratique d'en utiliser un et que vous réécouterez chez vous les trois heures de cassette ?...

L'appareil photo vous permettra quant à lui de garder trace des documents ou des portraits qu'on vous montrera, sans avoir à demander qu'on vous les prête, ce qui est toujours délicat. Préférez le numérique : vous visualisez tout de suite la qualité des prises de vues et vous pouvez tout photographier de très près sans craindre de constater après coup que l'image est trop floue, trop sombre, trop claire ou mal cadrée...

Quant au crayon et aux feuilles de papier qu'il convient d'apporter, c'est bien sûr pour noter tous les éléments généalogiques qu'on va vous indiquer.

Sachez prendre des notes

Les gens ne sont pas des machines, les personnes âgées encore moins. Ne vous attendez donc pas à une restitution linéaire alignant les ancêtres et les cousins en rangs généalogiques serrés… C'est à vous de guider l'entretien lorsque vous en arrivez au cœur de votre visite. C'est à vous aussi de prendre des notes claires, que vous pourrez réorganiser et mettre au propre facilement ensuite.

Le plus simple est de commencer par la personne elle-même puis ses parents avant de lui faire récapituler tous ses frères et sœurs par rang d'âge ; puis ses grands-parents et tous ses oncles et tantes par rang d'âge ; puis ses arrière-grands-parents et tous ses grands-oncles et grand-tantes par rang d'âge ; etc. jusqu'au plus haut point dont elle puisse se souvenir. Rassemblez les porteurs du nom sur une même feuille et changez de feuille à chaque patronyme : vous ne pourrez déjà pas faire tenir les familles de ses quatre grands-parents sur un seul document.

Pour chaque personne citée, demandez non seulement des souvenirs de vie mais aussi des dates et lieux (de naissance, de mariage, de décès) qui vous permettront de rebondir ultérieurement vers des lieux d'archives.

Ensuite, reprenez dans l'ordre, en partant du plus lointain, tous les collatéraux : arrière-grands-oncles et tantes, grands-oncles et tantes, oncles et tantes pour finir par les frères et sœurs. Pour chacun, demandez les enfants, les époux des enfants, les petits-enfants, leurs époux, etc. Nous vous conseillons de continuer à prendre vos notes sur une feuille différente par patronyme et de conserver la même exigence de précision quant aux dates et aux lieux. Si la famille est très nombreuse, n'hésitez pas à prendre un deuxième voire un troisième rendez-vous plutôt que de fatiguer la personne qui vous reçoit.

Attention, la mémoire n'est pas infaillible. L'arrière grand-oncle appelé Ernest sera peut-être Louis pour l'état civil ou la date de naissance de l'arrière grand-tante « vers » 1876 sera peut-être 1872. Mais l'ensemble vous donne déjà un véritable aperçu de « votre » famille : vos notes constituent un premier pas vers un arbre généalogique touffu ou vers une « cousinade » ultérieure, pour rencontrer en chair et en os tous ces noms de papier…

Profitez de vos différentes visites aux cousins âgés pour photographier les maisons de famille ou les dépendances de ferme laissées encore telles qu'il y a cinquante ans… Et si elles sont depuis longtemps dans la famille, demandez qu'on vous raconte leur histoire.

Songez aussi à regarder les noms inscrits sur les monuments aux morts : vous pouvez y retrouver de lointains cousins morts pour la France.

Interrogez les morts

Vous avez fait le tour des vivants ? Alors interrogez maintenant les morts ! Cette injonction paradoxale n'a d'autre but que de vous inciter à faire le tour des cimetières où vos ancêtres les plus proches sont enterrés.

Dans certains cas, s'il s'agit d'un caveau familial, vous ferez une vaste moisson d'informations : jusqu'à douze personnes différentes peuvent y être inhumées. Parfois, si la pierre tombale est vieille et moussue, les inscriptions peuvent ne pas vous sembler lisibles. Regardez-les de biais, pour faire jouer les ombres, ou bien posez une feuille blanche sur la pierre et frottez la feuille avec un crayon à papier : les lettres en creux apparaîtront sur votre page. Dans tous les cas, prenez soin de la sépulture et n'abîmez rien.

Le cimetière vous apprend : les noms de jeune fille des aïeules, car ils y sont en général inscrits ; les prénoms si vous les aviez oubliés ; des dates, même s'il ne vous donne pas de lieux : année de naissance et année de décès, ou bien, ce qui est moins pratique, l'année du décès suivie d'une formule du genre «décédé dans sa 91e année», l'année de naissance ne pouvant dans ce cas être déterminée qu'à un an près. Surtout, il va vous permettre de retrouver le lieu probable de décès des personnes inhumées en interrogeant par écrit le bureau de conservation du cimetière : à la mairie, pour les communes de petite taille, ou au service concerné, pour les villes importantes (sauf Paris, qui ne répond plus, compte tenu de l'avalanche de demandes de généalogistes amateurs). Car les cimetières ont l'obligation de conserver des registres journaliers d'inhumation, indiquant le nom et les prénoms de chaque défunt, son âge, son adresse, le type de concession, la localisation de la tombe, et le lieu du décès (ou de provenance du corps).

Si donc vous ne connaissez ni le lieu de naissance ni celui de décès de votre grand-père, mais que vous vous souvenez où il était enterré pour être allé porter des fleurs sur sa tombe à la Toussaint quand vous étiez enfant, vous pouvez vous rendre au cimetière. Vous y lirez sur la pierre son année de naissance et celle de décès. Ensuite, vous pourrez interroger la municipalité et découvrir, par exemple, que votre grand-mère inhumée à Châtellerault était décédée à La Fuye Attention : la généalogie n'est ni la priorité ni la raison d'être d'un service d'inhumation ; joignez donc toujours une enveloppe et un timbre et ne vous formalisez pas si la réponse met jusqu'à deux mois.

Comment débuter dans l'état civil ?

Tout feu tout flamme, vous avez commencé votre arbre généalogique... mais rien ne se passe comme prévu. La maison paternelle a peut-être brûlé pendant la guerre avec toutes ses archives. Ou vos parents s'étaient brouillés avec leur famille et n'ont rien gardé. Bref, vous ne retrouvez pas les papiers... familiaux vous permettant d'atteindre le cap des 75 ans à partir duquel les archives de l'état civil sont en accès libre. Il vous faut donc obtenir des actes plus récents.

Vous le verrez vite, retrouver ses ancêtres demande autant de précisions qu'une enquête policière. Pas question donc de remonter la généalogie de quelqu'un d'autre pour avoir fait à un moment donné une « erreur d'aiguillage »... Il faut donc s'appuyer sur des documents fiables ou bien confirmer ses hypothèses par tellement d'indices qu'elles en deviennent à leur tour des certitudes.

Construisez sur du solide

Au-delà de 75 ans, vous aurez le droit de consulter la plupart des archives vous permettant de remonter le temps et l'histoire de votre famille (voir détail des délais de consultation page suivante). Mais pas question de franchir ce cap avec des témoignages oraux seulement. Car quand vous partez d'informations familiales, elles sont souvent approximatives.

D'abord des approximations sur les lieux : on vous a par exemple toujours dit que votre grand-père était né à Rouen, simplement parce qu'il a fondé sa famille si loin de la Normandie qu'il donnait le nom du chef-lieu par simplification. Il a pu naître sur les communes limitrophes de Mont-Saint-Aignan ou de Bois-Guillaume, qui n'évoquent rien à celui qui n'est pas Normand. Explorez donc les communes voisines. Ou, mieux, demandez la copie intégrale de son acte de décès, qui vous donnera le nom de ses parents et la date et le lieu exact de sa naissance.

Ensuite des approximations sur les prénoms : vous avez demandé l'acte de naissance d'un Fernand Morin, alors que votre grand-père s'appelait peut-être Jules ou Anatole... En effet, et cela semble toujours surprenant aujourd'hui, le prénom usuel avant 1914 n'était pas toujours le premier de l'état civil, mais plutôt le dernier, ou bien un prénom qui n'avait rien à voir, un prénom de baptême ou un prénom « usuel » qui n'avait rien à voir avec les deux autres. Vérifiez le prénom dans les papiers administratifs familiaux que vous pouvez avoir à votre disposition avant de redemander cet acte de naissance.

Quels actes et où ?

Sachez qu'il est possible de demander n'importe quel acte d'état civil de moins de 75 ans, à condition de prouver sa filiation directe avec les personnes mentionnées dans l'acte par des livrets de famille ou tout autre document administratif. Pas question donc de les demander pour des cousins, même proches : seuls ceux concernant vos parents, grands-parents, arrière grands-parents, etc. peuvent vous être délivrés. N'oubliez pas en revanche que tous les actes de décès (mais eux seuls) sont communicables sans délai.

Les actes récents (même parfois ceux entre 75 et 100 ans) ne sont pas encore déposés aux archives départementales, c'est donc aux mairies que vous devrez les demander, par courrier ou en vous déplaçant. Attention aux termes que vous utilisez dans votre courrier : non seulement vous devez justifier de votre lien de parenté pour certains actes, mais il faut songer à demander ce qu'il vous faut, c'est-à-dire non pas un extrait (que les mairies auront tendance à vous adresser spontanément si vous n'avez rien précisé) mais ce qui s'appelle une « copie intégrale », comportant l'indication des filiations, essentielles pour un généalogiste.

Si vous savez où votre grand-père est né (par un livret de famille par exemple), vous pouvez donc demander la copie intégrale de son acte de naissance (en prouvant votre filiation s'il est né il y a moins de 75 ans). Dans la marge de l'acte de naissance sont obligatoirement reportés sa date et son lieu de décès s'il est mort après 1945 (si jamais l'acte de naissance ne mentionne rien dans la marge, c'est parce qu'il est décédé quelque part sans qu'on connaisse son identité, ou parce qu'il est mort avant 1945), ainsi que ses dates et lieux de mariage, remariage éventuel ou divorce, et bien sûr les noms et l'âge de ses parents. C'est à partir de là que vous allez commencer votre recherche en remontant le temps d'acte en acte.

Passez par un acte pour en trouver un autre...

Si vous n'avez aucune idée de son lieu et de sa date de naissance, mais que vous savez quand il est décédé, demandez son acte de décès. Vous y trouverez les informations qui vous manquaient pour rebondir vers l'acte de naissance.

Attention aux poilus de la Première Guerre mondiale : l'acte de décès des combattants n'a jamais été enregistré sur le lieu de leur mort mais a été retranscrit dans leur commune de naissance. C'est donc là que vous devez en demander une copie. Mais le lieu d'inhumation peut rester introuvable. D'abord parce que des dizaines de milliers de combattants n'ont jamais pu avoir de sépulture. Ensuite parce que de nombreuses familles, dans les années 1920, ont fait rapatrier dans le caveau familial les restes qui avaient pu être retrouvés. Cherchez déjà dans le cimetière du lieu de naissance ou d'habitation, puis dans le mémorial militaire le plus proche du lieu de sa mort avatn de contacter les associations d'anciens combattants.

Et si vous n'avez rien ?

Il n'est pas possible que vous n'ayez rien. Vous pouvez au moins obtenir votre propre acte de naissance : or il mentionnera les noms et prénoms de vos parents, avec la date et le lieu de naissance de chacun. Demandez leurs actes de naissance et recommencez l'opération avec leurs parents. Etc.

Évidemment, si votre mère, par exemple, est née de père inconnu, la généalogie ne peut rien pour vous. Mais votre grand-mère savait. Si ce genre de cas se produit dans une génération assez proche, vous pouvez essayer de briser ce mur de silence. La mère célibataire acceptera peut-être plus facilement de parler à un petit-fils qu'à sa propre fille. Les oncles, tantes, cousins, amis... peuvent aussi connaître la vérité. Mais ne prenez pas pour argent comptant ce qui reste de l'ordre du ragot.

Quant aux enfants de l'Assistance publique (Direction des Affaires sanitaires et sociales, DASS, depuis 1956), ils peuvent aujourd'hui, depuis la loi Mattei de 1996, demander librement l'accès à leur dossier s'il est clos depuis plus de 60 ans (c'est-à-dire plus de 60 ans après leur propre majorité !). Attention : la loi prévoit un délai minimum de 75 ans, cent ans voire 120 ans après sa clôture si le dossier contient des éléments d'ordre médical ou judiciaire...

Un descendant, même direct, ne peut avoir accès à ce fameux dossier qu'après la mort du pupille et que s'il est clos depuis plus de 60 ans (et sous réserve qu'il n'y ait pas d'informations judiciaires ou médicales susceptibles de prolonger le délai de confidentialité). Il faut joindre alors tous les documents justificatifs à la fois du décès et de sa filiation. Les dossiers du XXe siècle sont à demander à la DASS de Paris (76-78, rue de Reuilly, 75012 Paris), qui peut éventuellement renvoyer vers une direction départementale.

Si le dossier a moins de 60 ans, il est toujours possible au pupille (et à lui seul, le dossier restant incommunicable aux descendants) de demander accès à son dossier, mais cet accès lui sera refusé si l'un des deux parents a demandé à ce que le secret de la naissance soit préservé.

Les délais d'accès aux archives

La loi du 16 juillet 2008 fixe ainsi les délais de consultation de documents :
Registres de naissance (état civil) : 75 ans
Registres de mariage (état civil) : 75 ans
Registres de décès (état civil) : immédiat
Recensement : 75 ans
Actes notariés : 75 ans
Archives judiciaires : 75 ans
Dossiers de personnel : 50 ans
Dossiers sur personnes mineures ou agressions sexuelles : 100 ans
Dossiers liés à la sécurité : 100 ans
Secret médical : 120 ans (ou 25 ans après le décès)
Avant 2008, les documents d'état civil et les actes notariés n'étaient librement consultables qu'au-delà de 100 ans et les dossiers de personnel que 120 ans après la naissance de l'intéressé. Par conséquent, c'est parfois uniquement l'état civil et les actes notariés de plus de 100 ans que vous trouverez aux archives départementales, les plus récents étant seulement sur le point d'être versés. Enfin, si vous allez dans une toute petite mairie, vous pouvez encore rencontrer quelques difficultés à obtenir les archives de moins de 100 ans si le secrétaire n'est pas bien infor mé de la loi de 2008.

Comment retrouver le grand-père de 1914-1918 ?

La Grande Guerre, c'est un total de 8 millions de combattants pour la France sur les quatre ans et de 1,3 million de morts pour la France. C'est la première guerre qui a concerné toutes les familles. Aucun autre conflit, ni la guerre de 1870, ni celui de 1939, n'a jamais engagé autant de combattants. La seule autre saignée de grande ampleur qui pourrait lui être comparée était celle des guerres de la Révolution et de l'Empire, mais les conscriptions se sont étalées sur plus de vingt ans.

Aujourd'hui, même si « le grand-père qui a fait 1914-1918 » n'est plus là pour raconter (le dernier poilu est mort en 2008), il reste souvent, dans les tiroirs et les greniers des familles, des souvenirs pieusement conservés (courriers, cartes, médailles, photos ou documents militaires personnels) et, dans les fonds d'archives, de très nombreux documents nominatifs pour retrouver l'histoire de ces soldats.

Aujourd'hui, c'est souvent au grand-père qui a fait la guerre de 1914-1918 que s'arrête la mémoire familiale. Au-delà commence un autre temps et d'autres générations, qui sont ignorées ou qui ne sont plus connues que par les archives. La mémoire vivante des souvenirs de famille fait progressivement place à une mémoire de papier…

Rassemblez les correspondances

Les gros albums de cartes postales étaient à la mode à cette époque-là. Si vous en possédez, vous devriez retrouver de nombreuses correspondances écrites par ou pour le grand-père sur le front. Pas besoin pour cela de sortir et de retourner toutes les cartes postales de l'album : celles de la guerre se reconnaissent bien, car elles montrent des poilus combattant ou rêvant à leur belle, des officiers généraux de la Grande Guerre ou des églises détruites. Comme vous le verrez en les lisant, peu de descriptions de la réalité des combats au dos de ces cartes : on y parle moins de la guerre que des petits tracas quotidiens ou des soucis familiaux, des moissons à assurer sans les hommes, du cheval introu-

Sur les murs des maisons anciennes, on peut voir encore, sous cadre, les décorations du « grand-père qui a fait 14 » et ses diplômes commémoratifs.

À l'été 1914, on s'attendait à une guerre éclair, et on y allait en chantant…

vable à louer pour labourer les champs, du prix du veau et du coût du vétérinaire, etc. Bref, vous y apprendrez davantage de choses sur un pays encore rural et sur la famille restée à l'arrière que sur la vie du soldat sur le front…

C'est aussi la grande époque des photos envoyées aux proches sous forme de cartes postales. Peut-être pouvez-vous ainsi retrouver dans l'album un portrait de l'aïeul, seul ou en compagnie de ses camarades de régiment…

Retrouvez le livret militaire

Si vous n'avez pas connu votre grand-père poilu, le livret militaire est une véritable aubaine. Créé par la Troisième République, il est donné systématiquement au soldat lors de son incorporation, le service militaire étant obligatoire pour tous à partir de 1905. Chaque homme garde son livret militaire à la fin de son service et doit pouvoir le présenter à toute réquisition de l'autorité militaire. Hélas pour les descendants, c'est l'un des documents les plus fréquemment jetés par les familles. Et s'il a disparu, la perte est définitive : il n'existe aucun organisme susceptible de vous en délivrer un double.

Que trouve-t-on à l'intérieur d'un livret militaire ? D'abord un état civil détaillé, ce qui est bien utile aujourd'hui si vous vous lancez dans des recherches généalogiques : nom, prénoms, éventuel surnom, date et lieu de naissance, résidence au moment de l'incorporation, profession, noms et adresse des parents, éventuelle mention d'un mariage et, dans ce cas, indication du lieu du mariage, du nom de la mariée et de son domicile.

Ensuite un signalement qui se veut très précis, car le livret militaire ne comprend pas de photographie. Il mentionne la couleur des cheveux et des sourcils, la couleur et la forme des yeux, la forme du front, du nez, de la bouche, du menton, du visage, d'éventuels autres renseignements physionomiques et la taille. Même s'il se veut détaillé, il permet quand même rarement de se faire une idée précise du visage de

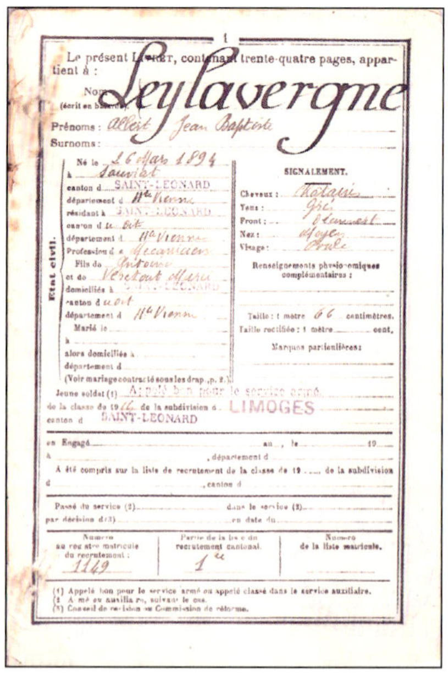
1

Le présent Livret, contenant trente-quatre pages, appartient à :

Nom (écrit en bâtarde) : Leylavergne

Prénoms : Albert Jean Baptiste

Surnoms :

Etat civil.

Né le 26 Mars 1894
à Sauviat
canton d SAINT-LEONARD
département d Hte Vienne
résidant à SAINT-LEONARD
canton d
département d Hte Vienne
Profession d Mécanicien
Fils de Antoine
et de
domiciliés à SAINT-LEONARD
canton d
département d Hte Vienne
Marié le
à
alors domiciliés à
département d
(Voir mariage contracté sous les drap., p. 2.)

SIGNALEMENT.

Cheveux : Châtains
Yeux :
Front :
Nez : Moyen
Visage : Ovale
Renseignements physionomiques complémentaires :
Taille : 1 mètre 66 centimètres.
Taille rectifiée : 1 mètre cent.
Marques particulières :

Jeune soldat (1) Appelé bon pour le service armé
de la classe de 1914 de la subdivision d LIMOGES
canton d SAINT-LEONARD

ou Engagé au , le 19
à , département d
A été compris sur la liste de recrutement de la classe de 19 de la subdivision d , canton d

Passé du service (2) dans le service (2)
par décision d (3) en date du

Numéro au registre matricule du recrutement :	Partie de la liste du recrutement cantonal.	Numéro de la liste matricule.
1149	1re	

(1) Appelé bon pour le service armé ou appelé classé dans le service auxiliaire.
(2) Armé ou auxiliaire, suivant le cas.
(3) Conseil de révision ou Commission de réforme.

Avec le livret militaire du grand-père, vous trouverez peut-être des photos de son régiment, prises au moment du départ.

l'aïeul. Vous aurez bien sûr la couleur de ses yeux et de ses cheveux, ainsi que sa taille, mais pour le reste, les indications sont bien souvent du type : « Front ordinaire », « Nez moyen », « Bouche moyenne », « Visage ovale »... ce qui ne vous permettrait guère de le reconnaître. Enfin, il s'y trouve des renseignements d'ordre militaire : la carrière de l'ancêtre dans l'armée y est intégralement détaillée. On y découvre la classe du soldat (facile à déterminer d'après la date de naissance), le numéro dans le registre matricule, la partie de la liste de recrutement cantonal, les détails du service en temps de paix et, pour la période 1914-1918, les campagnes de guerre, avec la date d'arrivée au front et les différentes affectations (régiment, bataillon, compagnie), les blessures éventuelles, les actions d'éclat et les citations éventuelles, les décorations (mais aussi les punitions) éventuelles, le motif et la date de cessation du service. L'indication de la compagnie est d'une grande importance car elle détermine où se trouvait exactement le soldat au moment d'une attaque.

La boue des tranchées, le gaz, les bombes... Les conditions de survie sur le front ne se devinent pas sur les photos envoyées à l'arrière...

Utilisez le registre matricule

Si vous n'avez plus le livret militaire de votre aïeul mais que vous recherchez néanmoins des éléments sur sa carrière militaire, les registres matricules, déjà évoqués pour la Seconde Guerre mondiale, peuvent vous apporter des informations presque équivalentes (si ce n'est les numéros des compagnies et bataillons). Vous ne les trouverez pas dans votre grenier, mais aux archives départementales du département d'habitation du soldat l'année de ses vingt ans. Si, à partir de 1905, comme on l'a vu, ces registres concernent chaque année la totalité d'une classe d'âge masculine, ils existaient à partir de 1859 à Paris et de 1867 pour le reste de la France pour les conscrits (désignés par tirage au sort). Vous y retrouverez donc tous les soldats de la Première Guerre mondiale, donc le vôtre, même s'il était âgé lors du conflit.

Retrouvez les citations

En 1914, alors que tous les alliés disposent de plusieurs décorations militaires pour récompenser les actes de bravoures des combattants, la France n'a que la très prestigieuse Légion d'honneur qui remonte aux guerres napoléoniennes et la Médaille militaire que l'on doit à Napoléon III. Or, elles font l'objet d'une attribution restreinte, qui n'a plus de sens lorsque l'armée mobilisée compte déjà quatre millions d'hommes. Aussi l'armée va-t-elle multiplier les citations, témoignage officiel écrit de satisfac-

La croix de guerre est attribuée à tous ceux qui ont reçu une citation à l'ordre de l'armée.

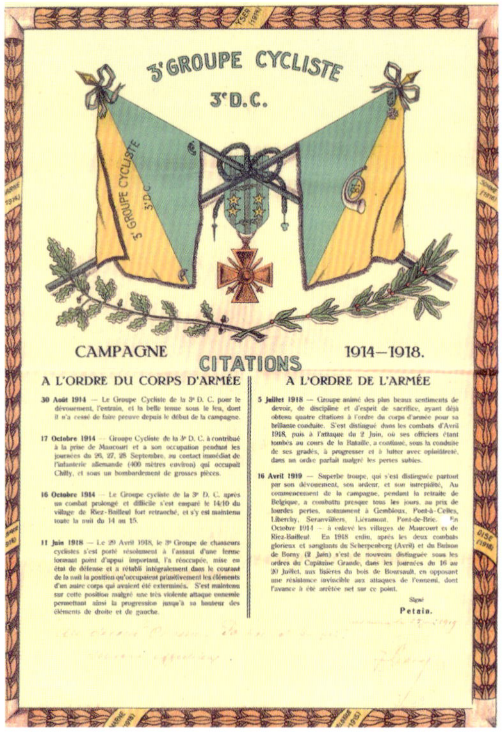

3e GROUPE CYCLISTE

3e D.C.

CAMPAGNE 1914–1918.

CITATIONS

A L'ORDRE DU CORPS D'ARMÉE

30 Août 1914 — Le Groupe Cycliste de la 3e D. C. pour le dévouement, l'entrain, et la belle tenue sous le feu, dont il n'a cessé de faire preuve depuis le début de la campagne.

17 Octobre 1914 — Groupe Cycliste de la 3e D. C. a contribué à la prise de Maucourt et à son occupation pendant les journées du 26, 27, 28 Septembre, au contact immédiat de l'infanterie allemande (400 mètres environ) qui occupait Chilly, et sous un bombardement de grosses pièces.

16 Octobre 1914 — Le Groupe cycliste de la 3e D. C. après un combat prolongé et difficile s'est emparé le 14/10 du village de Riez-Bailleul fort retranché, et s'y est maintenu toute la nuit du 14 au 15.

11 Juin 1918 — Le 29 Avril 1918, le 3e Groupe de chasseurs cyclistes s'est porté résolument à l'assaut d'une ferme formant point d'appui important, l'a réoccupée, mise en état de défense et a rétabli intégralement dans le courant de la nuit la position qu'occupaient primitivement les éléments d'un autre corps qui avaient été exterminés. S'est maintenu sur cette position malgré une très violente attaque ennemie permettant ainsi la progression jusqu'à sa hauteur des éléments de droite et de gauche.

A L'ORDRE DE L'ARMÉE

5 Juillet 1918 — Groupe animé des plus beaux sentiments de devoir, de discipline et d'esprit de sacrifice, ayant déjà obtenu quatre citations à l'ordre du corps d'armée pour sa brillante conduite. S'est distingué dans les combats d'Avril 1918, puis à l'attaque du 2 Juin, où ses officiers étant tombés au cours de la Bataille, a continué, sous la conduite de ses gradés, à progresser et à lutter avec opiniâtreté, dans un ordre parfait malgré les pertes subies.

16 Avril 1919 — Superbe troupe, qui s'est distinguée partout par son dévouement, son ardeur, et son intrépidité. Au commencement de la campagne, pendant la retraite de Belgique, a combattu presque tous les jours, au prix de lourdes pertes, notamment à Gembloux, Pont-à-Celles, Liberchy, Seranvillers, Liéramont, Pont-de-Brie. En Octobre 1914 — a enlevé les villages de Maucourt et de Riez-Bailleul. En 1918 enfin, après les deux combats glorieux et sanglants du Scherpenberg (Avril) et du Buisson de Borny (2 Juin) s'est de nouveau distinguée sous les ordres du Capitaine Grande, dans les journées du 16 au 20 Juillet, aux lisières du bois de Boursault, en opposant une résistance invincible aux attaques de l'ennemi, dont l'avance a été arrêtée net sur ce point.

Signé

Petain.

38e CORPS D'ARMÉE

52e DIVISION

104e BRIGADE

49e Bataillon de Chasseurs à Pied

CITATION à l'Ordre du Bataillon

Le Ct Montalègre Commandant le 49e Bataillon de Chasseurs à Pied cite à l'ordre du Bataillon

Nom et prénoms Casteleyn Omer

Grade Chasseur Numéro matricule 894

Motif de la citation :

Extrait certifié conforme :

En campagne, le 25 Juillet 1916

Le Ct Montalègre Commandant le 49e Bataillon de Chasseurs à Pied.

tion donné par le haut commandement aux militaires ayant fait acte de bravoure. Elles peuvent être à l'ordre de l'armée, d'un corps d'armée, d'un régiment ou d'une compagnie. Seules les deux premières sont reproduites au Journal officiel, mentionnées dans le livret militaire et reportées dans le registre matricule. Elles peuvent donc être retrouvées dans ces différents documents, voire même dans les papiers de famille, car elles faisaient souvent l'objet d'un certificat d'obtention (deux reproductions sont données en exemple ci-dessus).

Retrouvez les décorations

Devant l'ampleur du conflit, la nécessité d'attribuer aux combattants du front non seulement des témoignages écrits mais aussi de véritables décorations amène dès 1915 la création de la croix de guerre, à laquelle la presse et l'imagerie populaire vont donner une importance considérable. D'autres distinctions vont ensuite voir le jour, mais après la guerre, y compris des médailles commémoratives non officielles mais prestigieuses créées par des associations d'anciens combattants ou des villes sinistrées.

Les familles ont en général conservé ces décorations, souvent encadrées dans des tableaux offerts par les autorités. Les certificats d'obtention, qui donnent le motif de leur attribution, peuvent se retrouver dans votre grenier ou chez des parents proches. Si vous ne retrouvez pas les certificats, les planches des deux pages suivantes vous permettront déjà d'identifier les décorations officielles et les principales décorations associatives. Ainsi, vous saurez parfois à quels combats votre aïeul a participé et vous pourrez contacter les organismes qui gèrent ces distinctions pour tenter d'en savoir un peu plus.

Rappelons que, pour trouver ces organismes, vous pouvez vous reporter aux adresses utiles en fin d'ouvrage ou consulter l'ouvrage de Jean-Pierre Mir, *Les décorations civiles et militaires de 1789 à nos jours*. Attention au risque toujours possible de prendre pour des décorations familiales des médailles achetées par un aïeul sur une brocante ou

Croix de guerre, créée en 1915. Croix du poilu par excellence, elle est la seule décoration créée pendant le conflit.

Créée par Napoléon 1er et attribuée en 14-18, la Légion d'honneur reste la plus haute distinction française.

Médaille militaire, créée en 1852. Comme la Légion d'honneur, son attribution figure au Journal officiel.

Médaille interalliée de la Victoire, créée en 1922 et commune à quinze pays alliés, pour tous les combattants.

Croix de guerre des TOE, créée en 1921 pour les opérations postérieures à l'armistice (Levant, Maroc, Pologne...).

Croix du combattant, attribuée à partir de 1930 aux titulaires de la carte du Combattant, créée en 1926.

Insigne des blessés, créé en 1918. À gauche : celui des blessés militaires. À droite : celui des blessés civils.

Médaille de Syrie, Cilicie et du Levant, créée en 1922 pour les militaires intervenus sur l'ancien Empire turc.

Médaille de la reconnaissance française, attribuée à partir de 1917 aux civils pour des actes exceptionnels.

Médaille commémorative 1914-1918, attribuée en 1920 à tous les combattants et médecins engagés.

Croix du combattant volontaire, créée en 1935 pour les engagés volontaires sur le front.

Médaille commémorative de la Marne, créée en 1937 pour les anciens soldats des deux batailles de la Marne.

Médaille des Dardanelles, créée en 1922 pour récompenser les survivants de ce corps expéditionnaire de 1915.

Médaille commémorative de l'armée d'Orient, créée en 1926 pour les militaires ayant servi en Orient en 1916-18.

Variante de cette même médaille de Syrie, Cilicie et du Levant de 1922 : le ruban est différent.

Médaille de Verdun, attribuée par la ville à ses défenseurs à partir de 1916, étendue à la période 14-18.

Médaille commémorative de la Somme, attribuée en 1937 à ceux servant là de juillet à novembre 1916.

Médaille commémorative de Saint-Mihiel, créée en 1936 par la ville pour ses défenseurs de septembre 1918.

commandées à la Monnaie de Paris (de nombreuses décorations y sont en vente libre). Attention aussi à la tombe du soldat : s'il est mort pour la France, la médaille militaire et la croix de guerre peuvent figurer sur la pierre tombale, en guise d'hommage posthume aux combattants, sans pour autant que le défunt en ait été titulaire. Ne prenez donc pas ces décorations sculptées pour argent comptant !

Pour faciliter vos recherches, rappelons aussi que la Légion d'honneur et la médaille militaire, de création ancienne, ont toujours été inscrites dans le *Journal officiel* lors de leur remise et que vous pouvez y retrouver leur mention, parfois avec le motif d'attribution. Le tout est de savoir la date pour ne pas feuilleter des milliers de pages de *Journal officiel*... Elles sont également toutes les deux gérées par la Grande Chancellerie de la Légion d'honneur, et les dossiers individuels de plus de cinquante ans (parfois riches en informations, parfois très pauvres) peuvent être demandés et consultés aux Archives nationales.

Le Tableau d'honneur

Toujours sur les décorations, signalons que, de 1915 à 1919, le journal *L'Illustration* a publié 15 792 « portraits d'officiers, sous-officiers et soldats cités à l'ordre de l'armée, nommés ou promus dans l'ordre de la Légion d'honneur ou décorés de la médaille militaire » pour leur conduite sur le front. Sous chaque photo est reproduit le texte de la citation ou le motif de la décoration, posthume ou non, tel qu'il figure au *Journal officiel* et au *Bulletin des armées de la République*. Avec leurs textes qui mettent en évidence les victoires, les souffrances ou l'héroïsme de chaque personnage mentionné, ces 15 792 portraits donnent une idée concrète et forte du dévouement de chacun. C'est toute la France qui peut se retrouver dans ces pages qui constituent, dès 1915, une sorte de tout premier livre d'or des combattants. Le général côtoie le soldat tombé au champ d'honneur, le caporal téméraire, l'infirmière intrépide… Si le chiffre de 15 792 portraits peut paraître élevé, il est pourtant très en deçà du chiffre réel des combattants cités ou décorés. Il manque en effet, dans les numéros sortis pendant la guerre, près d'un décoré sur dix. Les Éditions Archives & Culture, qui ont réédité ces pages en deux tomes en 2000, ont entrepris de poursuivre, sur des militaires décorés qui n'y figuraient pas, l'œuvre commencée par *L'Illustration*, en conservant les mêmes principes de présentation mais en y ajoutant davantage d'éléments d'état civil. Deux autres tomes sont ainsi parus en 2003 et 2004, un cinquième en 2009, un sixième est en préparation. Vous pouvez donc, au fil de ces pages, non seulement retrouver le motif de la déco-

Des enfants fabriquent des cadres pour y honorer la photo de leur papa ou la carte postale reçue de lui… Mais des Tableaux d'honneur comme ci-dessous ont rempli la même fonction.

ration de votre aïeul, mais aussi son portrait. Ces volumes sont disponibles dans la plupart des bibliothèques et l'index des soldats figurant dans les tomes déjà parus est détaillé et accessible librement sur le site Internet www.archivesetculture.fr.

Par ailleurs, le *Bulletin des armées de la République* pour la période de 1914-1918 a été en grande partie saisi et est disponible sur Internet dans les bases historiques du site www.genealogie.com. Les photos n'y sont pas, les éléments d'état civil non plus, mais vous y retrouverez les textes des citations.

www.netmarine.net/tradi/marins14-18 est enfin un site qui donne la liste alphabétique des 3 500 marins français qui ont reçu, entre le 1er août 1914 et le 30 avril 1921, une citation à l'ordre de l'armée publiée au *Journal officiel* ou une décoration sur la même période. Un historique de tous les bâtiments en service au jours de la Première Guerre mondiale y est aussi donné. Au total : plus de 15 000 photos et de 7 000 pages.

Les livres d'or

Il s'est imprimé dans les années 1920 des milliers de livres d'or dans toute la France pour commémorer le souvenir des soldats disparus morts sur le front. Ils ont parfois été publiés par des cercles fermés (en quelque sorte des *Who's who* des défunts les plus notables…), mais ont le plus souvent été édités à l'initiative d'associations d'anciens élèves. Ainsi, Polytechnique, l'École des Mines et les autres grandes écoles ont publié le leur, mais aussi quantités de lycées ou collèges modestes. Ces livres d'or donnent des informations nombreuses et personnelles sur les combattants. Les familles ont contribué à leur réalisation en fournissant des portraits ou des lettres envoyées depuis le front, ce qui rend leur lecture d'autant plus bouleversante. Si les papiers de famille n'ont pas été conservés, ces livres d'or permettent d'accéder à des informations tout à fait personnelles, introuvables ailleurs. Si votre aïeul avait reçu une éducation longue (ce que vous retrouverez à travers son registre matricule) et qu'il est mort au front, il peut figurer dans le livre d'or de son lycée ou de son collège.

GUILLAUME ANDIRAN

Né le 16 janvier 1879 au Mas-d'Agenais, Lot-et-Garonne, ancien élève de l'Ecole Libre Saint-Joseph de Tivoli à Bordeaux. Diplomé de l'Ecole Centrale, Conseiller Général du Mas-d'Agenais.

Affecté en 1914 au 57ème Régiment d'Artillerie, il obtient d'être muté au 315ème R.I. en première ligne. Nommé sous-lieutenant en 1915. Il participe aux combats de Verdun en 1916 en tant qu'officier de liaison du général Faret. Puis en 1917, lieutenant à Pont-à-Mousson, il commande un groupe de cannons de 37, où il est blessé par éclat d'obus au signal se Xon. A son retour au front, il est affecté au 204ème Régiment d'Infanterie. Mort pour la France, tué par un obus le 17 août 1918.

Croix de Guerre

Sources : Livre d'Or de l'Ecole Libre Saint-Joseph de Tivoli à Bordeaux, 1921

RENE BASSIE

Né en 1888, fils de M. Bassié, juge au Tribunal de Commerce de Bordeaux et de Mme, née de Montigny. Ancien élève de l'Ecole Libre Saint-Joseph de Tivoli à Bordeaux.

Officier de carrière, après Saint-Cyr, il est affecté comme lieutenant au 15ème Dragons. Le 2 août 1914, il part pour la Lorraine et participe aux combats d'Emberménil-la-Garde, Avricourt, Sarrebourg, Rozelieure, puis sur la Marne à Provins, Château-Thierry, Pontavert, Sissone. Dans la course à la mer, il contribue à barrer la route de Calais aux allemands à Saint-Christ, Boity-Becquerelle, la Maison Blanche, Arras. Il est ensuite affecté en Haute-Alsace, puis participe aux attaques de Combles et Péronne en 1916. Promu capitaine le 2 décembre 1916, il obtient le commandement de la 7ème compagnie du 68ème bataillon de Chasseurs alpins. Mort pour la France le 24 avril 1917, alors qu'il quittait un abri souterrain devant le bastion de Chevreux près de Craonne, frappé par un éclat de torpille à ailettes. Cité pour la Légion d'Honneur : " Brillant officier de cavalerie, venu sur sa demande dans un bataillon de chasseurs. Type de l'officier français, brave entre tous, payant sans cesse de sa personne. Adoré de ses chasseurs, donnant toujours

Chevalier de la Légion d'Honneur. Croix de Guerre avec palme.

Sources : Livre d'Or de l'Ecole Libre Saint-Joseph de Tivoli à Bordeaux, 1921

MARIE-JOSEPH FABRE DE LA BENODIERE

Né à Bordeaux le 27 avril 1884, fils de Charles Fabre de la Bénodière, conseiller à la Cour (magistrature réformée), et de Anna Dert. Ancien élève de l'Ecole Libre Saint-Joseph de Tivoli à Bordeaux. Ordonné prêtre en mars 1906.

Mobilisé le 2 août 1914 et affecté à la 15ème ambulance du 18ème Corps. Le 2 mai 1916, il entre au 176ème R.I. comme aumônier et brancardier. Cité à l'ordre du Régiment : " Marie-Joseph Fabre de la Bénodière, brancardier, venu sur sa demande d'une ambulance dans un régiment où il a fait preuve du plus grand courage et du plus beau dévouement. Le 10 août 1916 a demandé à prendre derrière les vagues d'assaut la place d'un camarade chargé de famille ; a été mortellement blessé au cours de cette opération, donnant à tous le plus bel exemple d'esprit de sacrifice. " Mort pour la France.

Croix de Guerre

Sources : Livre d'Or de l'Ecole Libre Saint-Joseph de Tivoli à Bordeaux, édité en 1921

Le site Mémoire des hommes

Le journaliste des Échos Jean-Marc Vittori témoigne : « Un coup de clavier, deux minutes, et deux grands-oncles ressurgissent, Pierre et Charles François. Ils étaient dans la mémoire collective de la famille depuis des décennies, depuis la guerre de 14. Leurs morts dans l'effroyable boucherie de Verdun, aux côtés de plus de 300 000 Français et Allemands, avaient eu une conséquence : l'armée retira un troisième frère, mon grand-père, des lignes du front pour le rapatrier vers des lignes arrière moins périlleuses. Il est vrai qu'elle avait employé comme de la chair à canon les jeunes conscrits corses, souvent sortis de l'île pour la première fois de leur vie pour "aller casser du Boche". Michel Rocard a même rappelé une fois qu'on avait mobilisé dans l'île un père de six enfants, ce qu'on n'osait pas faire sur le continent. Ces deux frères, donc, étaient un peu les miens. Sans eux, je n'aurais peut-être pas existé.

Et puis, [j'apprends que] le ministère de la Défense a mis sur Internet les fiches de plus de 1,3 million de " morts pour la France " pendant la Grande Guerre. Étrange union que celle de l'évanescence des anciens combattants et de la fulgurance du Web. Petit tapotis (www.memoiredes-hommes. sga.defense.gouv.fr puis nom, prénom). Une feuille jaunie apparaît, puis l'autre. Ils sont tous les deux là, le soldat de 2e classe du 173e, dont le corps n'a jamais été retrouvé, et le lieutenant de l'infanterie coloniale du Maroc qui repose au village. Non, mes oncles ! Même si vous aviez pu lire Apollinaire, vous auriez eu tort de songer que votre souvenir " s'éteindrait comme meurt un obus éclatant sur le front de l'armée" ! »

Interrogez la bibliothèque principale du département pour savoir si l'école en question a édité un livre d'or et si elle en détient un double. Attention : les papiers des années 1920 sont les plus fragiles chimiquement et les livres d'or sont hélas parfois retirés de la consultation parce qu'ils sont trop abîmés.

Retrouver un mort pour la France

Sur les morts pour la France, il existe bien d'autres sources à explorer que les livres d'or. Heureusement pour le généalogiste d'ailleurs, car ces hommes morts jeunes sur le front, laissant parfois orphelins des petits qui ne les ont jamais connus, peuvent constituer un premier écueil de recherche. Les liens avec la famille paternelle ont pu ne pas être conservés par la veuve ou ses enfants et, un siècle plus tard, plus personne ne se souvient du lieu et de la date de naissance du disparu.

C'est en 1915, devant l'effroyable boucherie des premiers combats, devant les centaines de milliers de soldats abattus dès les premiers mois du conflit en 1914, qu'est créée par le gouvernement la mention honorifique de « mort pour la France ». Ça ne fait revivre personne, mais c'est une façon pour l'État d'honorer leur sacrifice et de le manifester aux familles. Cette mention est inscrite sur l'acte de décès que l'armée envoie au domicile du défunt, acte recopié dans les registres d'état civil de la commune.

Depuis quelques années, le ministère de la Défense a rendu accessible sur son site Mémoire des hommes la liste de tous les morts pour la France de la Première Guerre mondiale, avec leur unité, la date et le lieu de naissance, le lieu et la cause du décès :

www.memoiredeshommes.sga.defense.gouv.fr

Avec ce site, vous retrouvez en un clic les morts pour la France de la famille et le lieu d'origine du grand-père disparu. Signalons qu'ont eu droit à l'appellation « mort pour la France » ceux qui sont décédés en 1919 de leurs blessures de guerre.

À savoir : vous trouverez aussi sur le site Mémoire des hommes les morts pour la France des guerres d'Indochine et d'Algérie (avec moins d'informations toutefois), mais pas ceux de la guerre 1939-1945, plus polémique. Pour la Première Guerre mondiale, les morts pour la France y figurent tous, à l'exception des 600 fusillés pour pacifisme ou désertion, qui n'ont pas eu droit à cette appellation. Comment accéder à cette base ? C'est très simple puisqu'elle est gratuite, en accès libre. Il faut choisir le conflit sur lequel on fait une recherche (ici : 1914-1918), et cliquer dans la case « rechercher ». Vous pouvez alors saisir un nom de famille, éventuellement un prénom, et cliquer à nouveau sur la case « rechercher » (attention : ne pas utiliser la touche OK du clavier, qui n'est pas opérante ici et peut vous faire croire qu'il n'y a pas de résultat). La recherche est alors lancée parmi les 1 325 290 fiches des soldats, mais aussi des marins du commerce, personnels soignants hospitaliers et religieux, résistants, otages… qui ont tous eu droit à l'appellation « morts pour la France ». Mais attention ! Si vous avez demandé les Morin par exemple, la base Mémoire des hommes va vous indiquer qu'il y a 1 403 Morin morts pour la France (seules les 200 premières pages de dix militaires chacune s'affichent) ! Tapez Morin en nom de famille et Jules en prénom : le résultat est plus restreint, mais vous avez encore 29 homonymes dont Jules est le premier prénom et 61 dont Jules est l'un des prénoms… Sur lequel faut-il cliquer pour passer aux informations biographiques ? Vous tenez là l'une des difficultés de la recherche généalogique : la faible variété des prénoms aux siècles passés. Pour être sûr que le poilu retrouvé est bien le vôtre et que vous n'allez pas passer du temps à construire l'arbre généalogique… d'un autre, il est indispensable, dès que le patronyme est assez fréquent, de connaître tous les prénoms et d'être bien sûr que ce sont ceux de l'état civil. Au début du XXe siècle, il était en effet fréquent d'appeler Ernest le garçon qui était Louis pour l'état civil, ou Alphonse celui que l'administration connaissait comme Désiré… Le prénom donné à la mairie l'était dans l'urgence peu après la naissance. Et le prénom donné à l'église lors du baptême, quelques semaines plus tard et mûrement réfléchi, devenait parfois le prénom usuel. Autre habitude, qui s'est maintenue dans la plupart des régions de France jusqu'à la guerre de 1914-1918 : celle d'utiliser comme prénom usuel non pas le premier de tous les prénoms comme aujourd'hui mais le dernier. Le grand-père Victor pouvait donc s'appeler Jean Marie Joseph Victor… et vous ne le retrouverez pas si vous cherchez à Victor.

Consultez aussi la base Mémorial GenWeb sur le site www.francegenweb.org : elle n'est pas exhaustive (355 647 soldats seulement) mais elle peut comprendre des informations plus variées et parfois des portraits (environ 4 500 photos individuelles y sont enregistrées à ce jour). Elle est évolutive, pensez à y revenir.

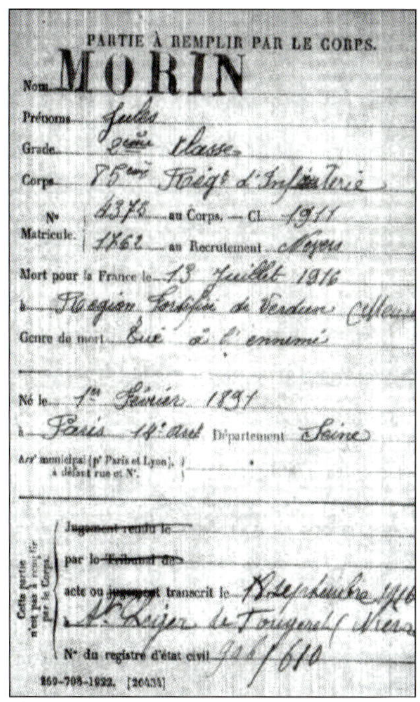
PARTIE À REMPLIR PAR LE CORPS.

Nom MORIN
Prénoms Jules
Grade 2ème classe
Corps 75ème Régt d'Infanterie
N° 4375 au Corps. — Cl. 1911
Matricule. 1762 au Recrutement. Noyon
Mort pour la France le 13 juillet 1916
à Région fortifiée de Verdun
Genre de mort Tué à l'ennemi
Né le 1er février 1891
à Paris 18e arrt Département Seine
Arrt municipal (p' Paris et Lyon), à défaut rue et N°.

Cette partie n'est pas à remplir par le Corps.
Jugement rendu le
par le Tribunal de
acte ou jugement transcrit le 8 septembre 1916
à St Léger
N° du registre d'état civil

260-708-1922. [20435]

Ci-dessus, l'une des fiches des morts pour la France, en libre accès sur Internet, sur le site Mémoire des hommes.

Toutes les communes de France vont honorer leurs morts par un mémorial rappelant leurs noms.

Autre site consultable, si votre aïeul était marin, celui du Mémorial des marins morts pour la France, www.auxmarins.com : il donne pour près de 750 marins (et le site se complète régulièrement) les mêmes indications que Mémoire des hommes, mais fournit en plus, sur chaque marin ou presque, ses décorations et citations, sa photo, son résumé de carrière, les unités ou les bâtiments dans lequel il a servi (avec l'histoire de ces bâtiments), la commune où il repose et celle où son décès a été inscrit.

Retrouver son monument aux morts

Vous pouvez aussi souhaiter retrouver le monument aux morts où le nom de votre parent mort pour la France figure. Dès la fin de la guerre en effet, et avec une ampleur sans précédent, toutes les communes de France ont souhaité commémorer leurs disparus. Plus de 30 000 monuments aux morts ont été érigés entre 1918 et 1925. Vous trouverez en général le soldat que vous cherchez sur le monument aux morts de la commune où il habitait avant la guerre, mais pas toujours. S'il n'était pas marié, il a pu être enregistré sur celui de sa commune de naissance, surtout si ses parents y vivaient encore. Rappelons que quelques-uns (rares) ont parfois été oubliés s'ils n'avaient pas de famille et avaient quitté depuis longtemps leur commune de naissance. L'intérêt pour vos recherches est que vous trouverez parfois sur le monument lui-même une photo du disparu (comme ici au pied du monument aux morts de Marcilly-sur-Vienne). Par ailleurs, vous pouvez retrouver aux archives départementales ou à la bibliothèque principale du chef-lieu les discours d'inauguration du monument dans la presse de l'époque (interrogez d'abord la mairie sur la date d'installation pour réduire votre plage de recherche) ; des éléments biographiques sur les soldats inscrits y sont en général donnés.

Enfin, signalons l'initiative du site www.francegenweb.org : des centaines de bénévoles relèvent dans toute la France les noms inscrits sur les monuments aux morts et les photographient. La base qui se constitue ainsi progressivement est accessible gratuitement sur ce site Internet dédié à la généalogie.

Sur une classe de lycéens partis combattre à dix-huit ans, il pouvait n'en revenir que deux du front…

Retrouver un aviateur

Si l'aviation tient une place à part dans la Grande Guerre, c'est bien sûr qu'elle fait là sa première apparition dans un conflit, mais c'est aussi parce qu'elle semble rester encore un outil de duel, avion contre avion, au beau milieu du ciel, et qu'elle garde la noblesse des tournois de l'ancienne chevalerie. Au sol, on regarde, on admire, on s'enthousiasme… et l'on compte les morts. D'autant plus que personne n'est équipé du moindre parachute. Fin 1918, la France comptera 5 600 aviateurs disparus, l'Angleterre 7 500, l'Allemagne 11 400.

Le premier véritable combat aérien date du 5 octobre 1914. Ce jour-là, deux Français, le pilote Joseph Frantz et le caporal mécanicien Louis Quenault installent, malgré les ordres contraires (les avions n'étaient rien d'autre au départ que des outils de reconnaissance et de repérage des lignes ennemies), une mitrailleuse légère à l'avant de leur avion. Au-dessus de la Marne, ils aperçoivent un appareil allemand, piquent sur lui et l'abattent. Lorsqu'ils se posent, « trois cents mètres plus loin, dans un terrain de chaume, […] il y avait déjà du monde ; une dame m'a offert un bouquet de fleurs, un autre est venu avec un faisan ». Bref, l'aviateur devient un héros, un combattant que l'on fête, un moderne chevalier du ciel.

La base de données du ministère de la Défense, Mémoire des hommes, déjà évoquée, permet d'accéder à la liste de tous les militaires ayant servi dans l'aviation naissance entre 1914 et 1918, même s'ils ne sont pas morts pour la France. Les fiches indiquent la date et le lieu de naissance, les noms et prénoms de ses parents et leur adresse, le détail de ses services, le nom et l'adresse de la personne qui doit être prévenue « en cas d'accident », le métier dans le civil et les fonctions qui lui sont attribuées dans l'aéronautique : manutentionnaire, mécanicien, cuisinier, ordonnance, tailleur… très rarement pilote, comme vous le constaterez : il fallait de tout pour faire fonctionner l'arme.

Pendant la Première Guerre mondiale, les avions ne sont pas utilisés pour les bombardements (c'est l'artillerie au sol qui pilonne les lignes ennemies) mais seulement pour les reconnaissances… avec bientôt des combats « chevaleresques » en plein ciel, à la mitrailleuse légère, contre les aviateurs ennemis.

Découvrir les Journaux des marches

À travers les différentes archives que nous venons d'évoquer, vous avez pu retrouver l'état civil complet de l'aïeul qui a fait la guerre, le nom de son régiment, la date éventuelle de son décès. Tout cela est bien, mais reste abstrait. Qu'a-t-il vécu au jour le jour ? Où a-t-il combattu ? Où a-t-il été blessé ?… Les récits biographiques des

Avec les Journaux des marches et opérations de son régiment, vous allez pouvoir passer du collectif (les mouvements des armées) au particulier et savoir où se trouvait votre aïeul jour par jour, les ordres qui lui ont été donnés…

combattants, largement publiés depuis 1918, peuvent déjà vous donner un aperçu de la vie sur le front. Mais il y a bien mieux : les *Journaux des marches et des opérations* (JMO) du régiment de votre aïeul.

Qu'est-ce qu'un JMO ? Reprenons la définition qu'en donne le Service historique de la Défense à Vincennes, où ils sont conservés : « Dépourvus de tout commentaire ou appréciation personnelle, en conformité avec l'instruction du 5 décembre 1874 qui les a institués, les JMO devaient servir à la rédaction d'un historique d'ensemble, destiné à maintenir la valeur morale de l'armée. Ils n'en restent pas moins, malgré leur rigueur administrative et leur sécheresse parfois, une source irremplaçable sur la vie et la mort de millions de Français. [...] Quelques cahiers percés d'une balle ou d'un éclat sont là pour rappeler que les journaux étaient rédigés sur le vif et en première ligne, quand ils ne l'étaient pas dans le secret des états-majors. La tenue des JMO, confiée à des officiers qui pouvaient en déléguer la rédaction à des sous-officiers, était prescrite aux états-majors aussi bien qu'aux corps de troupes. Revêtu d'un caractère officiel, répondant à une démarche d'authentification des faits et notamment des actions d'éclat, le *Journal des marches* constitue, en un sobre condensé des événements, un récit aussi objectif et précis que possible des combats ». On y trouve ainsi notés, jour par jour, les faits, les combats, les manœuvres, les travaux ou les reconnaissances, les objectifs visés et les résultats obtenus, mais aussi la composition du corps (effectifs, encadrement et mutations), les itinéraires suivis, les emplacements des camps ou des cantonnements, ainsi que les décorations et citations individuelles. Autant dire que vous accompagnez en quelque sorte, au fil des pages et par la pensée, votre ancêtre sur le terrain.

« Le texte peut se réduire à une chronologie succincte, en raison du rythme de la bataille : lors de la retraite d'août 1914 ou sous le bombardement de Verdun, le rédacteur ne disposait pas du temps nécessaire pour écrire une relation détaillée. Par ailleurs il ne faut pas s'attendre à trouver des appréciations allant à l'encontre des recommandations ministérielles, ou des critiques sur le commandement. L'enregistrement journalier de la succession des événements est enrichi dans de nombreux journaux de documents justificatifs : ordres, cartes et schémas, états des pertes numériques ou nominatifs. Ces documents récapitulatifs, dont l'établissement était obligatoire, sont bien souvent incomplets en raison des difficultés du moment et du chiffre élevé des pertes. Les mentions nominatives restent ainsi, dans bien des cas, réduites aux seuls

… et vous connaîtrez ses combats, au jour le jour, tant que le régiment survit.

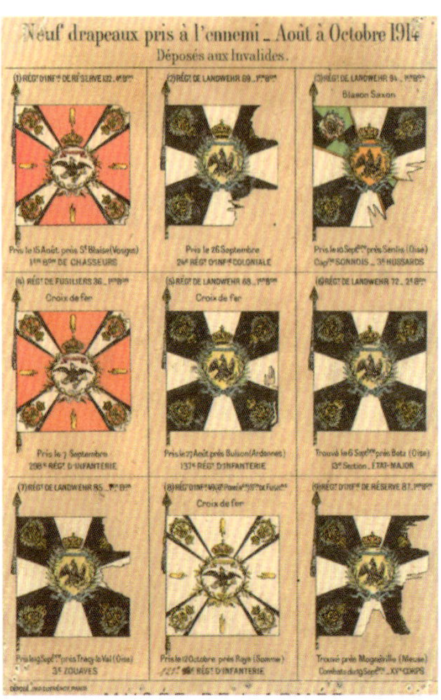

officiers. S'ils n'offrent pas la diversité des points de vue et richesse en termes de témoignages individuels des lettres de poilus ou des carnets de guerre personnels, et s'ils n'apportent bien souvent que peu ou pas de renseignements nominatifs sur le sort des simples soldats, les JMO constituent en revanche une source unique sur le contexte dans lequel évoluaient les combattants » (SHD).

Ces JMO sont consultables au Service historique de la Défense à Vincennes et à la bibliothèque universitaire de Nanterre. Mais, plus pratique, depuis 2008 et le 90e anniversaire de l'armistice de 1918, ils ont été mis en ligne sur le site Internet du ministère de la Défense Mémoire des hommes. Pour accéder à celui qui vous intéresse, il vous faut bien sûr découvrir dans quel régiment il avait été affecté, une information disponible dans son livret militaire, dans divers papiers militaires ou sur le site des morts pour la France de 1914-1918 s'il a été tué. Le site vous donne ensuite le mode opératoire de recherche en détail. Évoquons simplement le découpage des différents JMO, tel que le présente le SHD : « L'inventaire des JMO est constitué depuis l'origine de deux grands ensembles. En premier lieu, les journaux des régiments, bataillons et compagnies formant corps, classiquement répartis entre l'infanterie, la cavalerie, l'artillerie, le génie, le train des équipages. En second lieu, les

Depuis la défaite de 1871, la revanche sur l'Allemagne était attendue. Les manuels scolaires entretenaient cette idée. Et les familles, même modestes, vont donner leur or ou leurs bijoux pour soutenir l'effort d'une guerre plus longue que prévue.

Échange de cartes postales, envois de photos… Si vous avez encore une maison de famille, vous devriez y retrouver beaucoup de lettres de guerre…

journaux des grandes unités : Grand Quartier général, groupes d'armées, armées, corps d'armée, divisions et brigades. À l'intérieur de chaque grande unité, le *Journal des marches* de l'état-major de cette unité est suivi de ceux des états-majors des armes et services : infanterie, artillerie, génie, parcs, service aéronautique, service de santé, prévôté, direction des étapes et formations spéciales comme les détachements télégraphiques, les groupes de brancardiers ou les centres d'instruction. Il faut noter que la collection des JMO conservés n'est pas complète : les journaux de certaines unités ont disparu durant le conflit ou ne sont pas parvenus jusqu'aux archives de l'armée ; en conséquence, ces unités n'apparaissent pas sur le présent site. Il est possible que des JMO, conservés par des officiers ou leurs familles, se trouvent aujourd'hui encore en main privée, malgré leur caractère public. Espérons qu'ils pourront un jour rejoindre les dépôts du SHD et être ainsi consultés par tous les Français, qui en sont les véritables propriétaires » (SHD).

Retrouver un dossier d'officier

Le Service historique de la Défense à Vincennes détient tous les dossiers individuels d'officiers depuis la Révolution. Ceux de la Première Guerre mondiale sont désormais librement consultables.

Si l'un de vos ancêtres était officier entre 1914 et 1918, vous pouvez donc y consulter ce fameux dossier. Une mine d'informations pour le généalogiste ! On y trouve copie des actes de naissance et de mariage, du contrat de mariage (car l'état-major vérifiait si la fortune de la fiancée mettait bien l'officier à l'abri d'éventuelles tentatives de corruption de l'ennemi !), des diplômes, mais aussi du détail des notes des écoles militaires où il a pu être élève ; y ont aussi été conservés les différents ordres d'affectation, les commentaires annuels des inspecteurs et de la hiérarchie tout au long de la carrière, les décorations obtenues, les sanctions éventuelles, les blessures, divers courriers, souvent une photo, des éléments sur le passage dans la réserve, la pension parfois reversée à sa veuve, etc.

Pour en obtenir communication, il faut bien sûr s'inscrire à la bibliothèque du SHD (prévoir pièce d'identité et photo) mais aussi donner les nom, prénoms, les dates de naissance, de décès ou de fin de carrière de l'officier que vous recherchez.

Que faire si un grand-père vient de l'étranger ?

En 1914 en France, sur une population totale de 39,6 millions, 1,2 est étrangère. Une proportion faible mais déjà multipliée par 10 par rapport à 1830. C'est le développement industriel du second Empire qui commence à attirer, dans les années 1850-1860, quelques populations des pays limitrophes. En 1881, les Belges constituent le groupe le plus important (482 300 installés en France), suivis des Italiens (240 700).

Un peu d'histoire

Au cours de la Première Guerre mondiale, le manque de main d'œuvre, compte tenu des hommes partis combattre sur le front, amène la France à recourir dès 1915 à des travailleurs étrangers : on fait entrer 82 000 ouvriers (dont 24 000 Grecs, 22 800 Portugais, 15 200 Espagnols et 5 500 Italiens) et 113 400 ouvriers agricoles (essentiellement Portugais ou Espagnols, accompagnés de 22 300 femmes et 12 900 enfants). La guerre se poursuivant, on appelle, pour travailler en usine ou dans les champs, 76 000 Algériens, 49 000 Indochinois, 35 000 Marocains, 37 000 Chinois et 55 000 Malgaches.

Pour la reconstruction d'après-guerre, des centres de recrutement font venir des bras de toute l'Europe, surtout d'Europe centrale (500 000 Polonais dans les années 1920). Les Tchèques et Slovaques sont 3 000 en 1920, 22 000 en 1925 et 40 000 en 1936. En 1922 arrivent les Arméniens ; trois ans plus tard, ils sont 30 000 en France ; quinze ans plus tard, 65 000.

Si les mouvements se ralentissent, voire s'inversent, dans les années 1930, l'expansion des années 1950-1960 leur donne un nouvel essor. On fait appel aux travailleurs d'Afrique du Nord (50 000 Nord-Africains en 1946, plus de 300 000 dix ans

Un arbre généalogique qui vous mène vers un pays autre que la France ? Cela ne se rencontre en général que dans l'ascendance proche (sauf zones frontalières) car les populations ne sont vraiment devenues mobiles qu'au XXe siècle. Si par exemple vos aïeux nés vers 1900 sont nés dans un département français de métropole, leurs ascendants, aussi haut que vous puissiez remonter le temps, se répartiront dans 75 % des cas dans deux départements seulement : leur département de naissance et un département limitrophe. Et les 25 % restants guère plus loin. Un arbre généalogique qui conduit à l'étranger est souvent perçu comme irréalisable, même pour des branches récentes. Or, il existe bien des solutions faciles à mettre en œuvre, variables selon les pays, mais peu connues.

Les Belges sont les premiers à arriver massivement en France. De 128 000 en 1851, ils passent à 482 300 en 1881, venant essentiellement travailler pour les moissons dans le nord et le Bassin parisien.

Documents extraits d'un dossier de naturalisation tunisien de 1902. Source : Votre nom en France, Laurent Fordant, 2007.

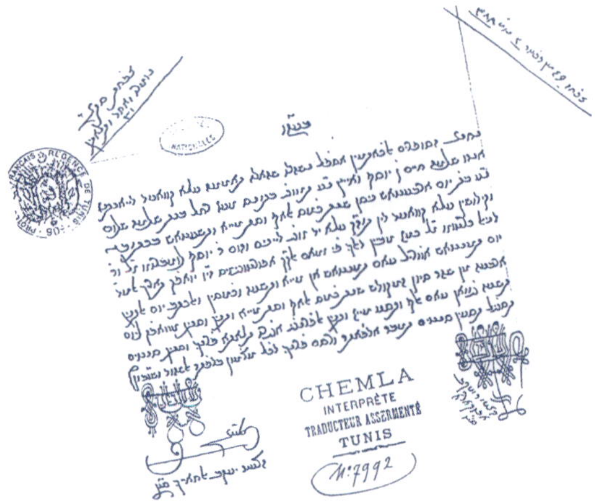

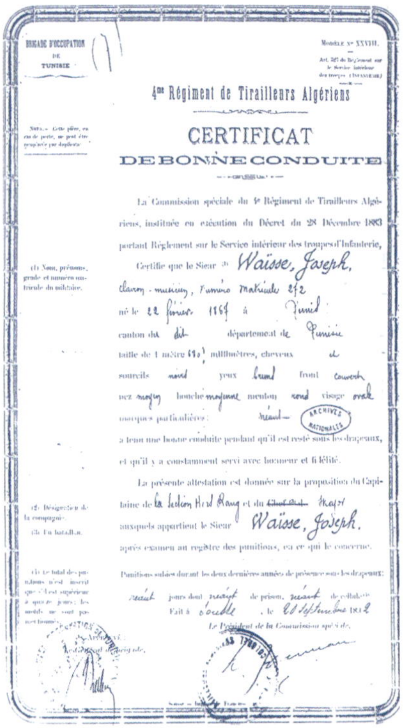

BRIGADE D'OCCUPATION DE TUNISIE

MODÈLE N° XXVIII.

4me Régiment de Tirailleurs Algériens

CERTIFICAT DE BONNE CONDUITE

La Commission spéciale du 4e Régiment de Tirailleurs Algériens, instituée en exécution du Décret du 28 Décembre 1883 portant Règlement sur le Service intérieur des troupes d'Infanterie,

Certifie que le Sieur (1) Waïsse, Joseph, clairon-musicien, numéro matricule 272 né le 22 février 1867 à Tunis canton du dit département de Tunisie taille de 1 mètre 690 millimètres, cheveux et sourcils noirs yeux bruns front couvert nez moyen bouche moyenne menton rond visage ovale marques particulières : néant

a tenu une bonne conduite pendant qu'il est resté sous les drapeaux, et qu'il y a constamment servi avec honneur et fidélité.

La présente attestation est donnée sur la proposition du Capitaine de la section Hors Rang et du major auxquels appartient le Sieur Waïsse, Joseph. après examen au registre des punitions, en ce qui le concerne.

Punitions subies durant les deux dernières années de présence sous les drapeaux : néant jours dont néant de prison, néant de cellule

Fait à Sousse, le 28 Septembre 1892

Le Président de la Commission spéciale,

ARCHIVES NATIONALES

(1) Nom, prénoms, grade et numéro matricule du militaire.

plus tard, dont 92 % d'Algériens) puis aux Espagnols (600 000 à la fin des années 1960), puis aux Portugais (20 000 en 1959, 700 000 au début des années 1970). Les ressortissants d'Afrique noire n'arrivent que plus tard encore.

Des pistes à portée de main

Pas d'affolement, vous pouvez retrouver vos ancêtres de l'autre bout du monde avec un peu de méthode, et sans nécessairement beaucoup de frais et de déplacement. Une partie des recherches se fait d'abord depuis la France. La première chose à faire, on l'a vu, c'est d'interroger la famille et de rassembler les papiers, passeports et documents qui ont pu être conservés. Ils vont vous livrer des noms, des prénoms, des dates, des lieux, permettant d'ancrer vos recherches sur un territoire précis à l'étranger. Ils peuvent être étoffés par le dossier de naturalisation de votre aïeul.

Retrouver un dossier de naturalisation

Le dossier de naturalisation est d'autant plus passionnant pour un généalogiste qu'il comprend tous les éléments de l'état civil du postulant et de son conjoint éventuel (avec leurs traductions s'il s'agit de documents écrits dans une autre langue, voire dans un autre alphabet), son état de santé, différents certificats d'enquêtes administratives, des photos, des informations sur leur vie quotidienne, etc. Vous aurez l'impression de (re)découvrir cet aïeul venu d'ailleurs.

Pour consulter ce fameux dossier de naturalisation, il faut d'abord retrouver son numéro qui, de 1900 à 1962, figure sur www.genealogie.com ou www.genehisto.com (tous deux sur abonnement). Vous y trouverez aussi la date du décret (de naturalisation, de réintégration ou d'admission), le nom et les prénoms de la personne (son nom de jeune fille s'il s'agit d'une femme mariée), sa date et son lieu de naissance (très important si vous connaissez seulement le pays de votre ancêtre mais pas sa localité d'origine), ainsi que la liste des enfants mineurs. Après 1962, vous trouverez le numéro de dossier dans le *Journal officiel*, à la date du décret de naturalisation. Si

vous ne connaissez pas la date exacte, vous pouvez vous reporter à la *Liste alphabétique des personnes ayant acquis ou perdu la nationalité française par décret*, publiée par le *Journal officiel* tous les dix ans, qui renvoie au journal concerné. À partir du numéro de dossier, vous pouvez en obtenir consultation, mais avec des modalités variables selon l'ancienneté du dossier :
– les dossiers de naturalisation antérieurs à 1930 sont librement consultables aux Archives nationales (Caran, rue des Quatre-Fils, 75003 Paris), parfois aussi dans les archives départementales (en série M)
– les dossiers de naturalisation de 1931 à 1958 sont depuis 2008 librement consultables eux aussi, à Fontainebleau au Centre des Archives nationales
– les dossiers de 1959 à 1975 ou 1976 sont également à Fontainebleau, mais ne peuvent être consultés que sur dérogation. Il faut adresser une demande à la direction des Archives nationales en indiquant votre identité, le nom de la personne naturalisée, son numéro de dossier, la date du décret et le but de votre démarche
– les dossiers plus récents se trouvent à la Sous-Direction des Naturalisations (93 bis, rue de la Commune, 44400 Rezé) et ne peuvent être consultés que sur une dérogation, que vous n'obtiendrez sans doute pas si vous n'êtes pas un descendant direct.

Les pays de plus forte implantation en 1960

En 1960, en France, les pays qui comptaient des ressortissants installés en France et ayant demandé la naturalisation française étaient les suivants (par ordre de fréquence) :
Italie, Espagne, Pologne, Belgique, Allemagne, Tunisie, Russie, Turquie, Suisse, Algérie, Roumanie, Asie mineure, Tchécoslovaquie, Maroc, Portugal, Hongrie, Autriche, Grèce, Yougoslavie, Luxembourg, Grande-Bretagne, Viêt-nam, Égypte, Madagascar, Syrie, Pays-Bas, États-Unis, Bulgarie, Argentine, Brésil, Liban, Lituanie, Arménie, Palestine, Chili, Serbie, Lettonie, Danemark, Bénin, Congo, Sénégal, Gabon, Iran, île Maurice, Malte, Canada, Albanie, Côte d'Ivoire, Suède, Estonie, Libye, Soudan... (Source : *Votre nom en France,* Laurent Fordant, Archives & Culture 2007)
C'est sur cette liste que nous nous appuyons pour donner ici quelques conseils de recherche.

Utiliser les fichiers des mormons

Pour des raisons religieuses, les mormons ont entrepris de microfilmer, dans tous les pays du monde, tout ce qui peut aider à reconstituer son arbre (les registres d'état civil laïques ou cultuels mais aussi des listes de naturalisés, des recensements, des recueils de généalogie, etc.). Cent dix pays ont été traités ou sont en cours de traitement. Autant dire que, quel que soit celui de vos ancêtres, leurs bases de données peuvent vous aider.
Le site Internet des mormons (en anglais) est accessible sur www.familysearch.org. Vous pouvez y chercher :
– une personne précise dans les fichiers saisis à partir des microfilms réalisés (attention : la saisie ne représente qu'une infime partie du volume microfilmé). La page d'entrée pourvue en haut d'un onglet bleu *Home* vous permet de chercher un ancêtre précis (*first name* pour son prénom, *last name* pour son nom de famille), pour tous les pays (*All countries*) ou un pays précis
– la localité de l'étranger qui vous intéresse. Cliquez sur l'onglet Library en haut, puis, toujours dans ce même bandeau bleu, sur *Family History Library catalog*, qui va vous donner la liste de toutes leurs réalisations. Cliquez ensuite sur le bandeau *Place Search* à droite. Vous arrivez au catalogue où vous allez pouvoir saisir le lieu d'origine de votre ancêtre. Signalons que les noms de lieux ne peuvent être trouvés qu'à partir de leur forme locale et pas de leur traduction en français. Par exemple, si vous tapez Londres parce que vos ancêtres étaient londoniens, puis sur *Search*, la base va vous proposer en fait une commune Londres dans le Lot-et-Garonne ou Château-de-Londres, Mas-de-Londres, Notre-Dame-de-Londres et Saint-Martin-de-Londres dans l'Hérault ! Mais pour trouver la capitale de l'Angleterre, il faut taper London... Attention également aux différentes formes orthographiques d'une commune, acceptées si elles sont bien des formes locales. Par exemple, la ville allemande de Stettin est aussi bien trouvée à Stettin qu'à Szczecin. Enfin, si votre ordinateur ne dispose pas des polices spéciales (par exemple des z ou des c accentués), vous risquez de voir apparaître à l'écran un point d'interrogation à la place de chaque lettre non reconnue. On s'y retrouve quand même avec un peu plus de concentration...
– les documents sur cette localité, qui s'affichent en bleu. Si vous cherchez l'état civil par exemple, cliquez sur *Church Records* ou *Civil Records* selon les pays ou les

Les mormons ont décidé de baptiser rétroactivement mormon, pour le sauver, tout individu figurant dans l'arbre généalogique d'un de leurs membres. D'où leur passion pour la généalogie !

périodes. Vous arrivez à un tableau qui va vous donner, dans la langue du pays, si les microfilms ont été réalisés, s'ils sont éventuellement disponibles dans des archives locales, la langue utilisée dans les registres, etc. Si vous cliquez en haut sur *View Film Notes* : vous obtenez la liste de toutes les bobines de microfilm réalisées sur cette paroisse ou cette commune, leur contenu (toujours dans la langue du pays), les dates couvertes par chaque bobine ainsi que leur numéro d'enregistrement.

Avec ce numéro, vous pouvez commander le microfilm pour le lire dans une bibliothèque des mormons. Il y en a plusieurs en France (liste sur la page d'accueil, en tapant France dans *Find a Family History Center Near Your Home*). Appelez celle qui est la plus proche de chez vous pour connaître les modalités, car le nombre de places de lecture est limité (sur Paris, il y a parfois une liste d'attente d'un an, c'est plus rapide en province). On n'essaiera pas de vous convertir et la consultation est gratuite (vous ne paierez que les frais de port pour faire venir les bobines qui vous intéressent depuis les États-Unis).

Et si vraiment vous avez beaucoup d'ancêtres à l'étranger et que vous voulez faire un peu de tourisme, allez à Salt Lake City (35 North West Temple Street, Salt Lake City, Utah, horaires, téléphone et fax sur le site). Vous y aurez un accès direct et immédiat aux microfilms de tous les pays et des bénévoles pour vous aider.

L'Algérie

L'état civil n'existe pour les populations de souche que depuis 1881. Jusqu'à cette date, vous pouvez demander par correspondance un acte à la mairie algérienne qui détient le registre (attention aux changements des noms des communes après l'indépendance). Mais il ne vous sera pas possible de remonter le temps plus avant.

En revanche, si vous descendez d'un colon ou d'une minorité religieuse, c'est plus facile : l'état civil concernant les Européens était en effet tenu depuis 1830 (voir les archives des consulats avant cette date) et les juifs y enregistraient leurs mariages. Il est resté sur place mais a été en grande partie microfilmé.

Carte de la région de Constantine de 1854 (Atlas de l'Algérie 1830-1960). Source : SHD.

Il va être plus facile de remonter le temps pour des Européens installés quelques générations en Algérie que pour les Algériens de souche.

Les actes de moins de cent ans sont conservés au Service de l'état civil de Nantes (11, rue de la Maison-Blanche, 44941 Nantes cedex 9), qui rassemble l'état civil de tous les Français à l'étranger de moins de cent ans (accessible uniquement pour les ascendants directs, sur autorisation du tribunal de grande instance de Nantes). Les actes de plus de cent ans sont accessibles au public au Centre des archives de l'outre-mer (29, chemin du Moulin de Testa, 13090 Aix-en-Provence). Précisons enfin que les trois associations de généalogie citées pour la Tunisie couvrent aussi l'Algérie.

L'Allemagne

L'état civil laïque existe depuis 1876 mais, avant cette date, les registres paroissiaux peuvent vous permettre de remonter jusqu'au XVIe siècle. Les registres protestants sont presque toujours rédigés en allemand, ceux des paroisses catholiques en latin. Ils ont dans la plupart des cas été microfilmés par les mormons, ce qui vous permet une recherche depuis la France.
Le site http://www.genealogienetz.de/vereine/index.html donne la liste des associations de généalogie d'Allemagne, www.berufsgenealogie.net donne les adresses de généalogistes professionnels, www.archivschule.de/content/30.html les archives religieuses et les généalogies déjà numérisées sont sur www.ortsfamilienbuecher.de. Enfin, pour trouver la carte de localisation des noms qui vous intéressent en Allemagne, allez sur le site www.verwandt.de/karten/ (taper le nom puis « Suche »).

L'Autriche

Le territoire de l'Autriche a été tellement amputé après la Première Guerre mondiale que, si vous avez un aïeul autrichien, vous pouvez être obligé de vous retourner vers les archives des pays limitrophes : République Tchèque, Slovaquie, Hongrie, Slovénie, Italie voire Serbie ou Roumanie. Dans l'Autriche actuelle, seuls les actes de plus de cent ans sont consultables. Les plus récents ne peuvent être obtenus que si vous

Les migrations d'intolérance (conflits) ou économiques (appels pour les reconstructions d'après-guerre ou migrations de pauvreté) constituent l'essentiel des mouvements inter-États du XXe siècle.

prouvez votre lien de parenté avec les personnes qui y figurent. L'état civil n'est laïque que depuis 1939, les recherches s'effectuent donc dans les registres paroissiaux. Comme les mormons n'ont pas eu l'autorisation de les microfilmer, ils ont peu de choses. Les diocèses (sur www.kirchenarchive.at) peuvent renseigner sur la localisation des registres anciens et délivrer les autorisations. Les consultations en paroisses se font sous surveillance et contre une modeste contribution.

Si vos ancêtres n'étaient pas catholiques mais protestants, prenez contact avec les *Archiv der Evangelischen Oberkirchenrates*, Severin Schreiber-Gasse 3, A-1180 Vienne, ou avec les *Archiv der Evangelischen Pfarrgemeinde*, Wien-Innere-Stadt, Dorotheergasse 16, A-1010 Vienne. S'ils étaient juifs, vous pouvez consulter les registres dans les cinq communautés actuelles (Vienne, Graz, Linz, Salzbourg et Innsbruck). Voir aussi le site www.ikg-wien.at.

Signalons qu'il existe une importante association généalogique : Adler, Universitätsstrasse 6/9 b, A-1096 Vienne (www.adler-wien.at, mail : office@adler-wien.at). Vous pouvez aussi participer à des forums de généalogistes amateurs. La liste en langue allemande suivante : http://list.genealogy.net/mailman/listinfo/austria-l permet une inscription sans cotisation. Enfin, vous pouvez faire appel à des généalogistes professionnels par l'intermédiaire de www.berufsgenealogie.net (généalogistes spécialistes de l'Autriche).

La Belgique

La Belgique a un système d'état civil similaire au nôtre, avec des registres paroissiaux avant 1796, des actes laïques après cette date. Les mairies n'autorisent pas la recherche, mais peuvent fournir copie d'un acte dont vous avez la date exacte. Quant aux dépôts d'archives, ils ne font pas de recherche par correspondance. Il faut donc se déplacer ou bien utiliser les fonds des mormons, qui ont tout microfilmé. Comme la généalogie est en plein essor dans le pays, de nombreuses associations peuvent aussi vous aider, parmi lesquelles :

– OGHB, avenue Ch. Thielemans 93, 1150 Bruxelles, Belgique ; site : www.oghb.org
– SCGD, Avenue Anatole France 31, 1030 Bruxelles, Belgique ; site : www.scgd.net
– sur le Hainaut : AGHB, avenue Mascaux 457, 6001 Marcinelle ; site : www.aghb.org
– sur la province belge du Luxembourg : Gelux, Rue des Calvaires 28, 6780 Buvange-Messancy (site http://home.scarlet.be/gelux/) ou Wallonia, CST, Rue des Carmes 22, 6900 Marche-en-Famenne
– sur la Wallonie : GéniWal, Rue du Pré de Litrange 8, 1320 Hamme-Mille, Belgique ; site : www.geniwal.be

Enfin, sur le site Internet (gratuit) http://www.familienaam.be, vous pouvez voir la répartition des noms de famille qui vous intéressent sur l'ensemble de la Belgique. Pratique pour rechercher des cousins. À lire absolument : le guide *Retrouver ses ancêtres belges*, de Christophe Drugy, qui donne toutes les pistes.

Quel que soit le pays d'origine, l'obtention de la nationalité française passe par la naturalisation et vous pourrez donc retrouver le dossier de votre ancêtre en France.

L'Espagne

Pour ce pays, les associations de généalogie qui peuvent vous aider sont :
– Association catalane de généalogie, Résidence Icare, 63 rue Emmanuel-Brousse, BP 1024, 66101 Perpignan cedex ; adresse mail : acg.perpignan@wanadoo.fr
– Section Espagne du Cercle du Languedoc, 18 rue de la Tannerie, 31400 Toulouse ; mail : cglanguedoc.@wanadoo.fr
– Gen-Iberica, 18 rue Fernand-Méchin, 37550 Saint-Avertin ; mail : geniberica37@hotmail.fr

Les registres paroissiaux, détenus par les paroisses ou les évêchés, datent du XVIe siècle. L'état civil, conservé par le juge municipal dans les villages et par le juge d'instance dans les villes, a été créé en 1870.

L'état civil n'est pas consultable, sauf autorisation exceptionnelle du juge, mais il est possible de demander la photocopie d'un acte sur www.mju.es (archives en ligne sur le site www.mcu.es).

Quant aux registres de baptêmes (batizados), de mariages (casados) et de décès (difuntos) détenus par les paroisses ou les archives diocésaines, ils nécessitent ou bien un repérage précis de l'évêché dont dépend la paroisse qui vous intéresse, ou bien une prise de rendez-vous avec le curé. Soyez diplomate, car les curés n'ont pas pour fonction de servir d'archivistes et l'attitude arrogante ou exigeante de généalogistes français a déjà déplu à beaucoup d'entre eux.

Et pour trouver la carte de localisation des noms qui vous intéressent, allez sur le site www.ine.es/fapel/FAPEL.INICIO (remplir « apellido »).

Les États-Unis

Voulez-vous chercher votre oncle ou vos cousins d'Amérique ? Le site italien gratuit www.gens.labo.net vous donne dans un premier temps la cartographie des porteurs du nom que vous cherchez sur l'Italie et les États-Unis. Côté recherches, la base de données www.francogene.com constitue un véritable dictionnaire généalogique des Français d'Amérique du Nord des origines à 1710. Mais comme les Américains sont férus de généalogie, les bases Internet sur ce thème sont très nombreuses. Certaines permettent de mieux comprendre l'organisation américaine en matière d'état civil (si vous envisagez de vous déplacer, par exemple) et parfois d'acheter des copies d'actes, comme www.vitalrec.com ou le site des mormons www.familysearch.org. Citons encore : www.rootsweb.ancestry.com (site de discussion avec accès libre à des bases de données), le site htpp://ssdi.rootsweb.ancestry.com/ (décès de l'assurance

sociale américaine), www.cyndislist.com/, www.usgenweb.org, worldgenweb.org/, www.birthdatabase.com ou www.ancestry.fr. En France, le Centre des archives d'outre-mer à Aix détient des registres de l'époque coloniale française et le site www.genealogie.com donne accès à la liste des migrants passés par Ellis Island (New York).

La Grande-Bretagne

En Grande-Bretagne, c'est facile, tout est payant, mais tout est centralisé par l'État et peut être demandé à distance, par mail. Sans compter que les mormons ont aussi quasiment tout microfilmé. Pour l'Angleterre et le Pays de Galles, il faut contacter le *Family Records Centre* (1, Middleton Street, London EC1R 1UW, qui a pour site http://familyrecords.gov.uk) ; pour l'Écosse, le *Register General* (New Register House, 3 West Register Street, Edinburgh EH1 3YT, dont le courriel est : records@gro-scotland.gov.uk et le site est : http://gro-scotland.gov.uk/) ; pour l'Irlande du Nord, le *Register General Oxford* (49/55 Chichester Street, Belfast BT1 4HL, avec pour adresse mail : gro.nisra@dfpni.gov.uk). Et pour trouver la carte de localisation des noms anglais, allez sur le site www.nationaltrustnames.org.uk.

L'Italie

Quelques associations de généalogie peuvent déjà vous aider :
– Racines Italiennes, 10 avenue de Robache, 88100 Saint-Dié-des-Vosges ; adresse mail : assoc@racinesitaliennes.org
– Ancêtres Italiens/Bibliothèque c/o com.it.es, 5 avenue de Verdun, 94200 Ivry-sur-Seine ; mail : geneaita@geneaita.org
– Associazione Nostre Origini (correspondante de la Fédération française de généalogie), via Bassano 19, 10136 Torino, Italie ; mail : info@nostreorigini.org

C'est de 1865 que datent à la fois l'unification du pays et son état civil. Avant cette date, les registres étaient tenus par les curés (sauf pendant la période d'occupation napoléonienne, de 1805 à 1815, période de création d'un état civil laïque calqué sur celui de la France). Les registres paroissiaux se trouvent en général dans les paroisses, mais peuvent avoir été transférés au diocèse, aux archives de l'État ou aux archives municipales. Les registres de l'état civil sont détenus par les archives de l'État (dans les 92 métropoles régionales) ou aux archives municipales (mairie). La première difficulté est de localiser la commune d'origine, car les lieux de même nom sont fréquents. Vous pouvez tenter d'obtenir les premiers actes par correspondance auprès de la cure ou de la mairie, en écrivant si possible en italien et en justifiant de votre lien de parenté. La copie de l'acte peut aussi bien être payante que gratuite.

Mais, très vite, il faut se déplacer (d'autant que les mormons n'y ont presque rien microfilmé). Si vous ne parlez pas italien, un interprète sera indispensable pour mener des recherches généalogiques dans des mairies ou des presbytères qui n'y sont pas habitués et qui regardent cette démarche avec beaucoup de méfiance… et pour lire les actes retrouvés. Sur place, les registres de population (*registro di popolazione*) que les mairies ont tenus à partir de l'unité italienne vous seront très utiles. Y sont reportés les naissances, mariages, décès concernant une famille (même étrangère) de la commune, avec toutes les filiations et, dans une colonne « observation », les indications de départ, d'émigration, etc. Ces registres peuvent vous permettre de glaner quatre générations d'un coup.

Avant 1865, les curés italiens tenaient l'équivalent dans un *stato delle anime* (état des âmes) répertoriant les familles. S'ils sont détenus par la paroisse, il faut prendre rendez-vous avec le curé ; s'ils ont été versés aux diocèses, il faut respecter les horaires (bien maigres) d'ouverture des archives ; s'ils se trouvent aux archives d'État (en général pour les documents de plus de cent ans), vous retrouverez un fonctionnement similaire à nos archives départementales : les minutes des notaires y sont aussi conservées, ainsi que le cadastre, les registres du recrutement militaire, etc.

Vous pouvez aussi visualiser la répartition géographique du nom de votre aïeul en Italie sur le site (gratuit) www.gens.labo.net et trouver la signification de ce même patronyme sur le site Internet www.myitalianfamily.com (en anglais).

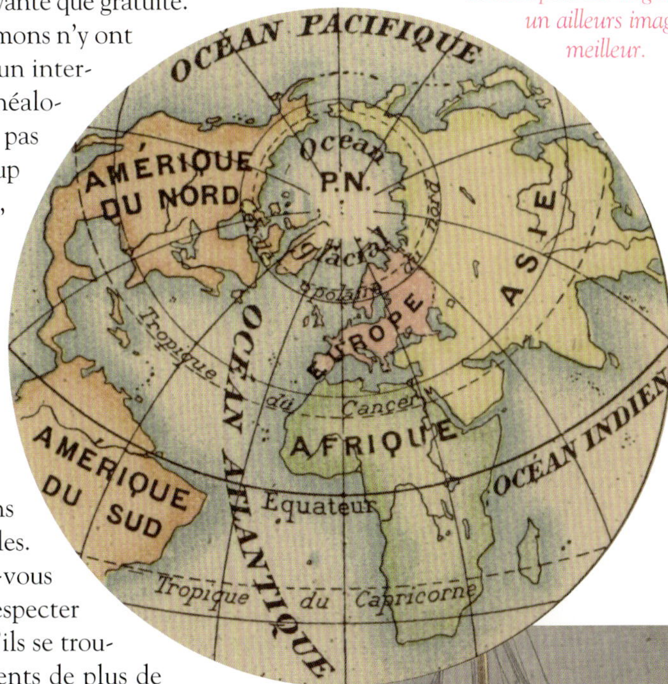

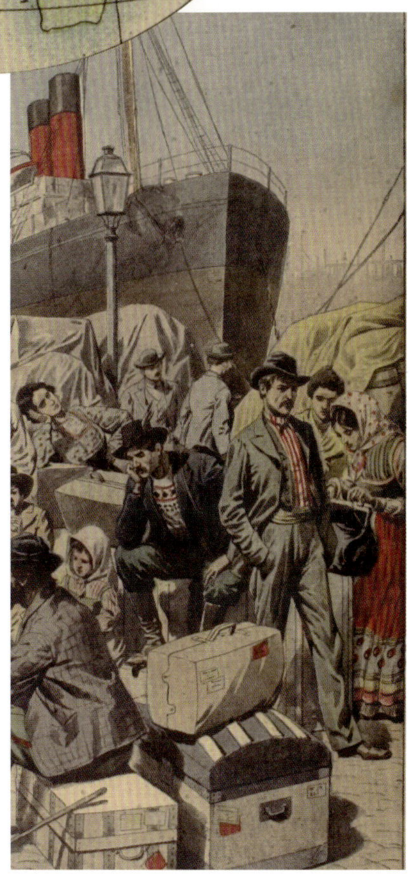

Mer Méditerranée, océan Atlantique… Les bateaux ont constitué le premier moyen de transport des migrants vers un ailleurs imaginé meilleur.

Le Maroc

Même s'il y a été créé en 1915, l'état civil était facultatif et n'a été imposé qu'en 1976. Il est donc impossible de retrouver la généalogie d'une famille de souche marocaine. Vous ne pourrez remonter le temps que si vous descendez d'Européens installés sur place. Les registres rapatriés ont été déposés au Service du ministère des Affaires étrangères (1, rue Robert Esnault-Pelterie, quai d'Orsay, 75007 Paris) pour les documents de plus de cent ans, au Service du ministère des Affaires étrangères (11, rue de la Maison Blanche, 44011 Nantes Cedex 09) et aux Archives diplomatiques (17, rue Casternau, 44036 Nantes), pour l'état civil de moins de 100 ans. Précisons que les trois associations de généalogie citées pour la Tunisie couvrent aussi le Maroc.

La Pologne

Les registres polonais antérieurs à 1870 ont été pour la plupart microfilmés par les mormons. Les autres sites utiles sont les suivants : www.geneapologne.com (site de Philippe Christol, généalogiste français spécialiste de la Pologne, auteur du guide *Retrouver ses ancêtres polonais*), www.polishroots.com, www.pgsa.org (Polish genea-

Carte postale des années 1920 montrant des Polonais en costume traditionnel. Ci-dessous : mariage à Paprotnia (Pologne) en 1933 (collection privée de Philippe Christol) puis groupe de mariage d'une jeune fille polonaise avec un agriculteur tourangeau à Ligueuil en 1932 (collection Mme Boizier).

logical society of America), http://opoka.org.pl/strktury_kosciola/diecezje (qui donne les adresses des diocèses et des paroisses où vous pouvez écrire si les registres n'ont pas été microfilmés par les mormons), mais aussi www.genealodzy.pl, www.szlachta.org (sur la noblesse polonaise) et www.ambassade.pologne.net (qui donne les adresses des bureaux d'état civil pour les actes postérieurs à 1870). Les recherches restent difficiles car les noms de lieux ont souvent changé au gré des déplacements de frontières, que les religions sont multiples (catholiques, orthodoxes, protestants, juifs) et que les registres ont été écrits, selon les époques, aussi bien en vieux slave, qu'en polonais, en latin, en allemand, en russe, en yiddish, en biélorusse ou en ukrainien ! Il est nécessaire aussi de bien connaître la forme originelle du nom de votre aïeul, qui a pu être francisé à son arrivée en France. Si votre aïeul est juif, les actes sont plus faciles à trouver, enregistrés à partir de 1808 sur www.jewishgen.org/InfoFiles/polandv.html. Les actes microfilmés par les mormons de 1808 à 1902 ont été pour la plupart indexés (avec nom, numéro d'acte, année, parfois la référence du microfilm) sur le site américain www.jewishgen.org/jri-pl. Du moins pour la partie russe de la Pologne, car en Posnanie et en Galicie, les sources sont plus rares. La langue utilisée est le russe ou polonais selon l'époque.

Le Portugal

Les registres paroissiaux existent au Portugal depuis le XVIe siècle, l'état civil laïque depuis 1911. Leur consultation n'est pas autorisée, mais il est possible de demander des copies d'actes (payantes) en justifiant de votre parenté avec les personnes mentionnées dans l'acte. Le plus difficile est de localiser la paroisse qui vous concerne car le découpage paroissial ne se superpose pas du tout aux structures communales.

La Suisse

L'état civil est devenu laïque en Suisse à partir de 1876. Il n'est pas librement consultable et la délivrance d'actes (payante) ne peut être obtenue que pour les personnes citées dans l'acte ou leurs descendants directs (sur justificatifs).

Avant 1876, les registres, tenus par les curés ou les pasteurs, sont consultables aux archives cantonales. On trouve sur www.unige.ch/biblio/ses/jla/gen/sources00.html un aperçu des principales sources généalogiques. Enfin, signalons que la Suisse tient des registres de famille, dans la commune enregistrée comme lieu d'origine, où toutes les informations concernant les membres de la famille (même vivant ailleurs en Suisse) sont reportées. Les plus anciens datent du XIVe siècle et vous pouvez les consulter. Pour savoir quelle est la commune d'origine de votre famille, vous pouvez vous reporter au *Répertoire des noms de famille suisses*, édité par Schulthess Polygraphischer Verlag (Zurich, 1989). Il précise l'orthographe officielle du nom de famille, la commune d'origine, l'année au cours de laquelle le droit de bourgeoisie a été obtenu et le nom de l'ancienne commune d'origine éventuelle.

La Tchécoslovaquie

Les centres d'archives de la République tchèque, née de l'éclatement de ce pays en 1993, acceptent de faire des recherches généalogiques pour des particuliers, sur devis. Le délai de réalisation est long, mais cette solution peut être plus simple que de tenter sdes recherches sur place. Pour savoir à quel service d'archives adresser votre demande, interrogez par mail la société des archives tchèques (cesarch@cesarch.cz). Il existe aussi des sites de généalogie dédiés à la République Tchèque, la plupart en anglais ou en tchèque, comme www.iarelative.com ou www.genealogie.cz.

Si votre famille était originaire des régions appartenant aujourd'hui à la Slovaquie, les recherches ne peuvent être faites que sur place, par vous-même. Les actes de moins de trente ans ne sont pas consultables (aucune dérogation possible), mais les autres pourront être trouvés dans les dépôts municipaux (pour Bratislava et Kosice), dans les archives des districts ou les archives régionales. L'état civil laïque existe depuis 1895, mais les registres religieux peuvent vous permettre de remonter jusqu'au XVIe siècle. Attention aux horaires d'ouverture (très variables, il vaut mieux prendre rendez-vous) et au barrage de la langue (les registres anciens sont aussi bien en latin, en ukrainien, en allemand qu'en hébreu, en hongrois ou en slovaque !).

Cartes postales, cartes du monde et gravures anciennes… Tout peut vous aider à mieux comprendre et visualiser le pays de vos ancêtres.

La Tunisie

Cinquième pays par la fréquence des naturalisations en France, la Tunisie va offrir des chances variables de remonter le temps selon les familles.

Si votre aïeul est un Tunisien de souche, vous ne réussirez guère à remonter le temps car l'état civil n'a été créé qu'en 1929 et qu'il n'existait rien avant. Votre seule chance est de descendre d'une famille illustre ayant conservé des documents familiaux et des généalogies personnelles.

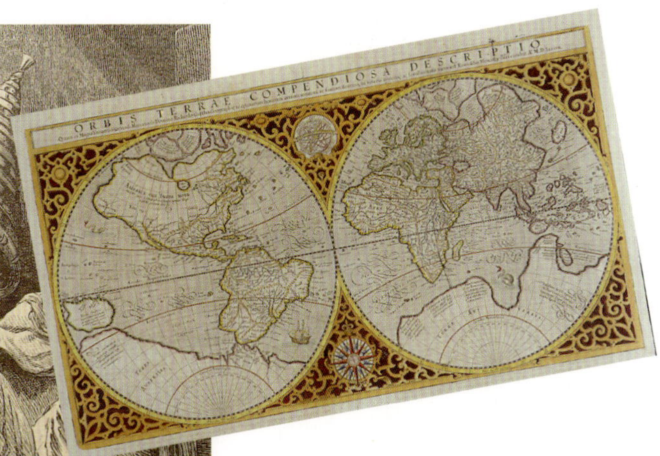

Des livres pour aller plus loin...

- *Votre nom en France, guide des naturalisations*, Laurent Fordant, Archives & Clture 2007
- *Rechercher ses ancêtres étrangers*, Myriam Provence, Autrement, 2008
- *Les étrangers en France XVIe siècle-1789. Guide des recherches aux archives nationales*, Jean-François Dubost, Archives nationales, 1993.
- *Retrouver ses ancêtres belges*, Christophe Drugy, Archives & Culture, 2009
- *Retrouver ses ancêtres Polonais*, Philippe Christol, Archives & Culture, 2011
- *Retrouver ses ancêtres espagnols*, Genibérica, Archives & Culture, 2011
- *Tipps für Familienforscher in Österreich*. Hg. Von Kerstin Hederer. St. Pölten, Diözesanarchive Österreichs, 2005
- Annuaire international des archives, in *Revue internationale des Archives*. PUF, 1975 (http://www.unesco.org)
- *Rechercher ses ancêtres juifs*, Laurence Abensur-Hazan, Éditions Autrement, 2006
- *Guide pratique de généalogie juive en France et à l'étranger*, Basile Ginger, Cercle de généalogie juive, 2002
- *Jewish Roots in Poland : Pages from the past and Archival Inventories*, Miriam Weiner, Routes to Routes Foundation, Inc., 1997
- *A Dictionary of Jewish Surnames from the Kingdom of Poland*, Alexander Beider, Avotaynu, Inc., Teaneck, NJ, États-Unis, 1996

Si votre ancêtre était un Européen venu s'installer dans le pays, il était inscrit sur place dans des registres d'état civil ; vous pouvez faire appel :

– au service central de l'état civil des Affaires étrangères à Nantes (11, rue de la Maison Blanche, 44941 Nantes cedex 9), qui rassemble l'état civil de tous les Français à l'étranger de moins de cent ans (accessible uniquement pour les ascendants directs, sur autorisation du tribunal de grande instance de Nantes)

– aux archives des Affaires étrangères, 1 rue Robert Esnault, 75007 Paris, pour les actes de plus de cent ans.

Si votre ancêtre était pied-noir, trois associations de généalogie en France peuvent vous aider :

– Généalogie Algérie-Maroc-Tunisie, 29 avenue de Tubingen, 13090 Aix-en-Provence, site : www.genealogie-gamt.org

– Association Généalogie Méditerranée, site : www.geneagm.org/index.htm

– Cercle d'études généalogiques d'Afrique du Nord, Le Gerfaut, rue du Commandant-Houot, La Rote, 83000 Toulon.

La Turquie

En Turquie, l'état civil et les fonds d'archives ne sont accessibles qu'à l'administration, qui ne délivre à un particulier que les seuls actes le concernant. La recherche généalogique est donc impossible, sauf si :

– votre famille est venue d'ailleurs (il faut consulter les archives des consulats du pays d'origine, soit, pour la France : le Service central de l'état civil déjà évoqué pour tout document de moins de cent ans, les archives du quai d'Orsay (37, quai d'Orsay, 75007 Paris) qui conservent les registres d'état civil des consulats de plus de cent ans, les Archives nationales qui détiennent des documents traitant du « Levant et Barbarie de 1616 à 1873 » dans la série A.E.BIII « Affaires étrangères »

– votre famille était d'une religion minoritaire sur place (arménienne, chrétienne, juive, orthodoxe), car les églises locales ont pu conserver quelques registres. On trouve par exemple les microfilms des registres catholiques de Constantinople sur le site des mormons, ainsi qu'un index des recherches sur les familles juives de Turquie sur le site www.jewishgen.org/Sephardic/.

Le Viêt-nam

Les fonds de l'administration coloniale sont conservés à Aix-en-Provence (archives d'outre-mer, 29, chemin du Moulin de Testa, 13090 Aix, voir détails sur le site Internet www.archivesnationales.culture.gouv.fr/). Les autres archives se trouvent sur place, dans l'un des quatre sites des Archives nationales du pays, créées depuis l'Indépendance (Siège : 12 Dao Tan Street, Ba Dinh District, Hanoi).

Attention : sur place, seule une partie de la population a une existence légale, les migrants vietnamiens ne faisant l'objet d'aucun enregistrement. S'y ajoutent les difficultés de lecture des archives. Bref : remonter le temps risque d'être une mission impossible.

Comment noter les premiers résultats ?

Il est encore trop tôt pour accrocher au mur un bel arbre aux branches bien fournies. Voici quelques solutions pour un début....

Assez vite, si vous avez choisi de noter tous les cousins, vous vous retrouvez avec une masse de noms, de dates, de lieux... et vous n'en êtes encore qu'au XXe siècle ! Il va être nécessaire d'organiser vos informations et d'apprendre à noter vos premiers résultats. Papier ou informatique, tout est encore possible, mais l'ordinateur deviendra vite indispensable si vous envisagez de continuer.

Les solutions papier

On commence toujours par un papier et un stylo. Pour bien conserver tout ce que vous avez trouvé, il vous faut dans l'idéal quatre types de documents papier :

– des feuilles de filiation exhaustive, sur du papier A4 à petits carreaux (c'est pratique, ça vous permet de mettre facilement sur une même ligne les membres d'une même génération, et vous pouvez en scotcher plusieurs bout à bout si nécessaire) pour noter les filiations pour un nom de famille précis (une feuille par nom de famille, ce qui implique le report des enfants des filles sur une autre feuille). Un système qui permet à la fois de réussir à noter les descendances à peu près correctement, même dans le cas de familles nombreuses, et de retrouver très vite une personne précise, car ces feuilles peuvent être classées ensuite par ordre alphabétique de patronymes. Les informations doivent y rester succinctes, comme dans un arbre généalogique : prénoms, noms, année de naissance, de mariage, de décès, éventuellement lieux, mais pas plus. C'est un schéma qui doit simplement vous permettre de visualiser les liens de parenté d'un seul coup d'œil et qui peut être rempli sur le vif, lorsque vous interrogez par exemple une personne âgée de votre famille. Pratique pour être sûr de ne rien oublier.

– des fiches bristol individuelles, pour noter des informations plus détaillées sur un parent précis. Là encore, vous pouvez les remplir au moment où vous interrogez un cousin. Les dates précises (jour, mois) y seront inscrites, ainsi que tous les prénoms de l'état civil, des éléments de carrière et tous les souvenirs que l'on aura pu vous transmettre. Vous pouvez ensuite y joindre, dans une petite enveloppe, des photos d'identité, des courriers transmis ou tout autre type de documents personnels. S'ils sont trop nombreux ou trop grands, conservez-les à part et mettez seulement sur la fiche une note de renvoi vers le dossier. Signalons que ce ne sera pas la peine de tenir ce genre de fiche plus haut dans le temps, pour des générations où vous n'auriez rien d'autre que les informations d'état civil.

– des fiches familiales, dont l'entrée est le couple, pour donner une vision d'ensemble de la famille restreinte (parents, enfants, avec des indications de dates, de lieux, de métiers et d'autres informations essentielles)

– des fiches d'ascendance, qui vous permettent de visualiser d'un seul coup d'œil vos ascendants sur quatre générations (et vous en remplissez ensuite une sur chacun des aïeux les plus anciens, etc.).

Les solutions informatique

Si vous envisagez de continuer votre arbre sur plusieurs siècles, le passage à l'informatique sera sans doute indispensable. Les logiciels de généalogie proposent souvent des versions de démonstrations, utiles si vous souhaitez tester leur utilisation. Ils peuvent éditer les fiches évoquées ci-dessus et l'impression d'arbres généalogiques, pour lesquels la seule contrainte restera la taille de votre imprimante...

Les deux logiciels les plus utilisés sont :

– Heredis, sans doute le plus vendu en Europe, créé à la fois pour PC et pour

LES ABRÉVIATIONS GÉNÉALOGIQUES

Un certain nombre d'abréviations sont utilisées communément par les généalogistes. Elles peuvent vous aider à prendre des notes plus rapidement quand vous interrogez un cousin, ainsi qu'à mieux comprendre les articles des revues associatives.

Naissance : o
Père : P
Baptême : b
Mère : M
Mariage : x
Divorce :)(
Parrain : p
Marraine : m
Témoin : t
Décès : + ou †
Contrat de mariage : Cm
Environ, vers 1800 : ca 1800
Inhumation : (+) ou (†)
Avant 1800 : < 1800
Après 1800 : >1800
Sans postérité : sp
Célibataire (sans alliance) : sa

Et pour les filiations, on note de haut en bas du plus ancien au plus récent :

Gilbert Mitterrand (1744-1813),
vigneron à Vasselay (Cher)
|
Martin Mitterrand (1773-1852),
vigneron à Vasselay (Cher)
x Marie-Anne Lesestre
|
Charles Mitterrand (1810-1826),
éclusier au canal du Berry
x Augustine Desjean (1812-1897)
|
Gilbert Mitterrand (1844-1920),
chef de service à la Cie d'Orléans
x Pétronille Laroche (1848-1897)
|
Joseph Mitterrand (1873-1946),
chef de gare
puis fabricant de vinaigre
x Yvonne Lorrain (1880-1936)
|
François Mitterrand (1916-1996)

Mac, très régulièrement remis à jour. Édité par BSD concept (1140, avenue Albert-Einstein, 34000 Montpellier, tél : 04 67 20 40 40). Site : www.heredis.com

– GénéaTique, l'autre leader du marché, pour PC seulement, très régulièrement remis à jour. Édité par CDIP (16, rue de la République, 95570 Bouffémont, tél : 01 34 39 12 12). Mail : fr@cdip.com. Site : www.cdip.com

Il est aussi possible d'enregistrer ses données sans logiciel, directement sur Internet, sur www.genealogie.com ou sur www.geneanet.org, avec un accès que chacun peut permettre ou non aux autres internautes. Attention : même si vous êtes satisfait de placer toutes vos informations sur le web, dites-vous que tous vos cousins n'ont pas nécessairement envie de voir s'afficher librement leurs dates de naissance, de mariage, le nom de leurs enfants, etc. Soyez donc prudent et utilisez ce mode d'enregistrement pour les données généalogiques de plus de cent ans.

La numérotation sosa-stradonitz

Un système de numérotation des ancêtres existe, qui permet de prendre en compte la totalité des ascendants d'un individu, aussi loin qu'il ait pu remonter sa généalogie dans le temps : la numérotation Sosa-Stradonitz, du nom de ses inventeurs. Celui dont on fait partir la généalogie porte le numéro 1. Tous ses ancêtres masculins portent un numéro pair, les ancêtres féminins un numéro impair. Le père d'un individu, quel qu'il soit, porte un numéro double de celui-ci et sa mère le double + 1. Ainsi, le n° 1 a pour père le n° 2, pour mère le n° 3 ; pour grand-père paternel le n° 4 et pour grand-mère paternelle le n° 5 ; pour grand-père maternel le n° 6 et grand-mère maternelle le n° 7 ; etc.

Ce système qui peut paraître compliqué au premier abord est le seul qui permet sans erreur l'enregistrement informatique d'une généalogie ; il permet aussi de s'y retrouver quand les schémas et les prises de notes commencent à prendre du volume et à se suivre sur des pages différentes.

C'est enfin un mode de numérotation utilisé par tous les généalogistes pour communiquer entre eux. Il permet de comprendre sans erreur aucune le lien familial qui existe entre tel chercheur et son ancêtre n° 168... ce que la langue française ne pourrait exprimer qu'avec difficulté. D'ailleurs, les tableaux et arbres à compléter que l'on trouve en librairie ou dans les associations mentionnent cette numérotation, en général par un petit chiffre porté dans chaque case.

En revanche, cette numérotation ne permet pas l'enregistrement des collatéraux. Dans un arbre descendant, un repérage numérique restera toujours difficile à bâtir, le nombre d'enfants pouvant varier de 0 à la vingtaine. Plusieurs types de numérotations ont déjà été imaginés mais il n'existe encore à ce jour aucune méthode satisfaisante.

Les recherches au XIXe siècle

Comment découvrir une France différente ?

Comment remonter le temps d'acte en acte ?

Quelles autres archives explorer ?

Comment s'appuyer sur les associations et Internet ?

Comment reconstituer la vie de ses aïeux ?

Comment découvrir une France différente ?

Le XIXe siècle va vous faire découvrir une France différente, rurale et immobile à la fois, en termes de géographie comme de traditions.
Des caractéristiques qui vont faciliter vos recherches.

Une juriste parisienne d'origine bretonne qui venait de commencer sa généalogie s'étonnait : « Ma famille est vraiment originale : elle a passé quatre siècles dans le même petit bourg du Finistère ! Même village, même métier, mêmes prénoms pendant quatre cents ans, jusqu'à l'entre-deux-guerres. Incroyable ! » En réalité, elle regardait le passé avec les yeux d'aujourd'hui... Petit tour d'une France bien différente.

L'immobilité géographique

Celui qui entreprend une généalogie s'aperçoit vite qu'il travaille sur des populations très sédentaires. Dans 75 % des cas, les ancêtres d'un individu né en France vers 1900 se répartissent sur deux départements : celui de son lieu de naissance et un limitrophe. Le Pr Dupâquier, dans une enquête de population CNRS-INRA a montré que, si l'on prenait un couple de villageois du XVIIe siècle, leurs descendants vivaient en moyenne en 1980 à... cinquante kilomètres du village d'origine. Autant dire que ce qui caractérise la population française d'hier n'est pas la mobilité, mais l'immobilisme.

En 1975, plus de 50 % des couples mariés étaient nés dans le même département. Mais en 1800, on épousait dans 80 % des cas un conjoint de la même commune ; dans 15 % des cas un conjoint d'une commune à moins de quinze kilomètres (un trajet qu'on peut faire avec un cheval dans la journée) ; et dans 5 % des cas un conjoint venu de plus loin... Un constat à nuancer selon la classe sociale. L'horizon matrimonial était le village pour les plus modestes, mais le département pour la bourgeoisie, la France, voire l'Europe, pour la haute bourgeoisie ou l'aristocratie.

L'ancrage rural

Aujourd'hui, 80 % de la population habitent en ville et 20 % en zone rurale. En 1800, c'est l'inverse : 80 % des Français vivent à la campagne, 20 % à peine en ville. Une recherche va donc vite mener sur la piste de lignées paysannes et d'implanta-

tions séculaires dans de minuscules petits villages. Car, avant le XXe siècle, les générations de citadins sont exceptionnelles, rarement plus de trois de suite. Si l'expression « exode rural » ne date que de 1895, il y a pourtant toujours eu des gens qui migrent vers les villes, mais ils y meurent plus tôt qu'à la campagne (jusqu'au XXe siècle, les villes ont fait office de « trous noirs » absorbant les populations) et, s'ils survivent, ils réduisent leurs chances de trouver un conjoint et ont des taux de fécondité plus faibles. En clair, même si les villes ont toujours existé, nous avons tous des paysans pour ancêtres. Si les villes ont été durant de nombreux siècles le lieu de destination par excellence des excédents démographiques des campagnes, elles ont été aussi très longtemps des mouroirs : la promiscuité, le manque d'hygiène et d'eau potable favorisaient les maladies... Par conséquent, une généalogie, même citadine au départ, ramène donc vite le chercheur vers les villages.

L'immobilité sociale

Non seulement vos ancêtres étaient géographiquement stables, mais vous vous apercevrez rapidement qu'ils l'étaient aussi socialement. Pendant des siècles, les agriculteurs ont épousé des filles d'agriculteurs, les artisans des filles d'artisans et, après la révolution industrielle, les ouvriers des ouvrières…

La répétition des prénoms familiaux

Un phénomène que vous rencontrerez dès le XIXe siècle, c'est la répétition des prénoms. Avant 1850, chacun n'en porte qu'un, qui se répète d'une génération à l'autre : nom du père pour le premier fils, du grand-père paternel pour le second fils, du grand-père maternel pour le troisième – même chose pour les filles avec les prénoms de la mère et des grands-mères. Puis on passe aux parrains et marraines. Dans certaines régions comme le Limousin, on n'hésite même pas à donner le même prénom à plusieurs enfants d'une même fratrie. Chaque génération porte ainsi les prénoms de la précédente et les phénomènes de modes et de rotation rapide des prénoms qu'on peut constater aujourd'hui n'existent pas. L'avantage pour le généalogiste est qu'il peut deviner quels sont les aînés d'une fratrie lorsqu'il trouve des enfants qui portent les prénoms des parents. L'inconvénient, c'est que la variété des prénoms avant les années 1850 est très faible. Vers 1810, les deux tiers des nouveau-nés d'une commune se partagent dix prénoms classiques. D'autant plus qu'un père marié plusieurs fois n'hésite pas à donner son prénom à chaque aîné de chaque lit ! ou plusieurs fois le même prénom si c'est celui d'un parrain ou d'une marraine !

C'est à partir de 1840 qu'on voit apparaître un deuxième ou un troisième prénom pour l'enfant. Attribuer au nouveau-né un double ou triple prénom permet aux parents d'exprimer leur goût tout en respectant les règles traditionnelles. Le père peut donner son propre prénom à son fils aîné, mais y ajouter aussi un prénom de fantaisie ou de roman. Comme il n'existe pas de règle pour déterminer le prénom usuel (contrairement à aujourd'hui où c'est le premier), n'importe lequel des prénoms donnés pouvait finalement devenir le prénom d'usage et être transmis à la génération suivante. Ce brassage et cette augmentation du nombre de prénoms disponibles ont été plus rapides dans la moitié nord de la France (celle des prénoms doubles ou triples) que dans la France du Centre et du Sud-Ouest, régions fidèles au prénom unique jusqu'à la fin du XIXe siècle.

Une France rurale qui donnait aux frères et sœurs les prénoms des parents et parfois même les mêmes prénoms entre eux…

Comment remonter le temps d'acte en acte ?

Vous pouvez vous rendre en mairie ou aux archives départementales, dès que vous tenez une date de plus de 75 ans, un lieu, un nom précis, pour commencer à remonter le temps d'acte en acte à travers l'état civil. Signalons que ce déplacement peut être virtuel, car les archives départementales ont de plus en plus fréquemment mis leurs archives en ligne.

Un acte de naissance de 1894, avec des mentions marginales de mariage, de changement de nom et de décès.

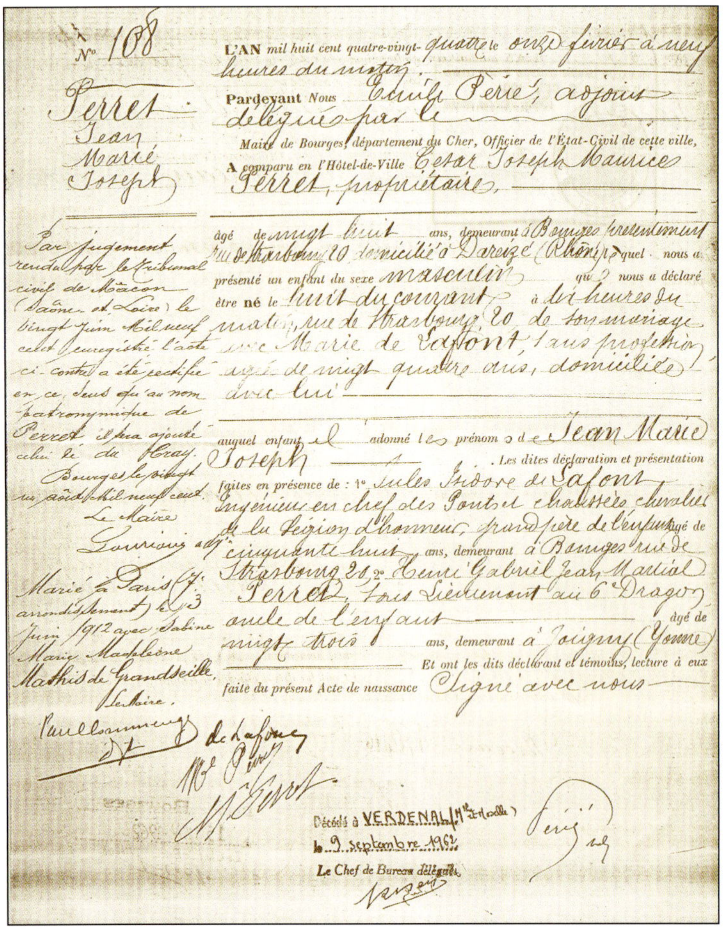

N° 108

Perret Jean Marie Joseph

L'AN mil huit cent quatre-vingt-quatre le onze février à neuf heures du matin. Pardevant Nous Émile Périé, adjoint délégué par le Maire de Bourges, département du Cher, Officier de l'État-Civil de cette ville, A comparu en l'Hôtel-de-Ville César Joseph Maurice Perret, propriétaire, âgé de vingt huit ans, demeurant à Bourges présentement rue de Strasbourg 20 domicilié à Dareizé (Rhône) lequel nous a présenté un enfant du sexe masculin qu'il nous a déclaré être né le huit du courant à dix heures du matin, rue de Strasbourg 20 de son mariage avec Marie de Lafont, sans profession âgée de vingt quatre ans, domiciliée avec lui auquel enfant il a donné les prénoms de Jean Marie Joseph. Les dites déclaration et présentation faites en présence de : 1° Jules Isidore de Lafont Ingénieur en chef des Ponts et Chaussées chevalier de la Légion d'honneur, grand père de l'enfant âgé de cinquante huit ans, demeurant à Bourges rue de Strasbourg 20, 2° Henri Gabriel Jean Martial Perret, sous lieutenant au 6e Dragons oncle de l'enfant âgé de vingt trois ans, demeurant à Joigny (Yonne) Et ont les dits déclarant et témoins, lecture à eux faite du présent Acte de naissance signé avec nous

Par jugement rendu par le Tribunal civil de Mâcon (Saône-et-Loire) le vingt juin Mil neuf cent l'acte ci-contre a été rectifié en ce sens qu'au nom patronymique de Perret il sera ajouté celui de du Cray. Bourges le vingt neuf août Mil neuf cent. Le Maire

Marié à Paris (7e arrondissement) le 3 juin 1912 avec Sabine Marie Madeleine Mathis de Grandseille. Le Maire.

Décédé à VERDENAL (Mthe et Moselle) le 9 septembre 1962 Le Chef de Bureau délégué.

Jusqu'à la Révolution, l'état civil est laïque, instauré par un décret du 20 septembre 1792, enregistré par des officiers municipaux dans les mairies. Il regroupe les actes de naissance, mariage et décès. Que vous indiquent au juste les actes en question ?

L'acte de naissance

L'acte de naissance vous rappelle bien sûr la date et le lieu de naissance de l'enfant (et la date de l'acte s'il s'écoule quelques jours entre la naissance et la déclaration), ainsi que son nom, son ou ses prénoms, son sexe. Il vous donne le nom et les prénoms des parents, celui du déclarant (souvent le père) et des témoins (avec leur lien de parenté éventuel), ainsi que l'âge, les adresses et les professions de chacun. Il apprend donc peu de choses nouvelles au généalogiste qui recherche l'ascendance car si l'on sait à quelle date et où chercher l'acte de naissance, c'est en général qu'on a trouvé le mariage ou le décès de l'enfant devenu grand, actes qui donnent le plus souvent le nom des parents.

Pour une généalogie descendante en revanche, il peut s'avérer utile grâce à ce que l'on appelle les mentions marginales. Il s'agit du report, dans la marge de l'acte de naissance, des dates et lieux du ou des mariages de la personne concernée par l'acte (s'ils ont eu lieu après 1897), de son divorce éventuel (s'il a été jugé après 1886) et de son décès (s'il est intervenu après 1945). Tous ces éléments, vous les connaissez en général pour votre ligne directe, mais moins pour les collatéraux : les actes de naissance de vos arrière grands-oncles et grands-tantes peuvent ainsi fournir les premiers éléments d'une généalogie descendante, car vous allez retrouver l'indication de leurs mariages ainsi que de la date et du lieu de leur décès, ce qui peut vous donner des pistes de localisation de leurs descendants.

Attention : ces mentions marginales sont en théorie obligatoires, mais des oublis peuvent se constater sur les périodes les plus anciennes.

Signalons que l'on trouve parfois aussi, dans les marges des actes de naissance, l'indication éventuelle du statut de « mort pour la France », celle de l'adoption par la Nation pour les orphelins de la Première Guerre mondiale, celle d'une adoption, celle d'une reconnaissance de paternité, celles d'un changement de nom ou bien d'un correctif sur un nom inscrit avec une orthographe fautive dans un autre acte d'état civil.

L'acte de décès

L'acte de décès vous indique la date et le lieu du décès, le nom et le(s) prénom(s) du défunt et ceux du déclarant, avec son lien de parenté éventuelle. L'officier d'état civil demande au déclarant les date et lieu de naissance du défunt ainsi que l'identité de ses parents, mais tout cela, hélas pour le généalogiste, ne figure pas toujours dans les actes du XIXe siècle. Si la personne décédée vivait seule, la déclaration peut être faite par un voisin

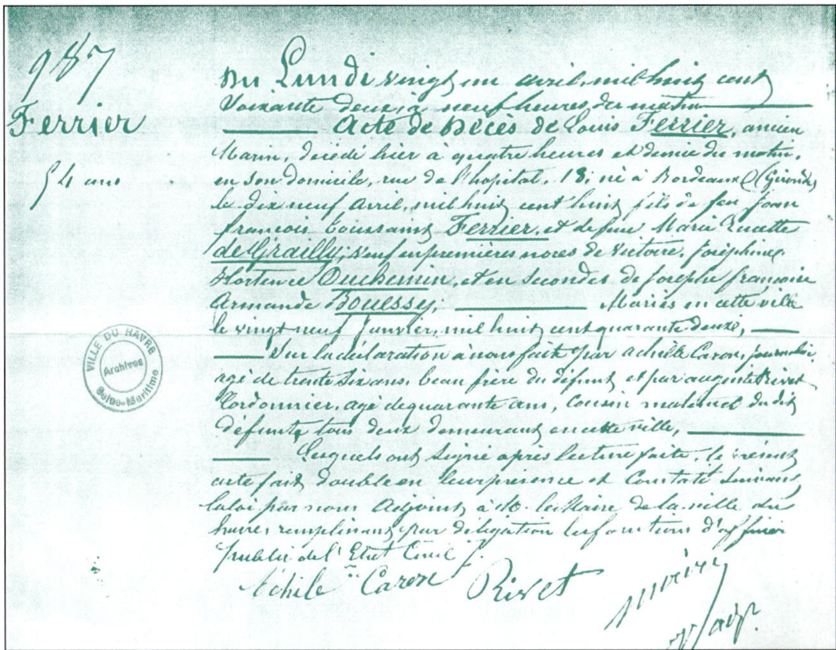
187
Ferrier
54 ans

Du Lundi vingt un avril mil huit cent soixante deux à neuf heures du matin
Acte de décès de Louis Ferrier, ancien marin, décédé hier à quatre heures et demie du matin, en son domicile, rue de l'hôpital, 13; né à Bordeaux (Gironde) le dix neuf avril, mil huit cent huit, fils de feu Jean François Toussaint Ferrier et de feue Marie Lucette de Grailly; veuf en premières noces de Victoire Joséphine Hortense Duchemin, et en secondes de Joséphine Françoise Armande Bouessy: Mariés en cette ville le vingt neuf janvier, mil huit cent quarante deux,
Sur la déclaration à nous faite par Achille Caron, journalier, âgé de trente six ans, beau frère du défunt et par Auguste Rivet, cordonnier, âgé de quarante ans, cousin maternel du défunt, tous deux demeurant en cette ville,
Lesquels ont signé après lecture faite, le présent acte fait double en leur présence et constaté suivant la loi par nous Adjoint, à M. le Maire de la ville du Havre, remplissant par délégation les fonctions d'officier public de l'État Civil.
Achille Caron Rivet

Un acte de décès de 1862, avec une gravure montrant une sortie de corps pour une inhumation sous le second Empire.

qui ne connaît pas grand chose de sa vie et de sa famille. Si par ailleurs la personne est âgée, non seulement la date de naissance n'est pas connue des voisins mais l'âge lui-même peut être approximatif à dix ou quinze ans près (« On lui donnait bien quatre-vingt ans »). Le lieu de naissance indiqué peut aussi être erroné (Le déclarant mentionne la ville la plus proche du village de naissance, dont il n'a pas retenu le nom précis). Enfin, on donne aussi dans l'acte l'état matrimonial du défunt (célibataire, marié, veuf, divorcé) avec le nom et le(s) prénom(s) du conjoint éventuel. S'il a été marié plusieurs fois, seul le dernier conjoint est indiqué. Enfin, des témoins (au moins deux) sont cités dans l'acte, avec leur profession, leur âge, leur lien de parenté éventuel et leur adresse.

Ce type d'acte est souvent le plus difficile à retrouver pour le généalogiste car, s'il peut deviner vers quelle époque est né ou s'est marié son ancêtre, il ne pourra pas savoir a priori s'il est mort à vingt-cinq ans ou à cent. Le lieu peut être aussi plus aléatoire, car le décès peut survenir loin du domicile, lors d'un voyage. Pour le XIXe siècle au moins, les tables décennales constituent une aide précieuse.

L'acte de mariage

L'acte de mariage est le plus apprécié des généalogistes car il fournit d'un seul coup quatre ancêtres de plus : les parents des mariés. Date et lieu du mariage sont rappelés, avec les prénoms et noms des conjoints, leur date et lieu de naissance, leurs profession et domicile, leur statut (mineur, majeur, célibataire, veuf, divorcé). Rappelons que, depuis le Code civil et sur tout le XIXe siècle, la majorité matrimoniale était de vingt-et-un ans pour les filles et de vingt-cinq pour les garçons. Avant cette majorité, impossible pour les enfants de se marier sans le consentement de leurs parents, l'avis du père l'emportant si les parents sont en désaccord. Même après leur majorité, si les parents sont hostiles au mariage, les enfants doivent leur adresser trois fois des «actes respectueux» par voie notariée avant toute cérémonie. Signalons enfin que la présence des parents au mariage vaut acceptation. Pour chacun des mariés,

Une parure de mariage bressane de la seconde moitié du XIXe siècle.

Photo de mariage de 1888, prise route d'Auxerre à Troyes (envoi de Mme Laurey) et acte de mariage du Havre de 1842.

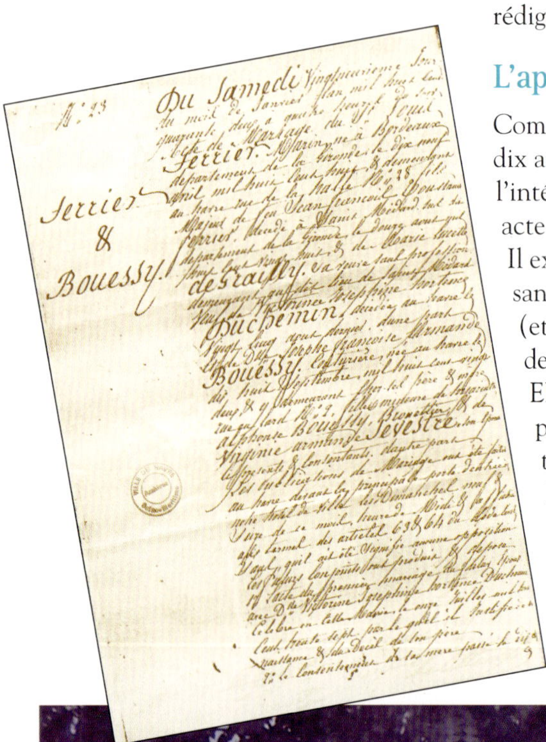

Du Samedi

Ferrier

&

Bouessy

l'acte donne l'identité des parents, s'ils sont morts (mais leur date de décès n'est pas toujours précisée) ou vivants (dans ce cas, l'acte mentionne leur profession et leur domicile). Quatre témoins sont requis, dont l'acte précise l'identité, l'âge, la profession, et le lien de parenté éventuel avec les jeunes mariés. Enfin, l'acte indique s'il y a eu un contrat de mariage préalable. L'indication de sa date et du notaire qui l'a rédigé n'est obligatoire qu'à partir de 1850.

L'appui des tables décennales et publications de bans

Comme leur nom l'indique, les tables décennales ont été établies par tranches de dix ans. Elles rassemblent, pour chaque lettre de l'alphabet (puis dans le désordre à l'intérieur de chaque lettre) la liste de toutes les personnes ayant fait l'objet d'un acte d'état civil, avec le rappel de la date de l'acte, mais sans rappel des filiations. Il existe ainsi des tables décennales de mariage, d'autres de décès, d'autres de naissance. Selon les départements, ces tables sont reliées par commune ou par canton (et elles précisent alors pour chaque date le lieu). Elles permettent de noter rapidement, pour un patronyme recherché, tous les actes qui peuvent vous intéresser. Elles sont précieuses aussi pour retrouver un acte de mariage quand on ne sait pas dans quelle commune il a pu avoir lieu ni à quelle date exacte : en feuilletant quelques tables, vous pourrez rapidement mettre la main sur sa date et son lieu. Attention : les épouses figurent toujours sous leur nom de jeune fille.

Il existe aussi, si vous butez sur un acte de mariage que vous ne parvenez pas à retrouver, des registres de publications de bans, conservés (hélas de façon très lacunaire) de 1792 à 1927 aux archives départementales (liste en série 4E). Souvent, les cotes des registres subsistants (et les registres eux-mêmes) sont

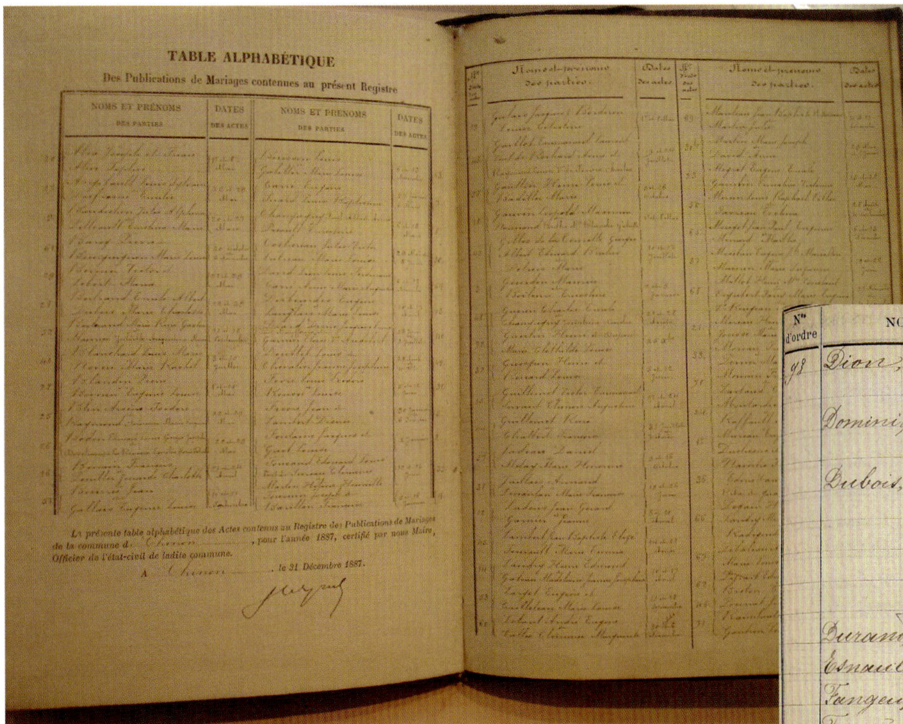
TABLE ALPHABÉTIQUE

Des Publications de Mariages contenues au présent Registre

NOMS ET PRÉNOMS DES PARTIES	DATES DES ACTES	NOMS ET PRÉNOMS DES PARTIES	DATES DES ACTES

La présente table alphabétique des Actes contenus au Registre des Publications de Mariages de la commune de Chinon, pour l'année 1887, certifié par nous Maire, Officier de l'état-civil de ladite commune.

A Chinon, le 31 Décembre 1887.

À gauche : une page de la table alphabétique des publications de bans pour les mariages de Chinon de l'année 1887.Ci-dessous : une page de la table décennale de La Chapelle-d'Angillon pour la période 1883-1892. En bas : une publication de bans en Indre-et-Loire.

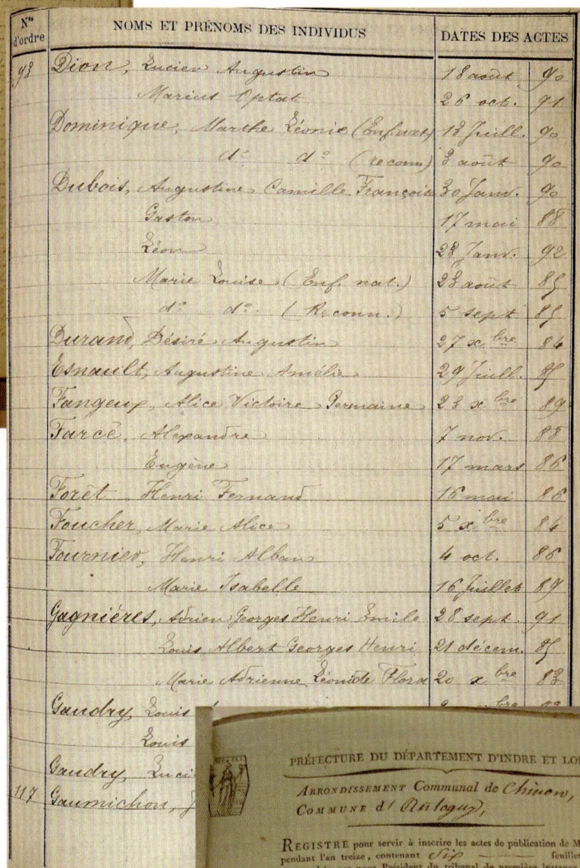

N° d'ordre	NOMS ET PRÉNOMS DES INDIVIDUS	DATES DES ACTES	
98	Dion, Lucien Augustin	18 août	90
	Marius Octave	26 oct.	91
	Dominique, Marthe Léonie (enf. nat.)	18 juill.	90
	d° d° (recon.)	3 août	90
	Dubois, Augustine Camille Françoise	30 janv.	90
	Gaston	17 mai	88
	Léon	28 janv.	92
	Marie Louise (enf. nat.)	23 août	85
	d° d° (recon.)	5 sept.	85
	Durand, Désiré Augustin	27 xbre	84
	Esnault, Augustine Amélie	29 juill.	85
	Fangeux, Alice Victoire Germaine	23 xbre	89
	Farcé, Alexandre	7 nov.	88
	Eugène	17 mars	86
	Forêt, Henri Fernand	16 mai	88
	Foucher, Marie Alice	5 xbre	84
	Fournier, Henri Albin	4 oct.	86
	Marie Isabelle	16 juillet	87
	Gagnières, Adrien Georges Henri Émile	28 sept.	91
	Louis Albert Georges Henri	21 décem.	85
	Marie Adrienne Léontine Flora	20 xbre	88
	Gaudry, Louis		
	Louis		
	Gaudry, Luc		
117	Gaumichon,		

sur le site Internet des archives départementales, pensez à le consulter avant de vous déplacer. Ces registres ont en général des tables alphabétiques en fin de volume. Pratique pour aller plus vite. Sinon, en général, les noms des fiancés sont inscrits dans les marges des volumes, ce qui permet de les parcourir rapidement. Ils comportent :

– les prénoms et nom des futurs, leur métier et leur lieu d'habitation (le mariage pourra être cherché dans la commune de l'autre conjoint)
– l'indication du conjoint d'avant s'il y a eu un veuvage ou un divorce
– leur âge (dans les registres anciens, uniquement manuscrits, la date précise de naissance est parfois indiquée. Mais lorsque les pages sont pré-imprimées, c'est-à-dire à partir du milieu du XIXe, il n'y a plus de ligne prévue pour inscrire la date)
– leur lieu de naissance
– les noms et prénoms des parents, leur profession et leur commune d'habitation (très précieux pour renouer avec les générations précédentes si la famille était mobile).

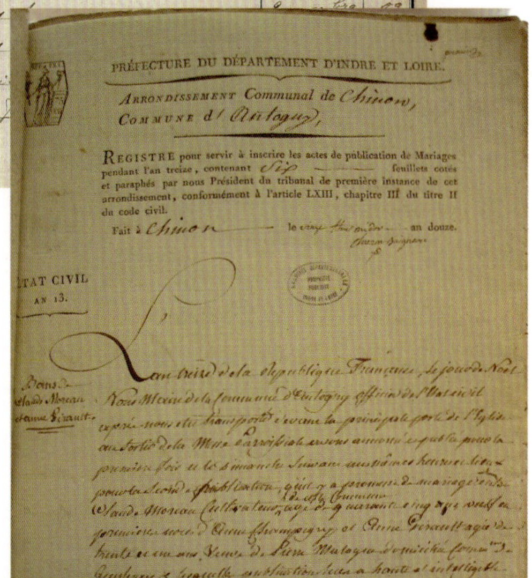
PRÉFECTURE DU DÉPARTEMENT D'INDRE ET LOIRE.

ARRONDISSEMENT Communal de Chinon, COMMUNE d'Antogny,

REGISTRE pour servir à inscrire les actes de publication de Mariages pendant l'an treize, contenant six feuillets cotés et paraphés par nous Président du tribunal de première instance de cet arrondissement, conformément à l'article LXIII, chapitre III du titre II du code civil.

Fait à Chinon le ... an douze.

ÉTAT CIVIL AN 13.

Rebondir d'acte en acte

Pour reconstituer votre arbre ascendant, vous allez rebondir désormais d'acte en acte.

– Si l'acte par lequel vous arrivez dans l'état civil est un acte de naissance, il va vous donner les noms des parents de l'enfant. Vous allez donc alors chercher l'acte de mariage de ces parents pour retrouver les grands-parents. Cherchez dans les registres de la même commune quelques mois ou années plus tôt (feuilleter les pages des registres vous permettra de trouver en même temps d'éventuels frères et sœurs) ou bien aidez-vous des tables décennales pour le dénicher plus vite. Cet acte de mariage va vous donner les dates et lieux de naissance des parents : il ne vous reste plus qu'à recommencer la démarche.

– Si votre acte de démarrage est un acte de décès de la fin du XIXe siècle, il mentionne la date et le lieu précis de naissance. La même démarche s'applique donc.

À droite, tableau montrant une noce (avant que la photo ne s'impose…). Ci-dessous : un acte de mariage de 1830. C'est bien sûr dans les mairies que vous allez trouver les registres d'état civil, les doubles étant conservés dans les archives départementales.

N° 31

mariage de Louis Dechesne avec anne Gabillaut

– Si vous partez d'un acte de mariage, les dates et lieux de naissance des mariés figurent, ainsi que les noms des parents. Il faut alors trouver les actes de mariage des parents en question en commençant par les chercher dans la commune de naissance de leurs enfants. Là aussi, aidez-vous des tables décennales pour aller plus vite ou pour renouer le fil si les communes de naissance des enfants ne sont pas celles du mariage des parents. Et ainsi, hop, hop, vous remonterez le temps d'acte en acte, de génération en génération…

La mairie qui a célébré (l'officier municipal qui enregistre l'acte doit obligatoirement porter l'écharpe tricolore, source www.sedi-equipement.fr) conserve un jeu de registres.

Où sont conservés les registres ?

Les registres d'état civil du XIXe siècle sont conservés bien sûr dans chaque commune, mais également dans les archives départementales. Les mairies peuvent accepter de répondre à des demandes de copie d'actes par écrit, mais n'en ont pas l'obligation légale si les actes ont plus de cent ans. Tout dépend donc de leur bonne volonté et, devant l'afflux des demandes de généalogistes ces dernières années, il devient de plus en plus difficile de mener des recherches par correspondance. Si vous le faites, joignez une enveloppe timbrée pour la réponse et dites-vous bien que vous ne pourrez pas remonter indéfiniment le temps par écrit.

Des déplacements sont inévitablement à prévoir et il est d'ailleurs bien agréable de découvrir la région de ses aïeux. Vous avez même le choix entre une solution « touristique », avec des recherches de mairie en mairie (au rythme de vos trouvailles et… des horaires d'ouverture), ou « rapide » avec des recherches aux archives départementales (qui ne répondent pas aux demandes par correspondance). Pratiques pour les plus pressés, ces centres d'archives situés au chef-lieu détiennent les doubles de tous les registres d'état civil du département.

Et pour ceux qui ne peuvent pas se déplacer en semaine, les archives mettent aujourd'hui sur Internet tous les registres d'état civil anciens (Tapez « Archives en ligne » sur Google, puis le département qui vous intéresse pour savoir si vous pouvez faire votre recherche à distance).

Un exemple

Prenons un exemple qui sera poursuivi au fil des pages. Dans une famille normande, une visite au cimetière du village de Saint-Vaast-d'Équiqueville, où l'on savait l'arrière-grand-père Nicolas Niellon enterré, permet de lire sur la pierre qu'il est décédé en 1888 à soixante-neuf ans. Pas question d'aller consulter les registres de 1817, 1818 et 1819 de Saint-Vaast pour chercher son acte de naissance, car on ne sait pas s'il est né là. On se reporte d'abord à son acte de décès. Celui-ci est particulièrement riche en informations. Il nous apprend :

– que Nicolas Niellon est né bien loin de la Seine-Maritime, à Saint-Parizé-le-Chatel dans la Nièvre, le 23 août 1818. Les noms de ses parents sont précisés : Jacques-Rose-Marie Niellon et Claudine Bayon ;

– qu'il est veuf. Le nom de son épouse est indiqué ainsi que la date du mariage, dans la commune de Saint-Vaast le 15 octobre 1848. Une mention utile : si les parents n'avaient pas été indiqués dans l'acte de décès, la consultation de l'acte de mariage les aurait fourni ; c'est aussi le point de départ d'une recherche éventuelle sur la famille de l'épouse ;

– que le défunt avait au moins un fils, témoin de l'enregistrement.

Un voyage à Nevers, aux archives départementales, donne bien sûr l'acte de naissance de Nicolas. Une consultation des tables décennales de la commune et un relevé des actes au nom de «Niellon» permet en quelques heures de trouver dans les registres :

– que Nicolas est l'aîné de neuf enfants dont les dates de naissance s'échelonnent de 1818 à 1838 ;

– que ses parents se sont mariés en 1817 à Saint-Parizé-le-Chatel. Jacques-Rose-Marie Niellon y est dit né le 3 brumaire an 3 dans la commune, fils de Jean-Baptiste Niellon et de Marie-Anne Faure. Il n'y a pas d'autres naissances d'enfants Niellon enregistrées dans les tables décennales de Saint-Parizé ou des communes voisines. Jacques-Rose-Marie est peut-être fils unique. L'exploration des tables décennales nous fournit par ailleurs son décès, en 1871, dans la même commune.

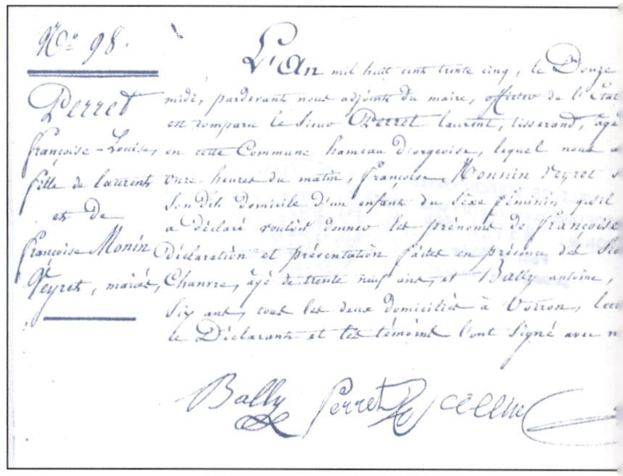

No. 98.

Perret françoise-Louise, fille de laurent et de françoise Monin Peyret, mariés

L'an mil huit cent trente cinq, le Douze ... midi, pardevant nous adjoint du maire, officier de l'état ... est comparu le Sieur Perret laurent, tisserand, agé ... en cette Commune hameau d'orgeoise, lequel nous a ... onze heures du matin, françoise Monnin Peyret ... son dit domicile d'un enfant du sexe féminin qu'il a déclaré vouloir donner les prénoms de françoise ... Déclaration et présentation faites en présence des Sie... Chanrre, agé de trente neuf ans, et Bally antoine, ... six ans, tous les deux domiciliés à Voiron, lesquels le Déclarant et les témoins l'ont signé avec n...

Bally Perret ...

Sur l'ensemble du XIXe siècle, les registres peuvent aussi bien comporter des lignes pré-imprimées à compléter (comme ci-dessous dans cet acte de naissance de la commune de Saint-Tropés (sic) de 1811) qu'être intégralement écrits à la main (comme ci-dessus, à Voiron en 1835). Les prénoms et nom du nouveau-né (parfois de ses parents) sont en général inscrits dans la marge du registre, ce qui facilite la recherche.

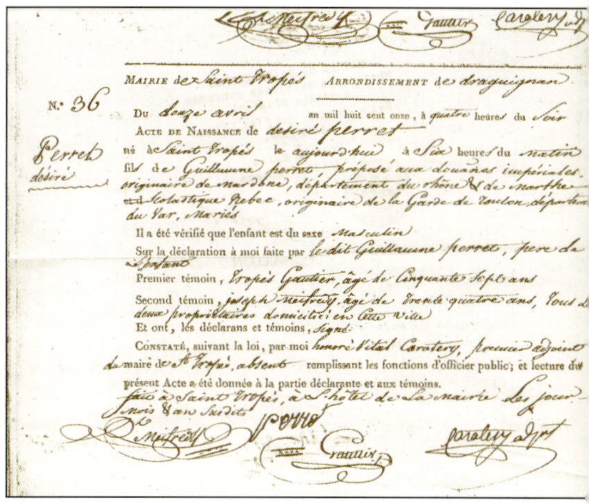

Mairie de Saint Tropés Arrondissement de draguignan

N.° 36 Perret désiré

Du douze avril an mil huit cent onze, à quatre heures du Soir

Acte de Naissance de desiré perret

né à Saint Tropés le aujourd'hui à Six heures du matin fils de Guillaume perret, préposé aux douanes impériales, originaire de mardone, département du rhône & de marthe Scolastique Rebec, originaire de la Garde de toulon, département du Var, mariés

Il a été vérifié que l'enfant est du sexe Masculin

Sur la déclaration à moi faite par le dit Guillaume perret, pere de l'enfant

Premier témoin, Tropés Gautier, agé de Cinquante Sept ans

Second témoin, joseph Meifredy, agé de trente quatre ans, tous deux propriétaires domiciliés en cette ville

Et ont, les déclarans et témoins, signé

Constaté, suivant la loi, par moi honoré Vital Caratery, premier adjoint du maire de St Tropés, absent remplissant les fonctions d'officier public; et lecture du présent Acte a été donnée à la partie déclarante et aux témoins.

fait à Saint Tropés, à l'hotel de la mairie les jour mois & an susdits

Meifredy Perret Gautier Caratery adjt

Tableau montrant aux Grandes-Ventes (Seine-Maritime) la demeure de Nicolas Niellon dont la généalogie est étudiée au fil des pages du livre.

Quelles autres archives explorer ?

Dans différents fonds d'archives, vous trouverez d'autres documents du XIXe siècle qui peuvent vous aider à contourner un obstacle (registre d'état civil détruit, acte introuvable…) ou à obtenir une vision d'ensemble de la famille.

Parmi ces archives que vous pouvez utiliser en remplacement ou en complément de l'état civil figurent les recensements, les documents militaires et les faire-part. Dans ces deux derniers cas, des papiers peuvent se trouver chez vous ou chez un parent.

Les recensements de population

Obligatoires à partir de la Révolution, les recensements restent sous l'Empire et au début de la Restauration assez succincts. Celui de 1806 (conservé avec les suivants en série M aux archives départementales) donne par canton, puis par village et lieu-dit ou par quartier et par rue le nom, le prénom, le sexe et le statut matrimonial. Celui de 1817, établi essentiellement à des fins militaires, ne concerne que les hommes.

À partir de 1836, des recensements détaillés ont lieu tous les cinq ans, que vous avez le droit de consulter s'ils ont plus de soixante-quinze ans. Ils donnent la composition complète de chaque foyer (voir exemple ci-contre), les prénoms, les statuts, les liens de parenté, les âges ou les dates de naissance. Ils vous permettent de suivre l'évolution de la famille, de vérifier si les aînés restent au domicile paternel après leur mariage ou partent, de découvrir des frères et sœurs de votre aïeul morts en bas âge, d'obtenir des dates approximatives de décès pour ceux qui disparaissent entre deux recensements, de savoir s'il y avait des domestiques logés sur place ou si le chef de famille avait un apprenti, etc. Signalons que la religion est précisée dans le recensement de 1851 et que, à partir de celui de 1872, le lieu de naissance est noté. Attention : l'exploitation de ces précieux recensements peut vous demander beaucoup de temps si vos ancêtres vivaient au XIXe siècle dans une ville importante et que vous ne connaissez pas leur adresse, car le classement est par rue et jamais par ordre alphabétique de patronyme !

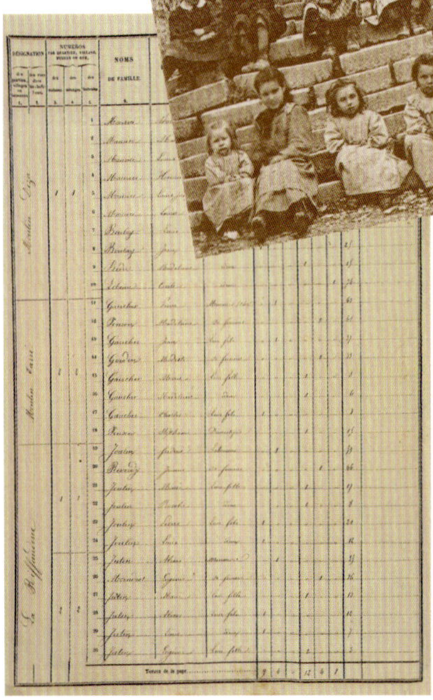

Page d'un registre de recensement de Bannay (AD du Cher) de 1861 : par lieu-dit et par maison figurent les noms et prénoms des habitants, leur lien de parenté, leur statut matrimonial et leur âge.

Les documents militaires

La conscription inventée par la Révolution est modifiée en 1804 par l'instauration du tirage au sort. Le service militaire obligatoire pour tous ne sera instauré qu'en 1905. Avant cette date, chaque département doit fournir, par tirage au sort, un certain contingent de jeunes gens pour une période variable (mais qui dure jusqu'à neuf ans en 1868 !) : 40 000 hommes par an sur l'ensemble du pays en 1818, jusqu'à 140 000 pendant les guerres de Crimée, d'Italie ou de 1870. Mise à part une courte période sans conscription de 1814 à 1818, il est établi dans chaque canton :

– des registres annuels de recensement des classes (c'est-à-dire de tous les garçons nés là et ayant vingt ans dans l'année) servant pour le tirage au sort. Ils n'ont pas toujours été conservés pour les périodes les plus anciennes, mais ils donnent les noms et prénoms des jeunes gens, la date et le lieu de naissance, le nom des parents (des informations essentielles si on ne les a pas obtenues par une recherche classique dans l'état civil), la profession, parfois la taille, et la mention « propre au service » ou « exempté ».

Attention : ces registres sont tenus par numéro matricule et donc pas par ordre alphabétique de patronyme. Il faut ainsi consulter d'abord les tables alphabétiques cantonales, qui donnent un numéro en face de chaque nom, avant de se reporter aux registres matricules avec ce numéro

Certains documents militaires du XIXe siècle peuvent encore être chez vous, d'autres en archives, d'autres définitivement perdus.

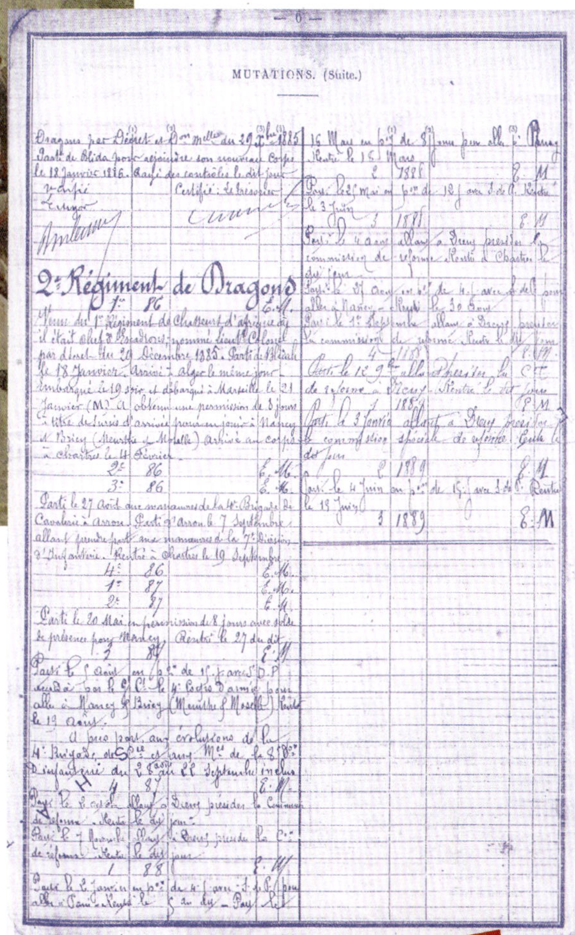

MUTATIONS. (Suite.)

2e Régiment de Dragons

– des registres matricules complets à partir de 1867 (1859 pour Paris), c'est-à-dire pour les jeunes gens nés à partir de 1847, uniformisés dans tous les départements à partir de 1878 et pourvus de tables alphabétiques annuelles. Même s'ils sont moins fournis que ceux créés à partir de 1905, ces grands registres de format 39 x 26 cm sont d'extraordinaires mines d'informations pour le généalogiste, tant pour l'état civil et la filiation que pour des éléments militaires ou privés introuvables ailleurs (voir page 27 pour la description complète des registres matricules).

Tous ces registres sont aux archives départementales (du département d'habitation du jeune homme l'année de ses vingt ans) en série R. Si votre ancêtre a tiré un mauvais numéro, c'est-à-dire qu'il est parti à l'armée, son corps d'affectation est noté et vous permet de poursuivre votre recherche au Service historique de la Défense (château de Vincennes) à travers les *Journaux des marches* de l'unité dans laquelle il a servi. Une recherche particulièrement passionnante s'il a du participer aux conflits du XIXe siècle : guerres de Crimée ou du Mexique, guerre de 1870, guerres coloniales de la IIIe République.

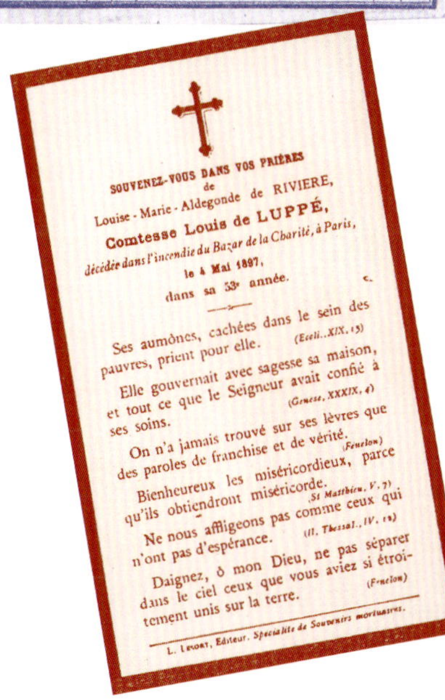

SOUVENEZ-VOUS DANS VOS PRIÈRES
de
Louise - Marie - Aldegonde de RIVIERE,
Comtesse Louis de LUPPÉ,
décédée dans l'incendie du Bazar de la Charité, à Paris,
le 4 Mai 1897,
dans sa 53e année.

Ses aumônes, cachées dans le sein des pauvres, prient pour elle. *(Eccli., XIX, 15)*

Elle gouvernait avec sagesse sa maison, et tout ce que le Seigneur avait confié à ses soins. *(Genese, XXXIX, 4)*

On n'a jamais trouvé sur ses lèvres que des paroles de franchise et de vérité. *(Fenelon)*

Bienheureux les miséricordieux, parce qu'ils obtiendront miséricorde. *(St Matthieu, V, 7)*

Ne nous affligeons pas comme ceux qui n'ont pas d'espérance. *(II. Thessal., IV, 12)*

Daignez, ô mon Dieu, ne pas séparer dans le ciel ceux que vous aviez si étroitement unis sur la terre. *(Fenelon)*

L. Lesort, Editeur. Spécialité de Souvenirs mortuaires.

Les faire-part

Des faire-part, vous en avez certainement beaucoup chez vous, mais en général du XXe siècle. Au XIXe siècle, ils sont plus rares. Si votre famille est modeste, vous n'en trouverez pas. En revanche, si votre famille était quelque peu notable, quelques-uns peuvent être trouvés dans des fonds d'archives, même s'ils n'ont pas été gardés par vos ancêtres.

Les faire-part de naissance, apparus dans les familles nobles peu avant la Révolution, sont utilisés par la bourgeoisie à partir du milieu du XIXe siècle.

Les faire-part de mariage datent du début du XVIIIe siècle dans les classes les plus favorisées. Les premiers, ceux de la noblesse, ne donnent ni la date ni le lieu, car il s'agit d'annoncer une union entre deux familles et non d'inviter. En revanche, les faire-part de la bourgeoisie, plus tardifs, ont vocation à convier à la bénédiction

LES COLLECTIONS DE FAIRE-PART

Même si vous n'avez pas chez vous de faire-part du XIXe siècle, vous pouvez peut-être en retrouver qui concernent votre famille à travers plusieurs collections :

- celle de la Bibliothèque généalogique, accessible désormais en version numérisée sur le site Internet de www.geneanet.org ; elle rassemble plus de 650 000 faire-part de naissances, mariages et décès, ce qui en fait le plus important fonds de ce type en France;
- à la Bibliothèque nationale (cote Ln177)
- aux Archives nationales (cote ADXXc 96 à 188, avec un inventaire partiel en salle des inventaires) - dans la plupart des grandes bibliothèques et des archives départementales, mais qui ne sont pas toujours indexées.

nuptiale, avec la date et le lieu de la noce. Ce n'est que dans les années 1880 que le faire-part de mariage prend la forme que nous lui connaissons encore souvent aujourd'hui : une feuille de vélin épais ou de papier fort, pliée en deux dans une enveloppe assortie fermée, mais non collée, avec un texte en lettres anglaises. Un côté de la feuille porte le texte concernant la famille de la jeune fille, l'autre celui du garçon pour que, la feuille une fois pliée, le destinataire découvre d'abord le nom de la famille qui invite. À partir des années 1880, les grands-parents sont associés. Avec les parents, ils « ont la joie (ou le plaisir ou l'honneur) de faire part du mariage de leur petite-fille et fille Camille Delamare avec… ». Signalons que, dans l'aristocratie, on « a l'honneur de faire part », mais jamais « la joie » ou « le plaisir » car il serait inconvenant d'exprimer ses sentiments. Les grands-parents sont cités en premier, puis les parents – ou le tuteur si l'un des époux est orphelin. Les professions ou les titres universitaires ne sont jamais indiqués, mais les décorations militaires importantes ou les fonctions majeures (ambassadeur, ministre…) peuvent l'être.

Enfin, les faire-part de décès sont à la fois les plus anciens et les plus intéressants : apparus dans la bourgeoisie dès le XVIIe siècle sous la forme de « placards » (le mot faire-part date du XIXe), ou de grandes feuilles de papier, ces documents contiennent des informations sur l'ensemble de la famille. Imprimés sur des feuilles blanches jusqu'en 1850 puis sur des feuilles entourées d'un liseré noir de 1850 à 1880 puis d'un large cadre noir ou gris à partir des années 1880, ils donnent toute la parentèle du défunt dans un ordre protocolaire qui vous permet de retrouver qui est qui : le conjoint du défunt est cité en premier ; les enfants sont ensuite mentionnés selon leur rang de naissance et avec leurs conjoints (attention : les femmes mariées ne sont indiquées ni avec leur prénom ni avec leur nom de jeune fille) ; suivent les petits-enfants puis la parentèle, en fonction du lien familial.

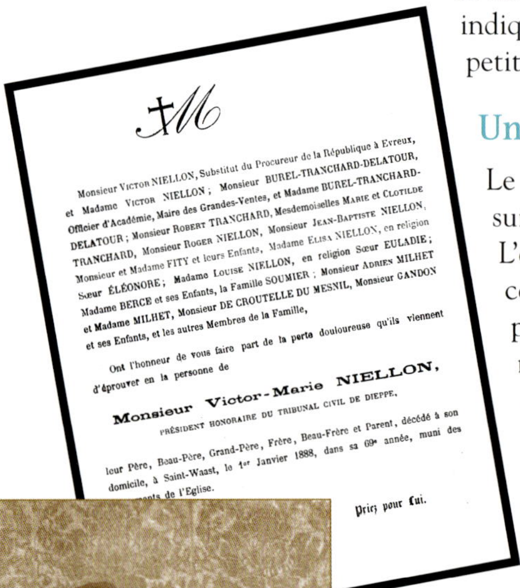

†M

Monsieur VICTOR NIELLON, Substitut du Procureur de la République à Evreux, et Madame VICTOR NIELLON ; Monsieur BUREL-TRANCHARD-DELATOUR, Officier d'Académie, Maire des Grandes-Ventes, et Madame BUREL-TRANCHARD-DELATOUR ; Monsieur ROBERT TRANCHARD, Mesdemoiselles MARIE et CLOTILDE TRANCHARD, Monsieur ROGER NIELLON, Monsieur JEAN-BAPTISTE NIELLON, Monsieur et Madame FITY et leurs Enfants, Madame ELISA NIELLON, en religion Sœur ÉLÉONORE ; Madame LOUISE NIELLON, en religion Sœur EULADIE ; Madame BERCE et ses Enfants, la Famille SOUMIER ; Monsieur ADRIEN MILHET et Madame MILHET, Monsieur DE CROUTELLE DU MESNIL, Monsieur GANDON et ses Enfants, et les autres Membres de la Famille,

Ont l'honneur de vous faire part de la perte douloureuse qu'ils viennent d'éprouver en la personne de

Monsieur Victor-Marie NIELLON,

PRÉSIDENT HONORAIRE DU TRIBUNAL CIVIL DE DIEPPE,

leur Père, Beau-Père, Grand-Père, Frère, Beau-Frère et Parent, décédé à son domicile, à Saint-Waast, le 1er Janvier 1888, dans sa 69e année, muni des [illegible]ents de l'Eglise.

Priez pour Lui.

Un exemple

Le faire-part ci-contre, annonçant le décès de Victor Niellon (pour poursuivre notre exemple) permet de retrouver la famille proche du défunt. L'ordre dans lequel les personnes qui font part du décès sont annoncées correspond toujours très précisément à l'ordre protocolaire des liens de parenté énoncé plus bas. Il ne vous reste donc qu'à suivre ligne à ligne les mentions indiquées pour retrouver qui est qui...

Indiqué en tête du document, Victor Niellon correspond nécessairement au fils (« leur père », ce qui signifie que Victor Niellon était veuf à son décès, car son épouse aurait sinon était mentionnée en premier), mais comme « leur » indique un pluriel, il a donc au moins un frère ou une sœur. Comme il n'y a pas d'autre Niellon cité immédiatement après lui, cela signifie qu'il a une sœur, épouse Burel-Tranchard-Delatour, les conjoints renvoyant à la mention « beau-père » du faire-part. « Grand-père » renvoie ensuite à des petits enfants ; mais Victor (fils) n'en a pas à cette date, sinon ils auraient étaient cités en premier. Les seuls petits-enfants présents sont donc Robert, Marie et Clotilde Tranchard, nés de sa sœur. On retrouve ensuite des Niellon, par conséquent d'une autre génération, qui renvoient au mot « frère, beau-frère », et sont toujours présentés selon le rang de naissance : Jean-Baptiste Niellon, Monsieur et Madame Fity, Élisa Niellon, Louise Niellon.

Au-delà, il est impossible de savoir, avec le seul faire-part, si les personnes mentionnées ensuite sont encore des frères et sœurs (et leurs conjoints) ou des parents plus éloignés. Une recherche complémentaire s'imposera, mais à partir d'un arbre déjà largement esquissé.

Comment s'appuyer sur les associations et Internet ?

Vous avez commencé vos recherches seul et vous ne connaissez pas encore d'associations de généalogie ? Il en existe pourtant plusieurs près de chez vous qui peuvent vous apporter une aide considérable.

Le rôle des associations

Certaines associations ont une assise professionnelle (Banque de France, Poste, RATP, SNCF, etc.) ou cultuelle (protestants, juifs...), mais la plupart d'entre elles ont un champ d'action géographique, à l'échelle d'un département ou d'une région. Elles se sont souvent constitué une bibliothèque importante d'ouvrages régionaux, de guides de recherche et de travaux de leurs membres. Les plus importantes organisent des cours de formation pour les débutants (de recherche ou de paléographie). Des réunions et des exposés de travaux sont régulièrement organisés. Enfin, elles ont entrepris dès les années 1970 le dépouillement systématique et bénévole de l'état civil ancien, des registres paroissiaux, voire des minutiers des notaires, dépouillement mis à la disposition de leurs adhérents ou d'un public plus large sous forme papier ou via Internet.

Tant que vous travaillez sur le XXe siècle, le nombre de cousins pouvant figurer dans votre arbre reste limité et à la portée des souvenirs familiaux. Mais, dès le XIXe siècle, dès que les recherches peuvent se faire en archives, domaine de prédilection des associations, et que le nombre d'ascendants et de cousins croît de façon exponentielle, l'adhésion à une association est utile, surtout si elle couvre la zone géographique où vos ancêtres ont vécu.

Elles peuvent vous apporter des connaissances utiles sur les archives de la région et surtout des contacts précieux avec des adhérents ayant travaillé sur les mêmes patronymes : dès qu'on arrive aux années 1800, dans un pays qui comporte trois fois moins d'habitants qu'aujourd'hui et dans une population, on l'a vu, peu mobile, on se retrouve vite cousins entre membres ! Les associations tiennent précisément à la

C'est en 1954 qu'apparaît en France, trente ans après celles du Québec, la première association de généalogie. Il en existe aujourd'hui plus de quatre cents. Un formidable essor qu'Internet accélère encore à partir des années 2000, en permettant au grand public d'accéder à des bases de données toujours plus importantes.

La Fédération française de généalogie organise des congrès nationaux tous les deux ans, les années impaires, où interviennent les associations, quelques centres d'archives et tous les acteurs de l'univers généalogique.

Les congrès de la Fédération sont dans une région différente tous les deux ans (ici : Tours), mais des associations locales organisent aussi des rencontres régulières.

disposition de leurs adhérents les travaux des uns et des autres, leurs listes d'ascendance (selon la numérotation sosa-stradonitz vue à la fin de la première partie de cet ouvrage) et les dépouillements entrepris par les bénévoles (tables alphabétiques et filiatives des mariages de l'état civil ancien, parfois des naissances et décès, ainsi que des registres paroissiaux). Grâce à leur activité, 50 % des recherches peuvent aujourd'hui se réaliser au sein du cercle si celui-ci est dynamique.

Comment trouver l'adresse d'une association départementale ? Vous pouvez contacter par téléphone l'accueil des archives départementales du chef-lieu, qui les connaissent bien ou consulter la Fédération française de généalogie, mais qui ne regroupe qu'une association sur deux.

En 1968 en effet est apparue une Fédération des sociétés françaises de généalogie, d'héraldique et de sigillographie. Elle est l'interlocuteur privilégié des Archives nationales et des pouvoirs publics et a un rôle de conseil, d'information, de défense et d'assistance, tant pour ses membres que pour la généalogie en général. Ses coordonnées : Tour Essor 93, 14 rue Scandicci, 93508 Pantin Cedex, tél. 01 57 42 90 82, site www.genefede.fr.

Les bases de données

Les bases de données, il en existe aujourd'hui des milliers, surtout si l'on déborde vers l'histoire. Un guide annuel intitulé *Internet & Généalogie, revue française de généalogie*, que vous pouvez trouver en kiosque tous les ans au mois de décembre, comporte ainsi les références de 1 300 sites et CD-Rom, sur les thèmes et sujets les plus pointus ! Dans ce livre, certaines bases de données sont abordées au fil des pages, en fonction de tel ou tel thème. Nous ne donnons ensuite, dans les paragraphes ci-après, que les plus importantes.

Les bases de données des archives départementales

Les archives départementales (AD) ont entrepris un important travail de numérisation de leurs fonds depuis 2003 (le premier site était celui des AD de la Mayenne). Actuellement, les deux tiers d'entre elles ont numérisé leur état civil ancien (contre un tiers en 2009, les évolutions sont très rapides), parfois leur cadastre, leurs collections de cartes postales anciennes ou la presse locale des XIXe et XXe siècles. Les millions de pages numérisées sont rarement indexées et le travail de recherche registre par registre et feuille à feuille reste donc le même qu'en salle d'archives, mais Internet vous permet un accès à n'importe quelle heure et de n'importe quel endroit : si vous habitez Marseille, plus la peine d'attendre les vacances pour chercher vos ancêtres du Pas-de-Calais ! Attention : chaque site a son architecture, son fonctionnement, ses qualités… Pas d'uniformité, ni dans la présentation, ni dans le mode d'accès, ni dans les documents numérisés, si ce n'est que l'état civil ancien est prioritaire.

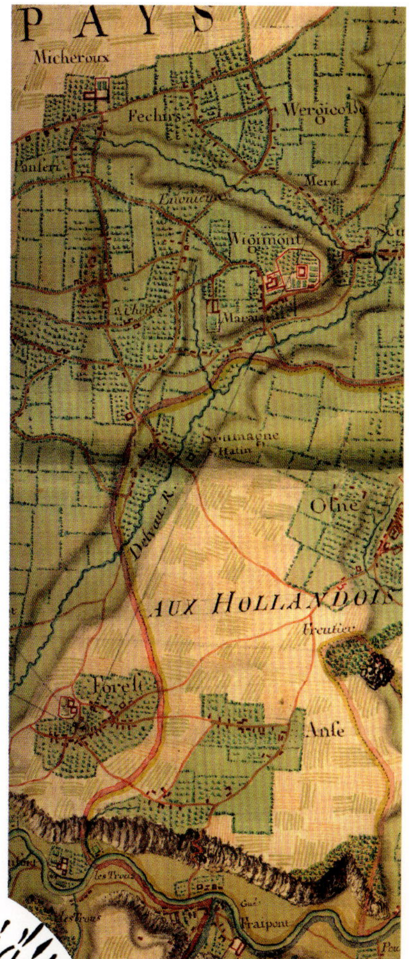

Les bases de données sur les lieux

En dehors des fonds de cartes postales anciennes que les archives départementales ont pu numériser, il existe à la fois des logiciels et des sites d'information sur les lieux où vos ancêtres ont pu vivre :

– le logiciel *La France à la loupe*, réalisé pour PC ou Mac par BSD Concept, qui permet de retrouver instantanément la localisation d'une commune (même si vous tapez son nom phonétiquement, pour l'avoir trouvé telle quelle dans un acte ancien) et d'accéder aux cartes de Cassini, réalisées au XVIIIe siècle, avec les paroisses et lieux-dits de l'époque (renseignements sur www.heredis.com)

– le logiciel *Dictionnaire des toponymes*, réalisé pour PC par le CDIP (voir site www.cdip.com) qui permet de localiser 1,6 million de toponymes : non seulement les communes, mais aussi les hameaux, les fermes, les anciennes appellations… y compris sous des orthographes fautives ! Le même éditeur propose aussi un logiciel reprenant les cartes de Cassini, par ailleurs accessibles sur Internet

– sur le site de FranceGenWeb : www.francegenweb.org/~communes/ accueil.php (ou bien www.francegenweb.org puis cliquer « communes » dans le menu du haut de page) propose aussi la localisation de toutes les communes de France, avec affichage des noms de celles qui sont situées dans un rayon de quelques kilomètres (distance à définir par vos soins). Pratique quand, dans un acte de mariage, vous n'arrivez pas à déchiffrer le nom de la commune du fiancé car, selon toute probabilité, comme on l'a vu, il vient en moyenne de moins de quinze kilomètres. Ce site offre aussi accès aux cartes de Cassini du XVIIIe siècle.

Les bases de données des associations

Les relevés alphabétiques d'actes d'état civil entrepris depuis les années 1970-1980 par les associations généalogiques représentent aujourd'hui le repérage de millions d'actes. Mais il n'y a pas deux associations qui donnent accès de la même façon à leurs travaux. Si vous êtes adhérent d'une association et que vous habitez là où se trouve son siège, vous aurez bien sûr accès sur place, dans ses locaux, aux tirages papier des tables (parfois déposées par le cercle aux archives départementales locales) ou à son enregistrement informatique. Mais si vous habitez plus loin, l'accès aux informations est très variable d'une association à une autre et vous devrez vous renseigner au cas par cas. Certaines, heureusement fort rares puisque les associations affirment effectuer un travail d'utilité publique – donc par définition réalisé pour tous, ne donnent accès à rien : pas de communication à un « non membre » et consultation uniquement sur place pour les adhérents. Quant aux autres, la mise en ligne de leur base de données sur Internet peut s'être faite de multiples façons non exclusives :

– par un site créé par l'association et réservé à ses seuls adhérents ;

– par le site payant créé par la Fédération française de généalogie : www.bigenet.org. Il rassemble à l'heure actuelle les relevés d'état civil et de registres paroissiaux de 44 associations, soit plus de 27 millions d'actes ;

Les associations couvrent parfois un seul département ou une seule ville, ce qui n'empêche pas le dynamisme, loin de là !

– par le site mutualiste GénéaBank accessible sur www.geneabank.org, qui donne accès à plus de 48 millions d'actes relevés par les 92 associations qui ont à ce jour adhéré à ce système. L'accès est gratuit mais réservé uniquement aux membres des associations en question et pour un nombre d'actes consultés limité par an ;
– par le site généraliste www.genealogie.com, qui travaille à ce jour pour plus d'une centaine d'associations et donne accès, moyennant un abonnement mensuel de quelques euros, à plus de 59 millions d'actes anciens.

Les autres grandes bases de données

Répétons-le encore une fois : il existe des milliers d'autres bases de données sur Internet ou sur CD-Rom et il est impossible de les citer toutes. Nous évoquons ici par ordre alphabétique celles qui sont le plus à même de vous aider, avec les chiffres et les caractéristiques à mars 2011 (car tous ces sites sont en évolution permanente) :

• *Ancestry.fr*. Cette antenne française d'un site américain de généalogie donne un accès payant aux principales bases de données des États-Unis, du Canada ou sur les familles juives. Sur la France, elle dispose principalement des archives du cabinet Coutot (treize millions de nom sur Paris et l'ancien département de la Seine, fonds pour lequel elle a réalisé une indexation permettant une recherche par nom et prénom) et des fiches des listes électorales parisiennes. (www.ancestry.fr)

• *Bibgen.org*. Le site de la Bibliothèque généalogique donne un accès payant aux 180 000 cartes de sûreté (l'équivalent d'un passeport) des citoyens parisiens masculins de 1794, comportant l'indication du nom et du prénom, du signalement de l'âge, du lieu de naissance et de l'adresse. (www.bibgen.org)

• *Bigenet.org*. Le site de la Fédération française de généalogie donne accès (mais à 2€ l'acte !) à 35 millions d'actes d'état civil de 47 associations. (www.bigenet.org)

• *Bibliothèque nationale de France*. Tous les livres (ou presque) y sont conservés depuis des siècles. Si vous souhaitez connaître les éventuelles publications d'un lointain aïeul, y compris sa thèse universitaire, reportez-vous au site www.bnf.fr, puis cliquez sur « Catalogues et bibliothèque numérique », puis, en évitant la case « Bibliothèque numérique Gallica » qui ne concerne qu'une infime partie des fonds, cliquez sur « BNF catalogue général » puis sur « Recherche classique ». Demandez le nom de famille qui vous intéresse en « auteur » et vous verrez aussitôt qui a écrit quoi à quelle date. Et, si l'un des textes vous intéresse et qu'il n'est pas en accès libre, vous pouvez même en demander la reproduction (payante). (www.bnf.fr)

• *Cesar.org.uk*. Cette base universitaire bilingue franco-anglaise donne des informations sur 6 000 chanteurs, acteurs de théâtre ou de cirque de l'Ancien Régime en France. Son accès est gratuit. (www.cesar.org.uk)

• *Descendance capétienne*. Cette colossale base de données rassemble les descendants d'Hugues Capet, et tout généalogiste qui apporte la preuve de sa parenté peut y être inscrit. Édité par Triatel (17 rue Baillet-Reviron, 78000 Versailles, www.capet.org), ce travail collectif est disponible sur commande (CD-Rom uniquement) et est mis à jours tous les ans. Il comporte actuellement 416 000 descendants d'Hugues Capet.

• *FranceGenWeb*. Ce site est d'autant plus connu qu'il est gratuit (car alimenté par des bénévoles). Il concerne la France et s'étoffe en permanence. On y trouve aussi bien des listes d'ancêtres déposées par des généalogistes pour des échanges que des services d'entraide ou des bases de données (voir encadré). (www.francegenweb.org)

• *Geneabank.org*. Ce site compte 20 millions d'actes d'état civil accessibles uniquement aux adhérents des associations qui les ont déposés. (www.geneabank.org)

• *Genealogie.com*. À côté de la diffusion des relevés d'état civil ancien des associations (80 millions d'actes) et des arbres en lignes (près de 104 millions d'ancêtres et

---

FranceGenWeb

Services d'entraide

• CousinsGenWeb pour échanger des listes d'ancêtres avec les internautes
• EntraideGenWeb pour des recherches, transcriptions d'actes anciens ou traductions d'actes

Bases de données

• HéraldiqueGenWeb (armoiries par nom, par lieu, vexillologie...)
• ActesGenWeb, 130 000 actes d'état civil déposés par des bénévoles
• CimGenWeb : 241 600 relevés d'inscriptions dans les cimetières, recherche par nom
• CulteGenWeb : plus de 15 000 biographies de prêtres, pasteurs, rabbins, religieux, sœurs...
• La FayetteGenWeb : plus de 40 000 fiches de soldats ayant combattu avec La Fayette pour la guerre d'Indépendance américaine.
• MairesGenWeb : plus de 110 000 maires de 25 000 communes, depuis les origines, avec dates de mandat
• Napoléon-MariagesGenWeb : sur les 6 000 militaires à la retraite dotés en 1810 par l'empereur pour qu'ils puissent se marier
• MémorialGenWeb : plus de 2,5 millions de relevés de monuments aux morts, soldats et victimes civiles, tués ou disparus pour fait de guerre, en déportation, morts pour la France
• Migranet : plus de 61 000 mariages de migrants ayant convolé loin de leur région natale.
• NotairesGenWeb : identification de plus de 24 000 notaires d'autrefois
• ProtestantsGenWeb sur plus de 8 400 familles protestantes

Répertoires, index

• CommunesGenWeb pour répertorier toutes les anciennes communes
• ListesGenWeb : listes de discussion régionales ou thématiques
• ArchivesGenWeb : carnet d'adresses des centres d'archives et des AD qui ont déja numérisé leurs fonds d'état civil ancien

Rappel : les différentes bases du site évoluent en permanence. Et n'oubliez pas d'apporter à votre tour votre pierre à l'édifice à l'occasion.

cousins saisis sur le site par les internautes), ce portail majeur donne accès, par abonnement, à d'importantes bases historiques : plus de 17 millions d'actes concernant aussi bien les prisonniers de la Bastille de 1659 à 1789 que les officiers tués à la guerre entre 1803 et 1911, les pensionnés du XIXe siècle, les Français aux États-Unis, etc. (voir encadrés) ; vous pouvez y faire des recherches en fonction du nom qui vous intéresse. Une base nouvelle est créée chaque mois. (www.genealogie.com)

• *Geneanet.org*. Né en 1996 de l'idée de mise en commun des informations, des actes et des arbres collectés par chacun pour une consultation universelle, cet autre poids lourd de la généalogie rassemble aujourd'hui près de 408 millions d'ancêtres et 43 000 portraits anciens à travers les arbres déposés en ligne sur le site, un principe qui en fait le premier site de partage généalogique. Les bases de données (relevés d'état civil, ouvrages numérisés, actes anciens, collection de faire-part... voir détail en encadré) sont tantôt gratuites tantôt payantes selon les souhaits des contributeurs ayant déposé leurs données. Une librairie Internet complète l'ensemble. (www.geneanet.org)

• *Geneaservice.com*. Ce site gére les archives du cabinet de généalogie Coutot. Attention, l'indexation n'est faite que par nom de famille et la recherche se paie en fonction du nombre de réponses trouvées. À éviter si vous vous appelez Martin !

• *Geneastar.org*. Ce site bling-bling donne accès aux généalogies de personnes célèbres (1 218 à ce jour). Vous pouvez aussi bien les consulter que comparer automatiquement leurs listes d'ascendance avec la vôtre. Pour s'amuser ! (www.geneastar.org)

• *Geopatronyme.com*. Ce site a cartographié les données de l'Insee sur les communes de naissance par patronyme depuis 1891 et les restitue par tranche de vingt-cinq ans pour tous les noms de famille existant en France, même ceux portés par une seule personne, soit près de 1,3 million de patronymes différents. Une bonne approche du berceau géographique du nom qui vous intéresse grâce à la carte la plus ancienne, couvrant 1891-1915 (www.geopatronyme.com)

• *Médaillés de Sainte-Hélène*. En 1857, Napoléon III décide de créer la médaille de Sainte-Hélène pour récompenser les 405 000 soldats encore vivants ayant combattu aux côtés de Napoléon Ier pendant les guerres de 1792 à 1815. Ce site gratuit recense

Genealogie.com

À côté des relevés d'état civil d'associations (80 millions d'actes) et des arbres en lignes (104 millions d'ancêtres et cousins saisis par les internautes), le site propose des bases historiques, par exemple :

Sur l'Ancien Régime

• Chevaliers des Ordres royaux
• Les officiers de vaisseaux de 1660 à 1792
• Français de la guerre d'indépendance américaine
• Gardes suisses de Louis XVI
• Personnel de Versailles en 1780
• Bénéficiaires de pensions royales
• Prisonniers de la Bastille 1659-1789
• Anoblis de 1270 à 1868
• Actes insinuation Paris 1539-1559
• Dictionnaire des fiefs.

Sur la Révolution française

• Victimes en Lyonnais, Forez et Beaujolais
• Condamnés à mort à la Révolution
• Prêtres morts en déportation
• Victimes des massacres de 1792
• Régicides et non régicides du procès du roi Louis XVI
• Guillotinés Paris sous la Révolution
• Émigrés de la Révolution Française
• Officiers et sous-officiers en 1788
• Recensement juifs d'Alsace 1784

Sur le XIXe siècle

• Officiers tués et blessés 1803-1911
• Almanach impérial 1814-1815
• 1ers titulaires Légion d'honneur
• Almanach 1811 et 1820
• Membres Assemblées 1789-1820
• Familles anoblies à la Restauration
• Familles anoblies sous la monarchie de juillet
• Familles anoblies au 1er Empire
• Pensions militaires du XIXe siècle
• Zouaves pontificaux 1860-1871
• Annuaire de la Marine 1816-1817
• Annuaire militaire 1829 et 1870
• État du corps de l'artillerie en 1900
• Pensionnés de 1800 à 1860
• Options Alsaciens et Lorrains 1872
• Missionnaires en Asie
• Condamnés politiques en France

GENEALOGIE.COM (SUITE)

- Liste des architectes 1793-1907
- Brevets d'invention au XIXe siècle.

Sur les anciennes colonies

- Concessions en Algérie 1824-1948
- Recensement d'Oran en 1906
- État civil dans la presse algérienne
- Annuaire troupes coloniales 1936
- Guerres Algérie, Maroc, Tunisie
- Annuaire colonial 1895

Sur la Grande Guerre

- Victimes en Normandie 1914-1918
- Victimes Ile-de-France 1914-1918
- Soldats distingués en 1914-1918
- Participants de la Grande Guerre
- Évadés de guerre 1914-1918

Sur la Seconde Guerre mondiale

- Français résidants aux États-Unis engagés dans l'armée américaine
- Régiments Afrique du Nord
- Prisonniers français en 1939-1945
- Victimes en Normandie 1939-1945
- Victimes Ile-de-France 1939-1945
- Résistants belge en 1940-1945
- Héros et martyrs belges 1940-1945
- Évadés de guerre 1939-1945

Autres fonds sur le XXe siècle

- Officiers de réserve 1935-1936
- Officiers d'infanterie 1923-1924
- État du corps du génie en 1905
- Enseignants lycées de garçons 1910
- Naturalisations de 1900 à 1963
- Mères de famille nombreuses titulaires de la médaille d'honneur de la Famille française
- Répertoire de la Légion d'honneur
- Divers fonds héraldique

Passeports, enregistrements, embarquements, recensements divers

- Passagers et équipages de France débarqués à New York 1890-1924
- Passagers et équipages ayant accosté dans un port américain 1820-1960
- Autorisations de résidence en pays du Levant
- Les passeports (1793-1858)
- Les engagés (1671-1720)
- Les passagers (1671-1720)
- Passeports et secours de route
- Les embarquements (1713-1787)
- Recensement des Français aux États-Unis 1850, 1860, 1870, 1930

Des bases de données en accès libre existent aussi sur tous les noms de famille et tous les prénoms existants.

à ce jour près de 203 000 biographies de titulaires, et croît régulièrement grâce aux apports des chercheurs. (www.stehelene.org)

• *Mémoire des hommes* : voir le chapitre précédent (à propos de 1914-1918) pour le détail de ce remarquable site créé par le ministère de la Défense.

• *Mormons : Familysearch.org.* On dit souvent que les mormons auraient mis le monde entier sur Internet. On n'en est pas là. D'autant plus qu'ils ont surtout travaillé sur les pays anglo-saxons. En clair, il vous sera plus facile d'y trouver un cousin d'Amérique qu'un aïcul bourguignon ou italien. Néanmoins, leur site recense 2,5 millions de microfilms d'état civil ou de registres d'églises et 727 000 microfiches du monde entier et qu'il vous est possible de faire venir de Salt Lake City pour consultation en France dans une bibliothèque des mormons (adresses sur le site), contre paiement des frais d'envoi et de retour. Le site contient aussi des généalogies (pour un total de 36 millions de noms) et le Genealogical Index (index progressif des microfilms d'archives collectés) représente déjà plus de 725 millions de personnes.

Les forums et listes de discussion

Une liste de discussion, c'est un forum d'échanges entre internautes. Il en existe sur tous les thèmes possibles, y compris, bien sûr, la généalogie. Chaque association a son forum, chaque grand site de généalogie aussi, par exemple www.geneanet.org ou www.genealogie.com. Comme des listes de discussion indépendantes se sont montées par ailleurs et qu'il s'en crée régulièrement, signalons l'utile travail de FranceGenWeb qui recense plus de deux cents listes régionales (voire cantonales ou communales, idéales pour des ancêtres toujours très localisés !) et deux cents listes thématiques (par métier, par pays, par logiciel, sur la noblesse, et bien d'autres thèmes encore) sur son site www.francegenweb.org (cliquer sur « listes » dans le menu du haut de page). À côté des adresses mails des listes de discussion, FranceGenWeb donne des informations utiles : date de création, nombre d'inscrits, modalités d'accès, présence d'un modérateur (pour éviter les publicités mais aussi les dérapages ou les injures entre internautes !) et une notation sur la qualité.

Les généalogies en ligne

Sur un nom de famille donné, vous pouvez bien sûr taper ce nom en l'associant au mot « généalogie » sur Google (www.google.fr). Sur un nom rare comme Niellon (moins d'une vingtaine de porteurs), cela vous donne déjà des renvois vers plus d'une centaine de sites. Pour réduire le choix, vous pouvez taper les noms de famille d'un couple, en les associant toujours au mot « généalogie ». À chaque fois, vous obtiendrez des informations qui pourront être utiles à votre arbre.

Mais vous pouvez aussi échanger grâce à Internet vos données généalogiques avec d'autres internautes. D'abord parce que tout logiciel de généalogie permet de générer les fameux fichiers dits gedcom pour des échanges d'informations par mail. Idéal pour communiquer avec un cousin plus avancé que vous dans les recherches, même s'il n'a pas le même logiciel que vous. Ensuite parce que tous les grands sites de généalogie proposent le partage des informations et les arbres. Vous pouvez ainsi placer vos données mais aussi accéder aux arbres des autres (avec accord préalable ou sans, selon les cas) sur www.geneanet.org (arbres complets), sur www.genealogie.com (arbres également), sur www.francegenweb.com en cliquant sur « cousins » (listes simplifiées d'ancêtres pour entrer ensuite en contact avec les cousins potentiels), parfois aussi sur les sites de certaines associations ou sur ceux des fabricants de logiciels, ou encore sur la bourse d'échanges www.cybergenealogie.fr.

Rappelons qu'il est toujours possible de donner, sur une liste de discussion régionale, un extrait de votre liste d'ancêtres correspondant aux branches qui ont vécu dans la

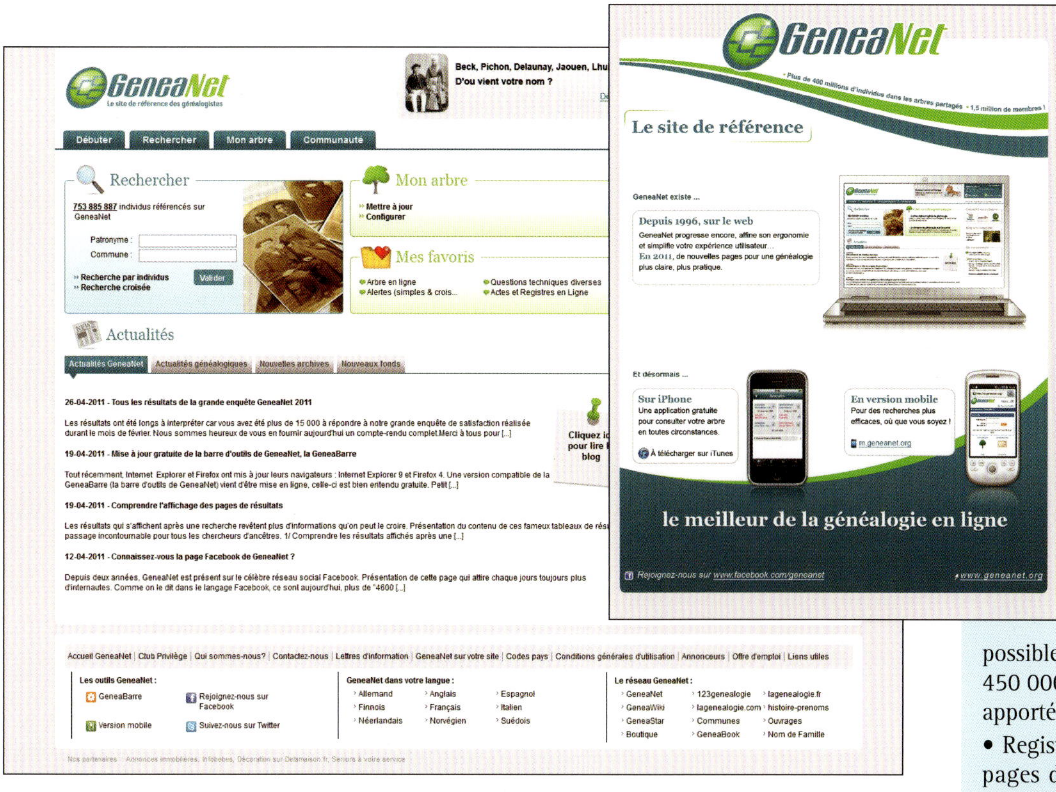

région concernée (ne noyez pas les lecteurs sous les informations en envoyant tout). Des internautes cousins peuvent alors vous contacter et vous envoyer leur arbre.

Précautions d'emploi...

Les bases de données des archives départementales, des associations ou des principaux acteurs de la généalogie sont fiables, pas de problème.

En revanche, si vous complétez votre arbre à partir de celui d'un autre internaute, attention. Vous ne connaissez pas les compétences du généalogiste qui a fait la recherche. Il peut avoir travaillé trop vite et confondu des homonymes du même village. Il peut avoir pris ses désirs pour des réalités et considéré comme acquise une filiation qui reste à prouver… ou qui sera toujours impossible à démontrer. Certains internautes font par exemple (et sans rire !) remonter leur généalogie à Cléopâtre ! Le généalogiste peut aussi avoir recopié sur Internet une filiation toute faite tirée d'ouvrages des XVIIIe et XIXe siècles connus pour leur manque de sérieux, *Le Dictionnaire de la noblesse* de La Chesnaye-Desbois par exemple. D'autres recopient sans comprendre, donc en incluant des erreurs dans une généalogie pourtant juste au départ, comme ce jeune homme qui avait pris Melle, abréviation de « mademoiselle », pour un prénom féminin d'autrefois. Enfin, il y a eu en 2007 un « scandale généalogique » aux États-Unis lorsqu'un site américain avait mis en ligne, pour attirer les internautes, 200 000 généalogies toutes plus belles mais plus inventées les unes que les autres ! En clair : méfiez-vous. Il faut vérifier les informations que vous obtenez par Internet aussi méthodiquement que vous l'auriez fait pour les indications verbales données par une vieille tante. Si les dates précises et les lieux sont indiqués dans ce que vous envoie un cousin potentiel, c'est déjà bon signe, car cela permet de faire cette vérification à l'occasion d'un déplacement aux archives départementales (ou sur leur site si les données sont en ligne).

Enfin, n'oubliez pas les B-A-Ba des règles de savoir-vivre : ne vous attribuez pas les travaux d'un autre internaute en les incluant dans votre arbre sans le citer ou sans l'avoir préalablement contacté.

GENEANET.ORG

Geneanet est née en 1996 pour offrir aux généalogistes la possibilité de saisir ou déposer leur arbre sur le web et d'explorer l'immense base de données constituée ainsi par les apports de chacun. Cette base collective de 754 millions d'ancêtres et cousins et 43 000 documents iconographiques est consultable sur abonnement, avec d'éventuelles restrictions indiquées par les déposants.

Autres bases de données

- Archives : consultation possible par abonnement de près de 450 000 actes d'état civil anciens apportés par les abonnés
- Registres : plus de 1,5 million de pages de registres paroissiaux, de liasses notariales, etc. mises en ligne et les internautes qui le souhaitent les indexent en même temps qu'ils y font leur recherche
- Relevés d'état civil : plus de 1,3 million de relevés en ligne
- Collections de faire-part constituées initialement par la Bibliothèque généalogique (plus de 650 000 faire-part anciens numérisés)
- Bibliothèque d'ouvrages ou de revues anciennes numérisées

Les autres services

- D'où vient mon nom ? On accède gratuitement à l'étymologie d'environ 116 000 noms de famille.
- Cartes postales : collection de cartes anciennes classées par lieu ou par thème (transports, métiers, costumes, armée, etc.)
- Galerie de portraits : mise en ligne, par les internautes qui le souhaitent, des portraits de leurs ancêtres
- Boutique en ligne : librairie de revues, de cartes et d'ouvrages liés à la généalogie ou à l'histoire
- Forums, foires aux questions, outils « premiers pas » et blogs de généalogie permettent aux internautes d'échanger leurs questions, leurs commentaires ou leurs informations.

Comment reconstituer la vie de ses aïeux ?

Après quelques semaines de recherches et quelques déplacements dans des archives de province, vous avez pu mettre des noms, des dates et des lieux sur une grande partie de votre arbre généalogique. Mais cela ne constitue qu'un « squelette » d'arbre : pas de vie, de souvenirs, pas d'émotion… Il reste à mettre un peu de chair autour de ces noms, des éléments du quotidien pour que ces ancêtres que vous n'avez jamais connus vous deviennent proches, pour que vous puissiez raconter des anecdotes comme si vous aviez vécu avec eux, il y a deux cents ans..

Impossible de retrouver le quotidien d'une personne disparue depuis cent ans, deux cents ans voire plus, direz-vous ? C'est pourtant à la portée de tous aujourd'hui, tant les fonds d'archives en France sont à la fois riches et accessibles. Les archives notariales par exemple constituent une véritable machine à remonter le temps, mais d'autres sources d'informations peuvent être utilisées : listes électorales, cadastres, décorations, fonds spécialisés en fonction du métier…

Une machine à remonter le temps

Autrefois, particulièrement sous l'Ancien Régime mais encore largement au XIXe siècle, chacun passait devant notaire pour les moindres petits faits de la vie quotidienne : un prêt, même minime, une prise en charge de la belle-mère âgée chez soi, un contrat de mariage, même si on ne possédait rien, une altercation avec un voisin pour des droits de passage ou une borne déplacée, des remontrances à un fils qui envisage un mariage qu'on n'autorise pas, etc. À travers tous ces actes se dessine le portrait de votre ancêtre : sa position sociale, son niveau de fortune et son évolution, sa bonne ou mauvaise entente avec ses enfants et ses voisins, la façon dont il a aménagé sa maison… Les archives notariales, pour ceux qui savent interpréter les textes, constituent une fabuleuse machine à remonter le temps.

Entrer dans la maison de l'aïeul

Parmi les actes notariés les plus intéressants pour le chercheur en histoire familiale figure l'inventaire après décès. Il était établi dès qu'un adulte mourait en laissant des enfants mineurs, ce qui était fréquent. Pour le rédiger, le notaire se rendait au domi-

Quel que soit le niveau de fortune des ancêtres, la description précise de la maison qu'ils occupaient peut être retrouvée.

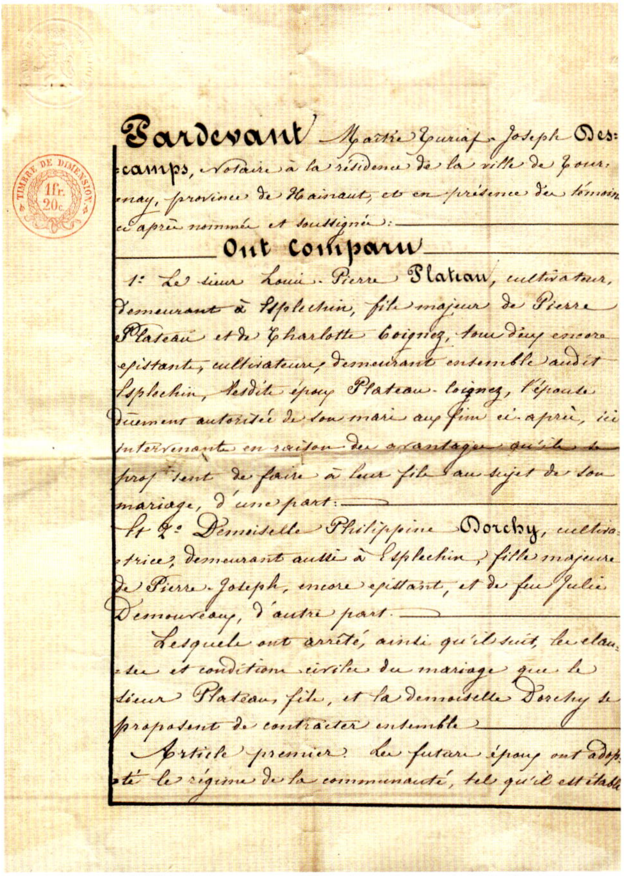

Pardevant Martin [illegible] Joseph Des-
camps, Notaire à la résidence de la ville de Tour-
nay, province de Hainaut, et en présence des témoins
ci après nommés et soussignés :

Ont comparu

1° Le sieur Louis Pierre Plateau, cultivateur,
demeurant à Esplechin, fils majeur de Pierre
Plateau et de Charlotte Coignez, tous deux encore
existants, cultivateurs, demeurant ensemble audit
Esplechin, lesdits époux Plateau-Coignez, l'épouse
dûment autorisée de son mari aux fins ci-après, ici
intervenants en raison des avantages qu'ils se
proposent de faire à leur fils au sujet de son
mariage, d'une part :

Et 2° Demoiselle Philippine Dorchy, cultiva-
trice, demeurant aussi à Esplechin, fille majeure
de Pierre Joseph, encore existant, et de feu Julie
Demourdiau, d'autre part.

Lesquels ont arrêté, ainsi qu'il suit, les clau-
ses et conditions civiles du mariage que le
sieur Plateau, fils, et la demoiselle Dorchy se
proposent de contracter ensemble.

Article premier. Les futurs époux ont adop-
té le régime de la communauté, tel qu'il est établi

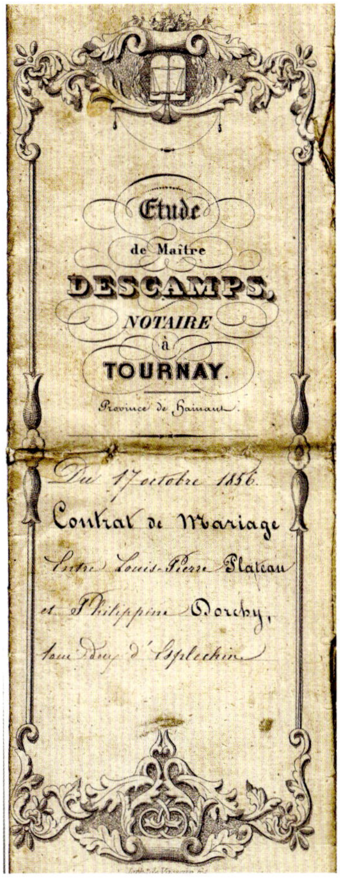

Huit personnes sur dix passaient un contrat de mariage autrefois, contre deux sur dix maintenant. Un contrat qui va vous apprendre beaucoup sur les fiancés…

cile du (ou de la) défunt(e) et décrivait tout ce qu'il voyait : l'extérieur de la maison, de l'appartement ou de la ferme, les différents corps de bâtiments, les outils professionnels… puis l'intérieur, pièce après pièce, en indiquant le mobilier (parfois même sa position dans la pièce), le contenu des armoires et des tiroirs, la couleur et le degré d'usure des vêtements, les titres des livres s'il y en avait, etc. À partir d'un pareil document, si vous êtes un peu doué en dessin, vous pouvez dessiner la maison de votre ancêtre comme si vous y étiez entré !

Connaître sa situation financière

L'inventaire après décès évoqué vous donne bien sûr un aperçu de la valeur des biens. Mais d'autres actes notariés vous permettent de suivre l'évolution de fortune de votre aïeul tout au long de sa vie, presque au jour le jour. Vous trouverez en effet dans ce type d'archives les prêts et les reconnaissances de dettes, même pour des sommes qui peuvent sembler dérisoires aujourd'hui. Les achats ou les ventes de terres, de bâtiments, de matériels divers y figurent aussi, comme les baux agricoles, les fermages divers, ou bien encore les donations et les rentes qu'il peut établir ou recevoir. Bref : rien de ce qui le concerne financièrement ne vous sera étranger. Également présent dans les fonds notariés, les contrats de mariage précisent le montant de la dot (même si l'usage commence à se perdre fin XIXe siècle, le régime dotal n'est juridiquement supprimé qu'en… 1965), les apports éventuels du fiancé, la prise en charge ultérieure des parents âgés par le couple, le partage ou la dévolution des revenus à venir…

Les notaires (ci-dessus une plaque d'étude) ont en général déposé leurs dossiers de plus de cent ans aux archives départementales. Pratique : tout sera en un seul lieu pour vous !

Une gravure représentant une étude de notaires au XIXe siècle à Paris.

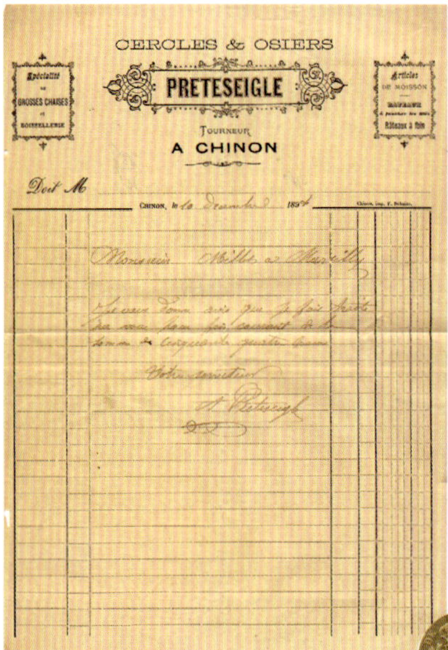
CERCLES & OSIERS
PRETESEIGLE
TOURNEUR
A CHINON
Doit M

Deviner son réseau de relation

Huit fiancés sur dix passaient devant notaire, contre deux sur dix aujourd'hui. Or, lors de l'établissement d'un contrat de mariage, chacun des futurs époux conviait sa parentèle et ses amis, voire ses relations prestigieuses, en bien plus grand nombre que lors de la cérémonie nuptiale à l'église. Le notaire notait scrupuleusement chaque personne présente avec son métier ou son titre ainsi que son lien de parenté. Un repas de fête était souvent donné à l'issue, avec tous les témoins qui s'étaient déplacés – et le notaire aussi bien sûr. À travers tous les noms cités, vous pouvez deviner un peu le réseau de relations de votre ancêtre. Est-il strictement local et familial ? S'étend-il à la province ? Des notables qui ne lui sont pas apparentés sont-ils volontiers venus… Si vous faites la même recherche sur les contrats de mariage de ses enfants, vous pouvez deviner des évolutions, des tendances…

Découvrir son caractère

Parfois, les actes notariés vous permettent de cerner le caractère de votre ancêtre. Et, plus il est acariâtre, plus il y a de chances que vous en trouviez trace dans les archives des notaires ! Quelques exemples… Une Mme Lecat voit, à la mort de son mari, sa grande demeure partagée en deux : une partie pour elle, une partie pour sa fille, son gendre et leurs enfants. Or, dès le début, elle fait interdire par acte notarié au jeune couple et à ses petits-enfants de marcher, voire même de s'arrêter, dans « sa » partie de jardin. Autre cas : un grand-père vient assister le notaire lors d'un inventaire après décès et demande à cet officier de justice de « noter qu'il manque douze petites cuillères en argent et que c'est sûrement son gendre qui les a prises »…

N'hésitez pas à explorer le grenier de famille : vous pouvez y trouver de nombreux documents financiers ou fiscaux.

On trouve aussi parfois des séries de sommations respectueuses, actes notariés qu'un fils (même majeur) se doit d'envoyer à ses parents si ceux-ci refusent son mariage. Les dispositions d'un testament peuvent révéler des amitiés privilégiées ou des rancunes tenaces, car il était possible autrefois de disposer de sa fortune comme on l'entendait, y compris de déshériter un ou plusieurs de ses enfants.
Etc. Vous constaterez ainsi à l'usage qu'il y a autant d'actes possibles que de (mauvais) caractères !

Les reçus, les reconnaissances de dettes, les quittances ou les avis d'assurances mutuelles du XIXe siècle peuvent encore se trouver dans un grenier…

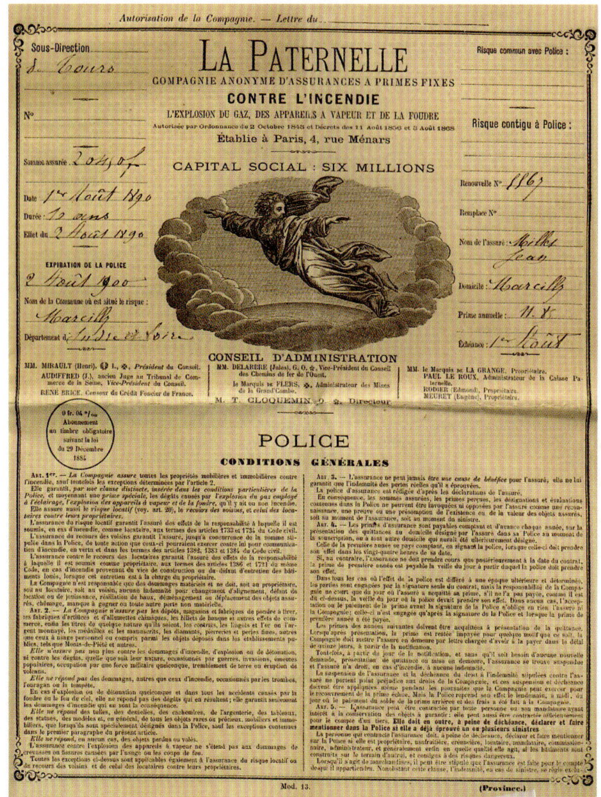
Autorisation de la Compagnie. — Lettre du

LA PATERNELLE
COMPAGNIE ANONYME D'ASSURANCES A PRIMES FIXES
CONTRE L'INCENDIE
L'EXPLOSION DU GAZ, DES APPAREILS A VAPEUR ET DE LA FOUDRE
Autorisée par Ordonnance du 2 Octobre 1848 et Décrets des 11 Août 1856 et 3 Août 1868
Établie à Paris, 4, rue Ménars
CAPITAL SOCIAL : SIX MILLIONS

Sous-Direction de Tours
N°
Somme assurée 2045 f
Date 1er Août 1890
Durée 10 ans
Effet du 2 Août 1890
EXPIRATION DE LA POLICE 2 Août 1900
Nom de la Commune où est situé le risque : Marcilly
Département d'Indre et Loire

Risque commun avec Police :
Risque contigu à Police :
Renouvelle N° 1867
Remplace N°
Nom de l'assuré : Millet Jean
Domicile : Marcilly
Prime annuelle : 11.85
Échéance : 1er Août

CONSEIL D'ADMINISTRATION
MM. MIRAULT (Henri), Président du Conseil.
AUDIFFRED (J.), ancien Juge au Tribunal de Commerce de la Seine, Vice-Président du Conseil.
RENÉ BRICE, Censeur du Crédit Foncier de France.
MM. DELARBRE (Jules), G. O., Vice-Président du Conseil des Chemins de fer de l'Ouest.
le Marquis de FLERS, Administrateur des Mines de la Grand'Combe.
MM. le Marquis de LA GRANGE, Propriétaire.
PAUL LE ROUX, Administrateur de la Caisse Paternelle.
RODIER (Edmond), Propriétaire.
MEURET (Eugène), Propriétaire.
M. T. CLOQUEMIN, Directeur

0 fr. 04 °/oo Abonnement au timbre obligatoire suivant la loi du 29 Décembre 1885

POLICE
CONDITIONS GÉNÉRALES

Mod. 13. (Province.)

Comment faire concrètement ?

Les archives des notaires sont aujourd'hui déposées aux archives départementales lorsqu'elles ont plus de cent ans. Quelques exceptions subsistent de notaires qui ont conservé leur fonds ancien, auquel cas il ne vous reste plus qu'à prendre rendez-vous avec lui. Il n'a pas le droit de vous interdire l'accès à ses archives anciennes, mais il peut vous dire qu'elles ne sont pas classées, que son archiviste est absent… Bref, vous n'êtes pas certain dans ce cas d'accéder aux documents.

Les précieux inventaires et mutations après décès

L'inventaire après décès ou les mutations après décès lors des successions sont, on l'a vu, des documents passionnants pour les généalogistes. À moins de vouloir feuilleter une à une les minutes du notaire de famille (dont vous ne connaissez d'ailleurs pas nécessairement le nom), il vaut mieux passer par les registres des bureaux de l'enregistrement (après 1791) ou du contrôle des actes (avant 1791). Ces bureaux, créés par l'État pour des raisons fiscales, enregistrent les actes dressés par les notaires de plusieurs communes (en moyenne dans le ressort d'un canton).

De 1791 à nos jours, vous trouverez ainsi aux archives départementales, en série Q (DQ pour Paris), les *Tables de successions et d'absences* qui ont plus de soixante-quinze ans. Pour y accéder, il faut passer, après 1791 toujours, par les *Tables de décès*, qui listent par ordre alphabétique (et à l'intérieur de chaque lettre de l'alphabet par ordre chronologique) tous les décès intervenus dans le ressort du bureau de l'enregistrement, avec la date du décès et le nom des héritiers éventuels. À la suite du décès est inscrite la référence du numéro d'enregistrement dans les *Registres de déclaration de succession* (ou *Registre des mutations après décès*), sauf si le décédé est mort indigent.

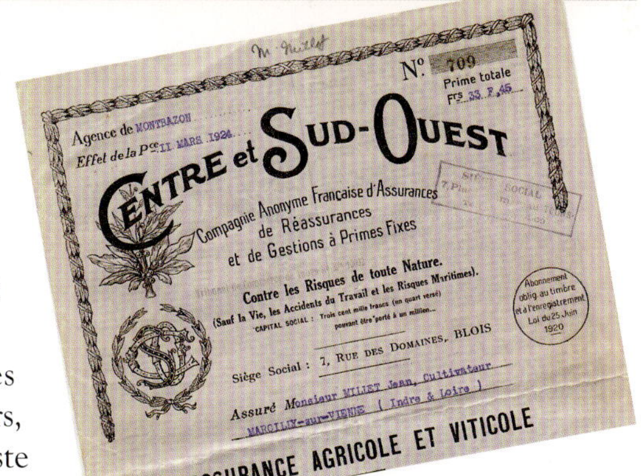
N° 709
Prime totale Frs 33 F,45
Agence de MONTBAZON
Effet de la Pce 11 MARS 1924
CENTRE et SUD-OUEST
Compagnie Anonyme Française d'Assurances de Réassurances et de Gestions à Primes Fixes
Contre les Risques de toute Nature.
(Sauf la Vie, les Accidents du Travail et les Risques Maritimes).
CAPITAL SOCIAL : Trois cent mille francs (un quart versé) pouvant être porté à un million…
Abonnement oblig. au timbre et à l'enregistrement Loi du 25 Juin 1920
Siège Social : 7, RUE DES DOMAINES, BLOIS
Assuré Monsieur MILLET Jean, Cultivateur
MARCILLY-sur-VIENNE (Indre & Loire)
ASSURANCE AGRICOLE ET VITICOLE

Cette référence vous permet de retrouver davantage de détails dans ces nouveaux registres : après les nom et prénom du défunt et ceux de ses héritiers, on y trouve en effet un résumé de ses biens et de leur valeur et surtout la liste

R. N°
NUMÉRO DE POLICE : 389629
VALEUR ASSURÉE : Fr. 30.000
B. ROUZIÉ INSPECTEUR CHINON (I.-et-L.)
LE CENTRE MUTUEL
SOCIÉTÉ D'ASSURANCES CONTRE L'INCE[NDIE]
Fondée en 1853 (décret du 30 mai 1853)
PROROGÉE ET MODIFIÉE PAR DÉLIBÉRATIONS SUCCESSIVES DES ASSEMBLÉES GÉNÉRALES
QUITTANCES 25c
20 RUE DE LA CHAUSSÉE D'ANTIN PARIS
N. V. N°
[DI]RECTION GÉNÉRALE : [Ru]e la Chaussée-d'Antin, 20 A PARIS
DOMICILE Depart : Indre & Loire
Arr : Chinon
Canton : Ste Maure
Comm : Marcilly s/ Vienne
Rue ou Hameau : Bourg
Reçu de Mr Millet Jean, Cultivateur
la somme de Vingt un frs 20
FR 21 C 20
pour frais d'assurances payables le
A Marcilly s/V., le 10 Mai
CERTIFIÉ CONFORME : Le Directeur de la Société,
L'Agent comptable de la Société,
La présente quittance comprend avec la cotisation d'assurance les droits d'enregistrement, de timbre, la taxe pour les pompiers, instituées par les lois du 23 août 1871, 29 décembre 1884, 13 avril 1898, 30 janvier 1907, 31 Décembre 1917, 29 juin 1918, 25 juin 1920 et les frais de perception des impôts.

des actes notariés qui peuvent avoir une incidence sur la succession : testament éventuel, donations, contrats de mariage, scellés, inventaire après décès, partage de la succession, avec à chaque fois le nom du notaire qui a rédigé l'acte, son adresse et la date précise de l'acte : il ne vous reste plus qu'à le demander (les archives notariales sont en série E). Cette description peut vous paraître compliquée mais, dès que vous aurez fait la recherche une ou deux fois, tout vous semblera simple. Attention : de 1829 à 1850, des tables spécifiques ont été réservées aux décès d'enfants.

Les contrats de mariage

On apprend souvent l'existence d'un contrat de mariage à travers l'acte de mariage, puisque sa mention est obligatoire depuis 1792. À partir de 1850, l'officier d'état civil doit même noter la date du contrat, le nom du notaire et le lieu où se trouve l'étude. Si tout est précisé, c'est simple : il suffit de demander aux archives départementales les minutes de l'étude pour la période en question : vous trouverez l'acte en quelques instants.

Dans son inventaire, le notaire note tout, la vaisselle (en haut à droite une cuvette et un broc pour la toilette, de la campagne tourangelle des années 1890) et les meubles (ci-dessus un classeur, meuble de bureau du XIXe siècle).

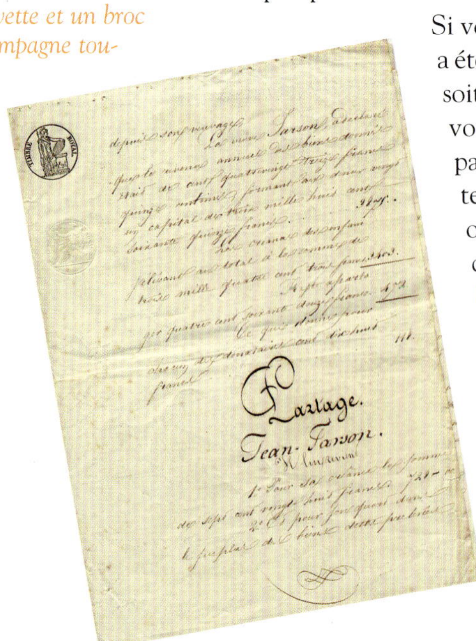

Partage.

Jean Farson.

Si vous n'avez pas de précisions, soit parce que l'acte de mariage a été établi entre 1791 et 1850 (sans mention de nom de notaire), soit parce que vous n'avez pas trouvé l'acte d'état civil, reportez-vous aux tables des bureaux d'enregistrement (en général un par canton), dont les registres anciens sont aux archives départementales (série Q). Des tables de contrats de mariage, par ordre alphabétique, donnent les noms et prénoms des fiancés qui ont établi un contrat de mariage ; la date et le lieu d'établissement de ce contrat et le nom du notaire. Attention, dans ces tables, l'ordre alphabétique n'est que partiel : il est respecté pour la lettre initiale des noms de famille, mais, à l'intérieur de chacune de ces lettres, l'ordre est ensuite chronologique. Comme les tables sont tenues par canton, la recherche sera assez rapide. Ces registres sont d'autant plus utiles qu'ils peuvent remplacer (puisqu'ils donnent les noms des parents des fiancés) un acte de mariage que vous n'avez pas retrouvé (registres d'état civil détruits, mariage dans un autre département...).

Les actes de vente

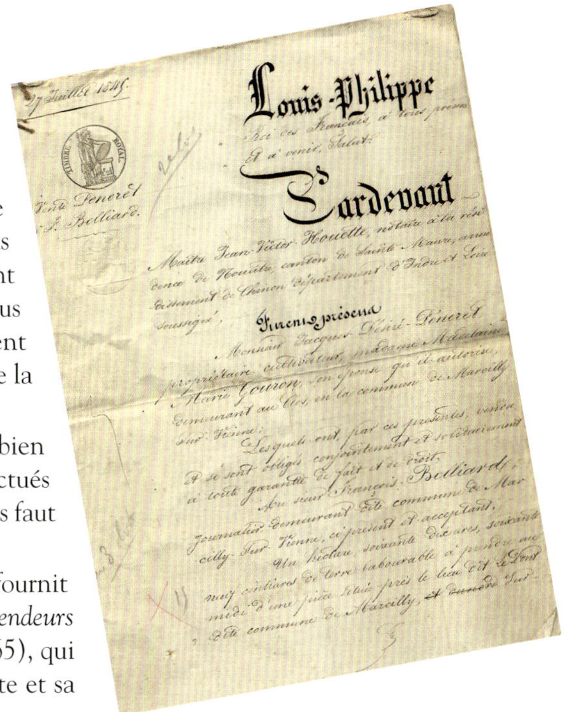

Louis-Philippe

Pardevant

Furent présents

Chez le notaire, vous ne trouverez pas que des actes de ventes de maisons ou de terres, mais aussi de tout et n'importe quoi ! Brebis, vaches, grains, objets, tout peut s'y trouver enregistré.

Pour les maisons, c'est simple, car vous partez en général d'un acte de vente qui est encore dans votre famille ou d'un acte de succession. Dans les deux cas sont mentionnés les propriétaires précédents, la date de l'acte par lequel ils ont acquis la maison, le nom et l'adresse du notaire qui l'avait rédigé. Il ne vous reste plus qu'à le demander aux archives départementales (s'il a plus de cent ans), puis à rebondir d'acte en acte, puisque chacun indique les références de la cession précédente.

Si les actes de vente que vous cherchez concernent des objets mobiliers ; ou bien si vous cherchez de façon exhaustive tous les actes d'achats et de ventes effectués par un aïeul pour comprendre sa situation financière et son évolution, il vous faut une clé d'entrée dans les actes notariés.

L'enregistrement (série Q des archives départementales, DQ à Paris) vous fournit précisément des tables alphabétiques récapitulatives par thème : la *Table des vendeurs et acquéreurs* (jusqu'en 1865) puis le *Sommier du répertoire général* (après 1865), qui vous donnent le nom et le prénom du vendeur, de l'acquéreur, le type d'acte et sa date, le nom du notaire et son adresse, la valeur de la transaction.

Les baux agricoles

Au-delà des biens, les baux agricoles vous offrent un autre regard sur le quotidien de vos aïeux. En ont-ils signé beaucoup ? Font-ils de la sous-location de terres très vastes ? Ou bien n'ont-ils affermés qu'un petit lopin ?... Ces documents vous livrent par le menu la description des terres affermées ou prises « à moitié fruit » par vos ancêtres, de la nature des sols et des plants parcelle par parcelle, l'importance des bois, taillis, vergers ; le notaire précise dans chaque cas qui peut couper les arbres, les bosquets et prendre les fruits. Si des bâtiments et des instruments agricoles divers sont laissés à la disposition du preneur, ils sont aussi décrits dans le détail. Le bétail éventuel est

Vin, blé, volailles et bétail : les baux agricoles détaillent par le menu le partage des récoltes à venir entre bailleur et fermier.

Ci-dessous une carte d'électeur d'une femme née en 1849… et qui a donc obtenu le droit de vote en 1945… à 96 ans seulement !

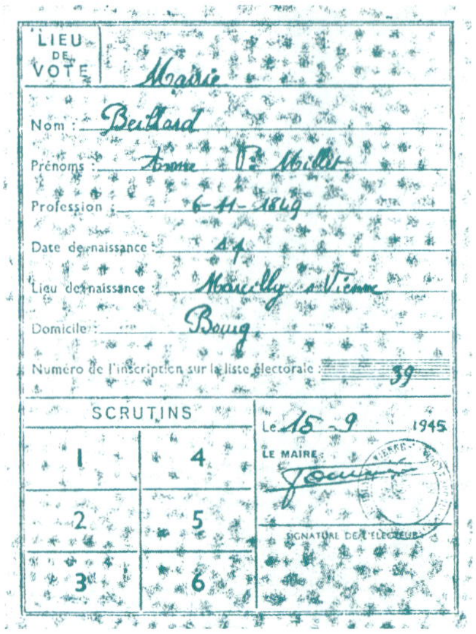

listé soigneusement car, à la fin de son bail, le fermier doit le rendre à l'identique, c'est-à-dire avec des animaux de même âge et de même nature. Ces baux sont répertoriés dans des tables des baux conservées aux archives départementales et qui font partie des tables de l'enregistrement, en série Q à partir de 1791. Elles sont classées alphabétiquement (et chronologiquement à l'intérieur de chaque lettre). Elles vous donnent les noms et prénoms des parties, la date du bail, son montant, le nom et l'adresse du notaire qui l'a établi. Il ne vous reste plus qu'à vous reporter à l'acte.

Les autres actes notariés

Au total, le législateur recense cent quarante-cinq sortes d'actes notariés : testaments, donations, reconnaissances d'enfant naturel, contrats d'apprentissage ou de travail, renonciations à succession, prêts, rentes, séparations de biens… autant d'actes qui peuvent vous aider à connaître votre aïeul… presque comme si vous l'aviez connu.

Les listes électorales

Les listes électorales peuvent constituer bien sûr des sources de remplacement d'un état civil manquant car la date et le lieu de naissance de chaque électeur y sont indiqués. Mais c'est surtout un outil d'évaluation de la fortune de l'aïeul. En effet, né avec la Révolution, le droit de vote est :

– réservé aux seuls hommes (sauf aux militaires, qui se doivent d'être au service du gouvernement quel qu'il soit et donc de ne pas se mêler de politique)

– réservé aux citoyens d'un certain âge (trente ans, par exemple, à partir de 1815)

– censitaire jusqu'en 1848, c'est-à-dire réservé à ceux dont les impôts (le cens) dépasse un certain seuil, fixé par l'État avant chaque élection. Pas parce qu'on privilégie la richesse, mais parce qu'on estime qu'on sait comment gérer un pays (donc comment voter) si l'on sait développer ses affaires et un patrimoine. D'ailleurs, jusqu'en 1848, un homme qui fait faillite est privé automatiquement du droit de vote, en même temps que ses

Un bureau de vote fin XIXe siècle. Jusqu'en 1945, seuls les hommes non militaires avaient le droit de vote.

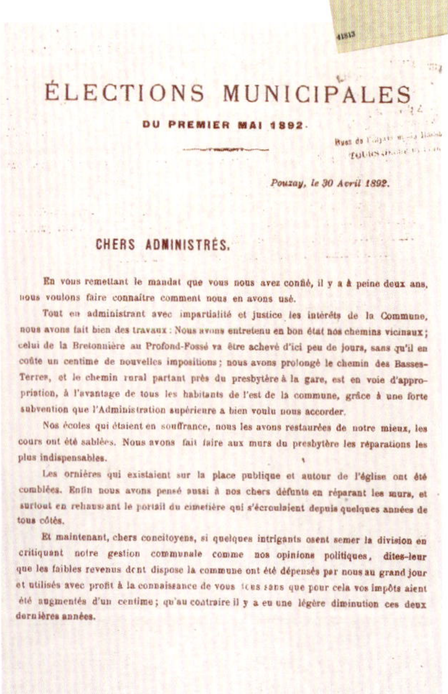

ÉLECTIONS MUNICIPALES

DU PREMIER MAI 1892.

Pouzay, le 30 Avril 1892.

CHERS ADMINISTRÉS.

En vous remettant le mandat que vous nous avez confié, il y a à peine deux ans, nous voulons faire connaître comment nous en avons usé.

Tout en administrant avec impartialité et justice les intérêts de la Commune, nous avons fait bien des travaux : Nous avons entretenu en bon état nos chemins vicinaux ; celui de la Bretonnière au Profond-Fossé va être achevé d'ici peu de jours, sans qu'il en coûte un centime de nouvelles impositions ; nous avons prolongé le chemin des Basses-Terres, et le chemin rural partant près du presbytère à la gare, est en voie d'appropriation, à l'avantage de tous les habitants de l'est de la commune, grâce à une forte subvention que l'Administration supérieure a bien voulu nous accorder.

Nos écoles qui étaient en souffrance, nous les avons restaurées de notre mieux, les cours ont été sablées. Nous avons fait faire aux murs du presbytère les réparations les plus indispensables.

Les ornières qui existaient sur la place publique et autour de l'église ont été comblées. Enfin nous avons pensé aussi à nos chers défunts en réparant les murs, et surtout en rehaussant le portail du cimetière qui s'écroulaient depuis quelques années de tous côtés.

Et maintenant, chers concitoyens, si quelques intrigants osent semer la division en critiquant notre gestion communale comme nos opinions politiques, dites-leur que les faibles revenus dont dispose la commune ont été dépensés par nous au grand jour et utilisés avec profit à la connaissance de vous tous sans que pour cela vos impôts aient été augmentés d'un centime ; qu'au contraire il y a eu une légère diminution ces deux dernières années.

Le cadastre ancien est un merveilleux outil pour le généalogiste. Conservé aux archives départementales, il lui permet de retrouver les biens que possédait son aïeul, leurs transformations et leur histoire.

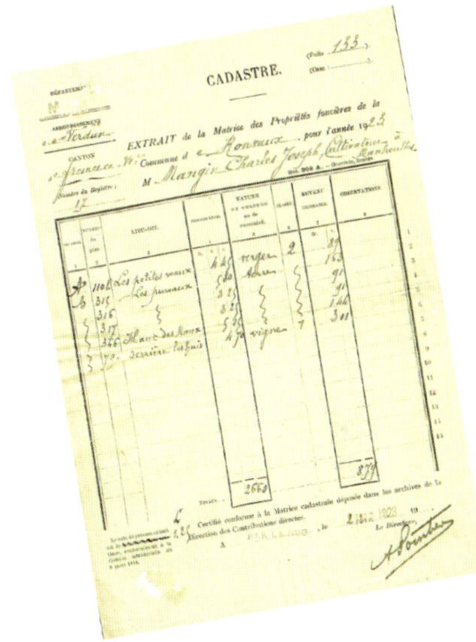

fils. De la même façon, on ne peut se présenter à une élection qu'à partir de quarante ans et au-delà d'un certain montant de contribution. Pour Paris, par exemple, cela représente mille à deux mille personnes par arrondissement.

Or, les noms des électeurs ne sont pas tenus secrets ; bien au contraire, des *Listes d'électeurs censitaires* sont publiées dans chaque département sous forme de bottins officiels, pour que chacun puisse aller parler aux électeurs, leur faire part de plaintes ou de souhaits de vote. Ces listes ne se contentent pas de donner les noms et les prénoms, mais aussi des informations personnelles : l'âge ou la date de naissance, la profession, le domicile, le montant des revenus (ou des impôts) et les lieux de perception des contributions (ce qui peut vous apprendre que votre aïeul normand avait une propriété dans la Nièvre et une autre en Côte-d'Or). Ces bottins peuvent être trouvés dans la bibliothèque principale du département, mais des listes sont conservées aussi en série M, avec les listes électorales, ou en série L, parfois accompagnées de notes confidentielles de la police ou du préfet sur leurs opinions politiques.

Évidemment, après 1848, toutes ces informations disparaissent. Il vous reste seulement les listes brutes, avec noms, prénoms, mais aussi les dates et lieux de naissance, ce qui peut quand même être précieux. Et n'oubliez pas qu'elles concernent désormais tous les hommes majeurs (sauf les militaires), quel que soit leur niveau de fortune. Il faudra attendre 1945 pour que les femmes et les soldats y figurent aussi.

Le cadastre

Créé en 1807 par Napoléon dans un but fiscal, l'établissement du cadastre sur l'ensemble de la France a été terminé en 1850. Il vous donne un aperçu exceptionnel des lieux où vos ancêtres ont pu vivre puisqu'il est en général réalisé à une échelle supérieure au 1:5 000 (1 cm pour 50 m), alors que les meilleures cartes IGN sont au 1:25 000, soit 1 cm pour 250 m. Vous y trouvez donc la mention de fermes, de hameaux, de lieux-dits absents de toutes les autres cartes.

Le cadastre se compose :

- d'un état de section établi lors de l'établissement du cadastre au début du XIXe siècle comportant : la dénomination de la parcelle (cote alphanumérique), sa superficie et le nom du premier propriétaire début XIXe
- d'une table alphabétique des noms de propriétaires, avec indication d'un numéro de folio de la matrice du bâti et non bâti du XIXe siècle
- d'une matrice du bâti et non bâti du XIXe siècle regroupant, par numéro de folio : le nom du propriétaire, la désignation cadastrale de sa parcelle et de ses autres possessions, l'origine de la parcelle (référence du folio du précédent propriétaire), la destination de la parcelle (référence du folio du propriétaire suivant). Attention : ces matrices cadastrales, annotées chaque année en fonction des mutations intervenues, sont très surchargées et donc difficiles à lire
- d'une matrice du bâti et non bâti du XXe siècle, citant le numéro de folio de la matrice du XIXe et repartant à partir de nouveaux folios.

Sur www.cadastre.gouv vous pouvez consulter gratuitement le plan cadastral d'aujourd'hui (dit rénové, refait en 1930). Pour accéder à celui du XIXe siècle, il faut vous rendre dans les mairies ou aux archives départementales (en série 3P). Beaucoup d'AD ont d'ailleurs déjà mis leur cadastre en ligne sur leur site. Ce cadastre ancien peut vous permettre aussi bien de suivre l'histoire d'une maison familiale avec, sur deux siècles, ses changements de propriétaires, ses modifications éventuelles de bâti, que de retrouver visuellement toutes les propriétés foncières d'un aïeul précis. Attention : Paris n'a pas fait l'objet d'un relevé cadastral complet ; la qualité des documents est donc très inférieure à ce que l'on peut trouver pour la province.

Les archives judiciaires

Pas besoin d'avoir été un truand pour avoir maille à partir avec la justice ! De simples différents commerciaux ou familiaux ont pu mener vos ancêtres devant la justice. Ainsi, on peut trouver (voir sur place les inventaires pour chaque centre d'archives) :

– des jugements de tutelle ou de curatelle des orphelins ou des adultes déclarés « incapables », la composition des conseils de famille, les actes de notoriété, l'obtention du statut de pupille de la nation, etc. dans les dossiers de justice de paix (en série U des archives départementales)

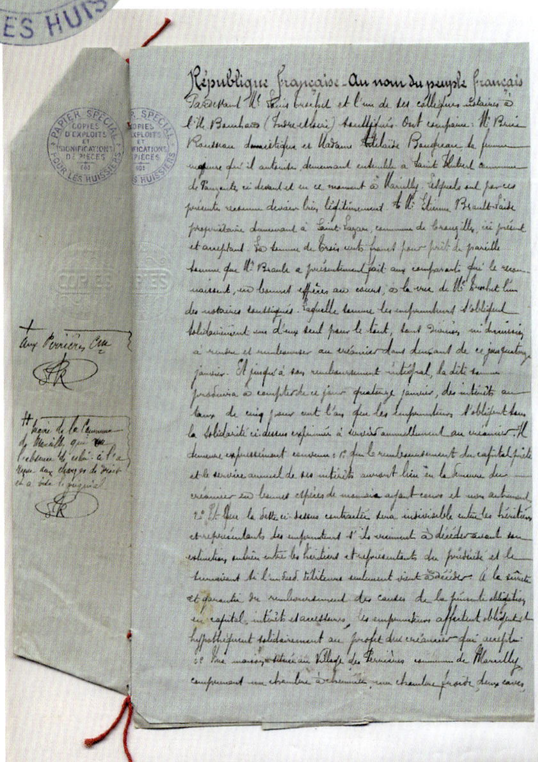

– des demandes de dispense pour un mariage entre oncle et nièce, tante et neveu, ou entre un adopté (dans le cadre d'une adoption simple) et les enfants par le sang de l'adoptant. Le mariage ne peut se faire sans cette dispense (aujourd'hui un décret du Président de la République, mais qui n'a pas l'obligation de répondre favorablement à la demande). Ces dispenses, avec les courriers des requérants justifiant la demande, courriers qui peuvent vous en apprendre beaucoup sur la famille, sont conservées aux Archives nationales

– des faillites et procès commerciaux dans les archives des tribunaux de commerce en série U des archives départementales. On y trouve aussi le détail de toutes les contestations en matière commerciale, les registres de commerce, ceux de dépôts des marques, les actes de commerce, les actes de société, les jugements concernant les litiges ou les nantissements et privilèges pris quand une société est en difficulté…

– des condamnations politiques en série M des archives départementales. Mais c'est aux Archives nationales qu'on trouve les deux mille dossiers

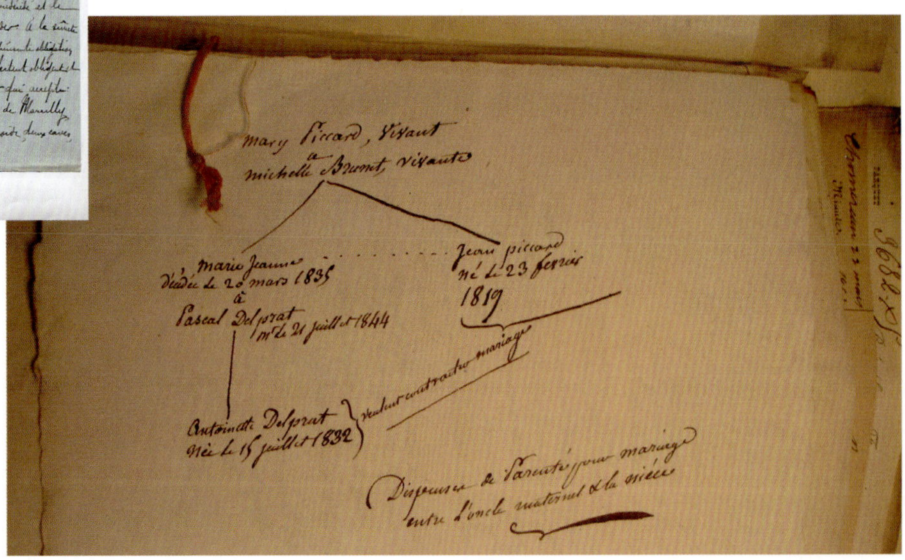

Ci-dessus : un acte d'huissier de 1897, déjà sur papier bleu.
Ci-contre : une demande de dispense pour un mariage entre un oncle et une nièce sous le second Empire, avec un arbre généalogique dessiné.

Scène de tribunal sous le second Empire, gravure de Daumier. Sceau du Conseil d'État 1805. Ci-dessous : détenus dans une prison en 1880. C'est au XVIIIe siècle mais surtout au XIXe qu'apparaît la prison comme peine judiciaire. Auparavant, elle est un lieu de détention provisoire, en attente du châtiment.

des inculpés des émeutes de 1834, les dossiers des combattants et blessés de la révolution de Juillet 1830, des émeutes des 5 et 6 juin 1832, d'avril 1834 à Paris et à Lyon, des victimes du coup d'État du 2 décembre 1851, des dossiers de grâce des insurgés de la Commune… Signalons que le fameux *Bulletin des lois* donne aussi à partir de 1882 la liste de tous ceux qui se sont opposés à Louis-Napoléon Bonaparte, avec profession, date et lieu de naissance, car la IIIe République a voté l'année précédente l'attribution de rentes ou pensions viagères aux « victimes du coup d'État de 1851 ou de la loi de sûreté générale du 17 février 1858 (un attentat contre l'Empereur ayant entraîné une nouvelle vague de répression en 1858) ». Les travaux des commissions départementales créées pour examiner les demandes sont en série M des archives départementales, mais vous pouvez aussi vous reporter aux procès de l'époque (1851 ou 1858, en série U des AD). Les opposants qui ont été déportés en Algérie (6 500 personnes en 1851 et 600 en 1858) peuvent aussi être trouvées dans la base de données de l'Association généalogie Méditerranée (www.geneagm.org/index.htm)

– des dossiers d'anarchistes (sous-série F7 (Police générale) des Archives nationales)

– des jugements pour infraction au Code pénal (en série U des archives départementales). Les minutes du jugement fournissent la description physique du condamné, son état civil , sa profession, l'acte d'accusation détaillé et la condamnation. Si l'affaire a fait du bruit, vous pouvez vous reporter aussi aux journaux de l'époque

– des recours en grâce. Qu'ils aient été acceptés ou refusés, ils sont conservés aux Archives nationales (sous-série BB21 à BB27)

– des registres d'écrou des prisons du département (en série Y des archives départementales ou en série F16 pour certaines prisons parisiennes). Ces registres comportent l'identité du condamné, la date de sa libération ou de son décès s'il est mort en prison, mais aussi le détail de sa condamnation (nombre d'années à purger, date et lieu du procès, attention : il a pu avoir lieu dans un autre département). La série Y vous apporte aussi d'autres éléments sur la vie de votre ancêtre à travers des « états sanitaires », des demandes de renseignements et des correspondances, des rapports sur les évasions éventuelles, etc.

– les archives des maisons de redressements pour enfants (en série Y des archives départementales) définies juridiquement en 1810 pour abriter les délinquants de moins de seize ans, mais construites seulement à partir des années 1830. On y trouve

Petit ou gros larcin, le vol menait rapidement au bagne autrefois…

des dossiers individuels avec correspondances, punitions, tentatives d'évasion, transferts, bulletins de libération… Rappelons que, jusqu'en 1958, les enfants pouvaient y être enfermés sur simple demande de leurs parents !

– des dossiers sur les bagnes d'outre-mer aux Archives nationales (série Colonie H) avec les matricules des prisonniers, des états de malades, des dossiers individuels, des demandes de grâce, etc. Mais comme les archives de la justice ne peuvent être consultées si la clôture des dossiers (recours en grâce inclus) a moins de cent ans, la consultation des archives des bagnes de Nouvelle-Calédonie (1863-1945) et de Guyane (1854-1945) est encore en grande partie impossible

– des informations sur plus de dix mille bagnards de Brest originaires de l'ouest de la France sur http://www.ifrance.com/galfor/

– les condamnés aux bagnes de Rochefort et Toulon à travers les archives locales (archives départementales de Marseille pour Toulon) mais aussi à travers des dépouillements bénévoles donnant, par ordre alphabétique : les nom et prénom du condamné, son âge, le motif de sa condamnation, ses dates d'entrée et de sortie du bagne et diverses informations (nom de l'épouse, des parents…). Pour Rochefort, un double du dépouillement a été laissé en consultation aux archives de la marine de Rochefort.

Les archives hospitalières

Certains de vos ancêtres sont morts à l'hospice, c'est-à-dire à l'hôpital ? ou y ont séjourné ? ou y ont travaillé ? Alors, il vous faut explorer les archives hospitalières, conservées pour le XIXe siècle dans l'hôpital lui-même ou bien aux archives départementales en série H dépôt ou H supplément. Rappelons que, puisque les dossiers de malades contiennent bien évidemment des informations d'ordre médical, ils ne peuvent pas être consultés moins de cent cinquante ans après la naissance du malade ou de la personne hébergée par l'hospice.

S'il s'agit d'hôpitaux publics, les documents sont classés selon une numérotation spécifique et les séries qui intéressent les généalogistes sont surtout : la sous-série Q « Population » pour les dossiers des malades hospitalisés, la sous-série K « Personnel »

Les hôpitaux ont aussi leurs archives anciennes, avec leurs registres d'entrée, de sortie, de décès.

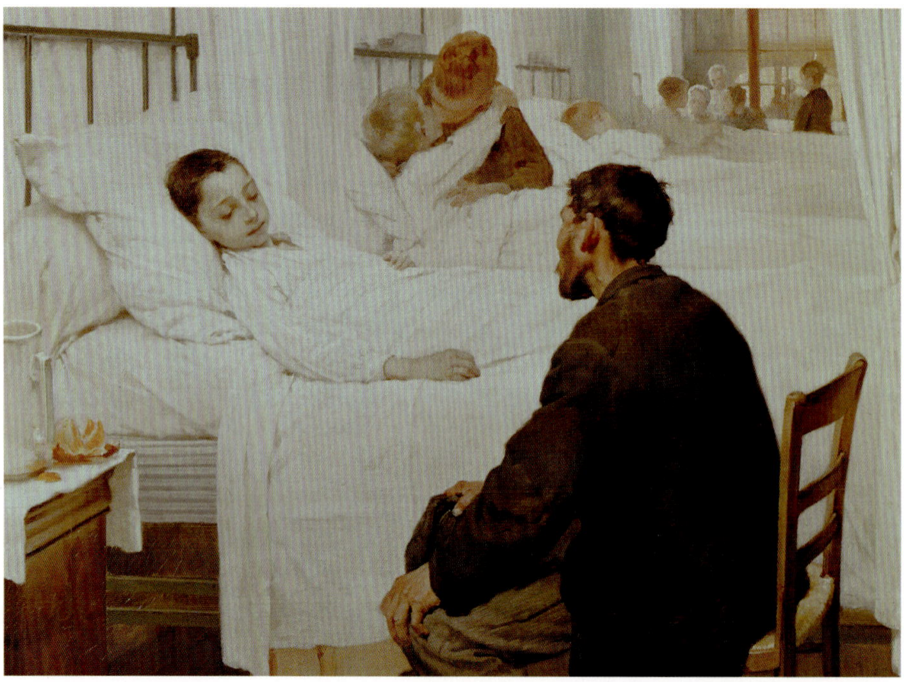

pour le personnel tant laïque que religieux et le corps médical, la sous-série Z « Divers » pour les papiers et les objets laissés par les malades décédés. S'il s'agit d'hôpitaux privés, une sous-série F conserve les registres d'entrées et de sorties des malades, et une sous-série Q les dossiers administratifs des hospitalisés, des malades décédés et des malades militaires. Si l'hôpital qui vous intéresse a disparu, cherchez s'il n'a pas été absorbé par un autre et si, dans ce cas, ses archives ne sont pas conservées avec celles du nouvel établissement.

Si la commune est importante (ce qui est souvent le cas si elle dispose d'un centre hospitalier), on peut trouver des informations dans les archives communales en série Q. Enfin, si l'hôpital avait la charge des « enfants trouvés, abandonnés et assistés » (un hôpital de ce type par département), ses archives se trouvent dans la série X « Assistance et prévoyance » des archives départementales.

Médaille pour acte de courage, créée en 1830 par Louis Philippe. Le nom du titulaire est toujours gravé au dos.

Les décorations

C'est au XIXe siècle qu'ont été créées la plupart de nos décorations d'aujourd'hui, à commencer par la plus prestigieuse d'entre elles, la Légion d'honneur. Comme pour la période contemporaine, ces distinctions, si elles ont été conservées par la famille, peuvent vous apporter de nouveaux éléments d'information sur vos ancêtres.

Rappelons le risque toujours possible de prendre pour des décorations familiales des médailles achetées par un aïeul sur une brocante ou commandées à la monnaie de Paris. À lire aussi pour plus de détails : l'ouvrage de Jean-Pierre Mir, *Les décorations civiles et militaires de 1789 à nos jours*, Archives & Culture.

La Révolution avait aboli toutes les distinctions et les ordres de l'Ancien Régime (Il y aura quelques résurgences brèves de ces anciennes décorations à la Restauration, comme l'ordre de Saint-Louis en parallèle de la Légion d'honneur ou la décoration du Lys, non abordées ici, mais c'est Napoléon 1er qui rétablit l'idée de récompenses sous forme de médaille. La très prestigieuse Légion d'honneur qu'il a créée et la Médaille militaire créée par Napoléon III sont très reconnaissables et ont déjà été abordées dans la première partie (2000-1900), avec les indications permettant d'en savoir plus. Pour le XIXe siècle, leurs titulaires sont tous cités nominativement dans le *Bulletin des Lois* (se reporter d'abord aux tables alphabétiques décennales), avec parfois le motif de l'attribution et dans tous les cas le numéro du décret permettant ensuite de retrouver les dossiers à la chancellerie de la Légion d'honneur, via les Archives nationales. Nous présentons ici quelques unes des autres décorations du XIXe siècle. Quelques précisions :

Médaille de Sainte Hélène, créée en 1857 par Napoléon III pour les soldats du premier Empire encore en vie.

– la médaille pour acte de courage est en général associée à une pension : vous la retrouverez par ce biais dans le fameux *Bulletin des Lois*

– les demandes d'attribution de la médaille de Sainte-Hélène devaient être approuvées par les maires et sont conservées dans les archives départementales. Des biographies de titulaires sont disponibles sur www.stehelene.org et, de façon très détaillée mais uniquement pour l'Eure, dans les trois tomes de Jean-Yves Labadie, *Les médaillés de Sainte-Hélène dans l'Eure*. Enfin, comme les médaillés se sont regroupés dans des associations locales, une recherche dans les documents associatifs, conservés dans la bibliothèque principale de chaque département, peut être utile.

Parfois, le certificat d'attribution a été conservé avec la médaille. Il vous précise alors souvent le motif (par exemple : la lutte contre le choléra en Bourgogne pour une médaille des Épidémies). Si ce certificat manque, essayez d'accéder au dossier de demande de décoration (par exemple de Légion d'honneur ou de Médaille militaire, via les Archives nationales, dans des dossiers conservés aux archives départementales ou municipales, ou bien encore au Service historique de la Défense), cela peut vous apprendre beaucoup sur votre aïeul.

Médaille d'honneur des Épidémies, créée en 1885 pour ceux qui ont aidé à combattre le typhus, le choléra, etc.

Médaille d'honneur agricole, créée en 1890, paradoxalement l'année où apparaît le mot « exode rural »...

Médaille d'honneur de l'Enseignement primaire, créée en 1886 pour les instituteurs ou les inspecteurs.

Médaille d'honneur de l'administration des Postes et Télégraphes, créée en 1882 pour ses employés méritants.

Médaille d'honneur de l'administration des Eaux et Forêts, créée en 1883 pour ses employés méritants.

Médaille d'honneur du Travail, créée en 1886. Elle sera généralisée à toutes les professions en 1948.

Médaille attribuée en 1856 par la reine Victoria aux 93 000 militaires français ayant participé à la guerre de Crimée.

Un exemple, toujours autour de la famille Niellon. La tombe du cimetière du Père Lachaise avait livré ses nombreuses informations familiales et les recherches avaient révélé l'existence d'un fondeur de la fin du XIXe siècle, Léon Niellon (ci-dessous, bras croisés, au milieu de ses ouvriers). Son dossier de demande de médaille du Travail fournit le résumé de son parcours en 1886 : « À l'initiative d'un groupe d'ouvriers de la Fonderie de fer de Maisons-Alfort, les soussignés [le comptable de l'entreprise et le maire] ont l'honneur d'appeler l'attention de Monsieur le Ministre sur leur directeur, Monsieur Léon Niellon, né le 10 mars 1839 à Saint-Maur. Entré enfant dans cette usine en 1851, il n'a cessé, en passant par tous les postes, d'être au milieu de nous notre modèle, notre guide et notre conseil. Sa conduite et son zèle lui ont valu qu'il soit, il y a vingt-deux ans, nommé notre directeur. Son administration a été une suite de prospérité pour l'établissement et l'ouvrier sédentaire et sérieux voit en lui un Ancien se glorifiant de ses débuts dans la carrière et donnant à tous ce sentiment d'émulation dont l'inexpérience a besoin ». Suit ensuite la demande d'une médaille du Travail pour cet enfant ouvrier devenu directeur de fonderie. Quel autre document aurait pu nous révéler tout cela ?...

La filière du pain a longtemps occupé des dizaines de milliers de personnes, du paysan dans son champ de blé au boulanger.

Les musées et bibliothèques sur les métiers

Grâce aux minutes des notaires, vous avez pu découvrir la maison de vos ancêtres, le détail de leurs biens. S'ils sont artisans, vous avez eu la description du matériel professionnel, des stocks, des modalités du bail. Pour autant, cela ne vous donne pas la compréhension exacte de leur profession. S'ils étaient charpentiers ou boulangers, le métier vous parle parce qu'il existe encore, mais vous ne connaissez pas leur quotidien au XIXe siècle. S'ils sont mollerons, cardeurs ou scieurs de long, c'est la définition même de leurs tâches qui peut vous manquer. Comment retrouver des éléments sur toutes ces activités d'hier ? Et puis il existe aussi, sur bon nombre de métiers, des archives spécifiques que vous pouvez explorer pour y retrouver un aïeul précis... Impossible bien sûr de vous conseiller sur tous les métiers en un seul livre. Mais ce chapitre vous livre les principales pistes pour les principaux cas...

Premiers endroits où vous devez vous rendre pour mieux comprendre les métiers de vos ancêtres : les musées. Mais pas n'importe lesquels. Visitez d'abord les musées régionaux des arts et traditions populaires, souvent remarquables. Ils vous permettront de remonter plus haut dans le temps. Ensuite, si vous cherchez des informations sur un métier précis, rendez-vous sur Internet : vous y trouverez sans doute un ou plusieurs musées spécialisés. Musée du Compagnonnage, musée de la Dentelle, musée de l'Outil agricole, musée de la Ferronnerie… Outils, informations, guides divers, tout sera sur place, y compris parfois avec une bibliothèque ou des archives spécialisées. Pour une première approche, vous pouvez aussi vous reporter au site http://metiers.free, qui offre un dictionnaire des métiers anciens en ligne, des historiques, des photos ou gravures anciennes sur les métiers, etc.

Fréquentez aussi les écomusées. Ce ne sont pas des musées classiques mais des reconstitutions des villages d'hier avec tout leur artisanat à la fin du XIXe ou au début du XXe. Sachez cependant faire la part des choses. Si votre aïeul était forgeron dans les

Un postier d'un centre de tri de la fin du XIXe siècle vidant un sac de lettres.

années 1680, ne le comparez pas avec le forgeron 1920 que vous pouvez voir à l'œuvre, les outils n'étaient plus les mêmes. S'il était boulanger en plein Paris en 1792, sous les arcades du Palais royal et que vous visitez le fournil d'un boulanger dans un écomusée rural ou de montagne, ne faites pas davantage l'amalgame. Ces visites constituent néanmoins une bonne approche de tous les métiers ruraux de 1800 à nos jours.

Certains musées spécialisés ont des bibliothèques : c'est l'idéal pour une recherche puisqu'elles rassemblent leur documentation sur un seul métier, celui qui vous intéresse. Celles des musées des Arts et Traditions populaires sont plus généralistes mais plus fournies. Parmi les grands classiques à lire : la fameuse *Encyclopédie* Diderot-d'Alember ou le livre de Louis-Sébastien Mercier, *Le Tableau de Paris 1781-1788*, pour les métiers de la ville et de la rue.

Si vous êtes membre d'une association généalogique, vérifiez si votre cercle n'a pas publié des monographies sur des métiers locaux qui peuvent vous intéresser. Enfin, aux archives départementales, consultez le fichier matières : vous pouvez trouver des copies de travaux universitaires sur la profession et l'époque de vos ancêtres.

Enfin, métier par métier, il existe souvent des archives qui peuvent vous apporter des informations sur la carrière de votre aïeul. Les fonds notariés bien sûr, mais aussi, si votre ancêtre était fonctionnaire, de nombreux documents conservés aux archives départementales, aux Archives nationales à Paris (Caran, rue des Quatre-Fils, 75003 Paris) ou aux Archives du monde du travail (78, boulevard du Général-Leclerc, BP 405, 59057 Roubaix cedex). Consultez les inventaires détaillés en salle de lecture ou reportez-vous aux guides spécialisés d'Archives & Culture, *Retrouver un ancêtre postier*, de Raymond Poulain, *Retrouver un ancêtre instituteur, Retrouver un ancêtre marin, Retrouver un ancêtre meunier*, etc. qui vous donnent des pistes précises.

Les recherches sous l'Empire et la Révolution

Comment découvrir une France en évolution ?

Comment découvrir des outils en plus ?

Comment découvrir une France en évolution ?

Entre la prise de la Bastille en 1789 et la fin de l'Empire en 1815, tant de bouleversements sont intervenus que la période mérite un traitement à part. L'Empire porte déjà les traits que nous avons évoqués pour le XIXe siècle, 1789 ceux que nous aborderons pour le XVIIIe siècle. Dans l'intervalle, celui qui n'a pas encore eu l'occasion d'entreprendre des recherches généalogiques pendant la période révolutionnaire s'attend souvent à rencontrer de grandes difficultés. Ce n'est pas si vrai que cela, à condition d'avoir en tête certaines caractéristiques…

Beaucoup de nos contemporains supposent que les registres paroissiaux ont brûlé à la Révolution, ce qui est faux : les révolutionnaires n'ont pas mis toute la France à feu et à sang et, s'ils brûlaient des documents, il s'agissait bien davantage des papiers liés aux droits seigneuriaux, gardés dans les châteaux, que des actes de baptême, mariage ou sépulture conservés dans les églises. Même les registres du département de Vendée ont mieux traversé l'épreuve que les Vendéens eux-mêmes…

En revanche, des bouleversements majeurs sont intervenus dans les registres d'état civil, les noms, le calendrier et les découpages administratifs.

Le calendrier révolutionnaire

Une difficulté réelle est l'existence d'un calendrier révolutionnaire fort différent du calendrier habituel. À nouveau monde, nouvelles dates : le nouveau calendrier est le symbole de la nouvelle ère que la République veut instaurer, pour « graver d'un burin neuf les annales de la France régénérée » ! L'idée est dans l'air depuis le tout début de la Révolution, mais il faut deux ans de tâtonnements pour le choix du jour initial. Lalande proposait le 1er avril, qu'il assimilait au début du printemps, donc du renouveau ; le journal *Le Moniteur* proposait le 14 juillet… Finalement, le calendrier adopté le 5 octobre 1793 débute rétroactivement le 22 septembre 1792, jour de la proclamation de la République, qui devient ainsi le 1er jour de l'an I de la République. Aucun acte d'état civil ne date donc de l'an I, les premiers étant enregistrés en l'an II.

Le Calendrier Perpétuel Républicain - Octobre 1793

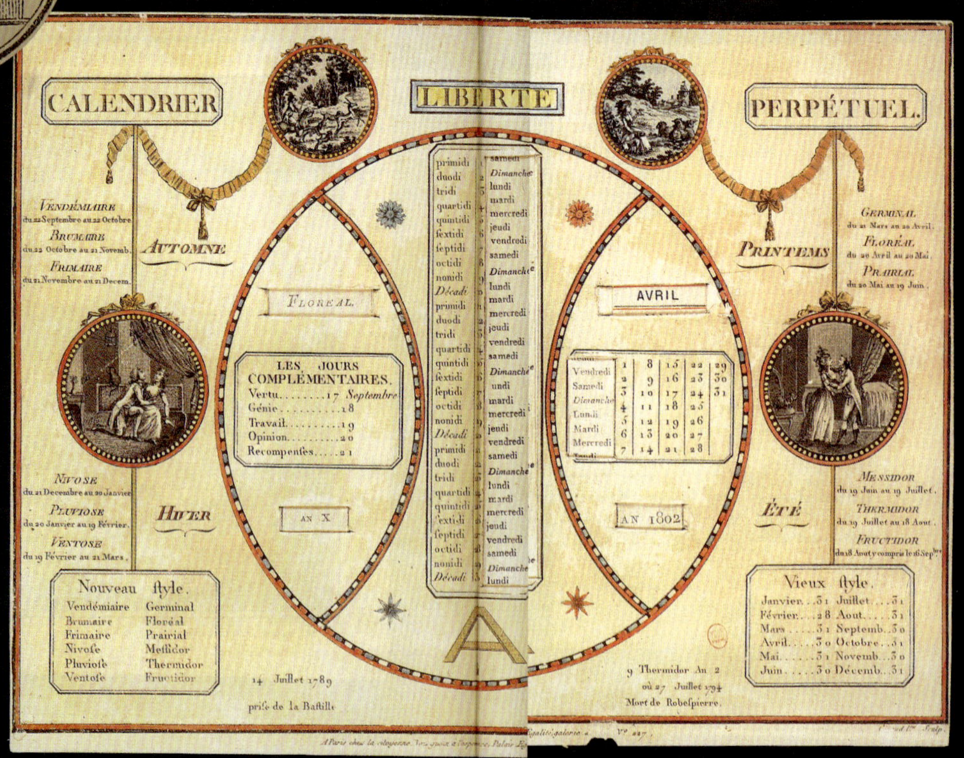

Un calendrier révolutionnaire plus joli que facile à comprendre… et les correspondances en « vieux style ».

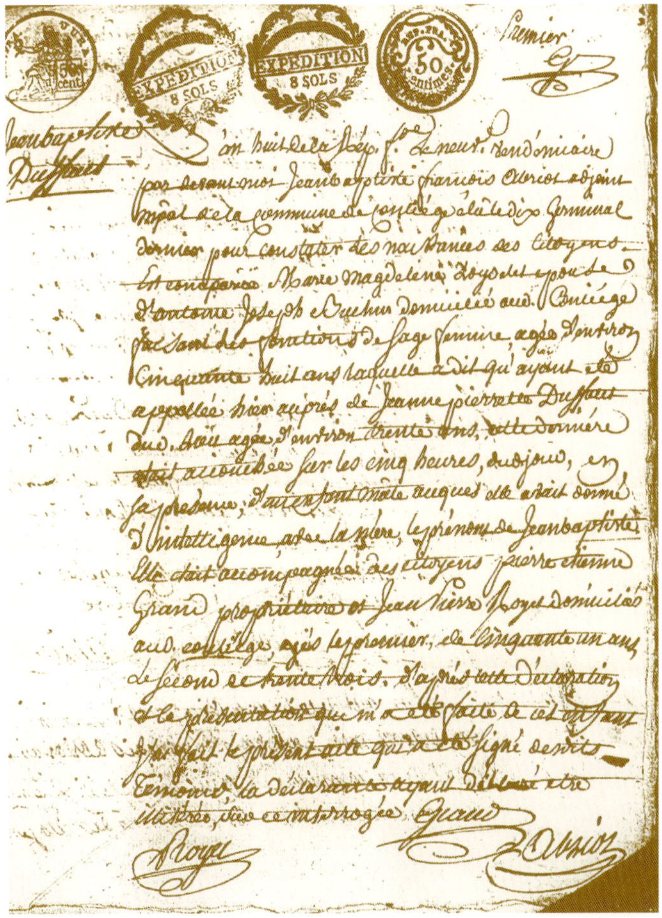

Le calendrier révolutionnaire a mis du temps à s'implanter : l'acte ci-dessus indique bien le mois du nouveau calendrier mais compte encore les années selon l'ancien système (1802, soit dix ans après sa disparition théorique !).

Conjuguant les connaissances astronomiques des savants et l'esprit résolument antichrétien des hommes de lettres de la Révolution, ce calendrier ne ressemble en rien à l'ancien, ni dans son découpage, ni dans les termes utilisés pour les jours comme pour les semaines et les mois et il fait table rase des fêtes des saints.

L'année révolutionnaire respecte cependant le cycle solaire et comporte bien 365 jours. Elle est divisée en douze mois de trente jours, eux-mêmes divisés en trois décadis de dix jours, suivis de cinq jours dits « complémentaires » ou « sans-culottides » et de six pour les années bissextiles. Les jours s'appellent *primidi, duodi, tridi, quartidi, quintidi, sextidi, septidi, octidi, nonidi, décadi* : des termes aux racines latines sans doute inventés par le savant Romme. Les mois portent des noms extraordinaires, dus à Fabre d'Églantine. Les trois mois de l'automne ont des sonorités plus graves : *vendémiaire* (mois des vendanges), *brumaire* (mois des brouillards), *frimaire* (mois des frimas, c'est-à-dire des premières gelées). Les trois mois de l'hiver ont des sons plus lourds et longs : *nivôse* (mois des neiges), *pluviôse* (mois des pluies), *ventôse* (mois des vents). Ceux du printemps sont gais, ils sonnent clairs et hauts : *germinal* (mois de la germination, de la sève, des bourgeons...), *floréal* (mois des fleurs), *prairial* (mois des prairies). Quant aux mois d'été, ils sont encore plus sonores, avec un suffixe en -or, comme l'or du soleil d'été : *messidor* (mois des moissons), *thermidor* (mois des thermes, des bains), *fructidor* (mois des fruits).

Le calendrier met du temps à s'implanter. Même si les registres d'état civil ne comportent que les nouvelles dates, les lettres ou les actes notariés donnent les correspondances des dates « ancien style » et « nouveau style ». Par ailleurs, le dimanche reste un jour saint dans de nombreuses régions : on continue à chômer ce jour-là tandis qu'on travaille le décadi. Ou bien on chôme les deux jours ! Ce fameux calendrier cesse d'exister le 1er janvier 1806 (11 nivôse an XIV). Le calendrier grégorien utilisé par le reste de l'Europe revient en vigueur en France, y compris dans l'état civil.

Mais, pendant dix ans, si l'on réussit à comprendre, en feuilletant les registres, à quel moment on passe d'une année à une autre, on peut plus difficilement calculer l'âge qu'avait en 1834 un ancêtre né le 8 nivôse an VIII... Pour faciliter les conversions, il existe heureusement des tables disponibles dans les librairies spécialisées, dans les salles de lecture des archives départementales ou même sur Internet.

Le passage des registres paroissiaux aux registres d'état civil

Avant la Révolution, il n'existait pas d'état civil, mais des registres « paroissiaux » tenus dans chaque paroisse par les curés. 1792 est une année charnière où il est décidé de faire table rase du passé. L'état civil laïque est instauré par décret du 20 septembre 1792, remplaçant les registres de baptême, mariages et sépultures par des registres de naissance, mariage et décès. Les termes de prénom et de nom de famille remplacent officiellement ceux de noms de baptême, noms et surnoms. Les registres paroissiaux anciens sont saisis par les mairies nouvellement créées et, tandis que les prêtres continuent de leur côté à tenir leurs registres (conservés aujourd'hui dans les évêchés, sauf ceux de la capitale, déposés aux archives de Paris, pour pallier aux destructions de 1871), les mairies commencent à tenir l'état civil tel que nous le connaissons.

Le calendrier révolutionnaire remplace les saints par les productions de la terre. Sous la Terreur, dans certaines communes, il vaut mieux appeler son fils Avoine, Coriandre ou Romarin que Charles ou que Louis…

Contrairement à ce qu'imaginent certains, il n'y a pas de « trous », de lacunes entre la rédaction des registres paroissiaux et la mise en route de l'état civil laïque décrété en 1792. Il y a seulement eu parfois, au début, des enregistrements de mariages en double. En effet, comme il était désormais interdit de se marier à l'église sans être au préalable passé en mairie, certains couples déjà mariés se sont sentis obligés de venir faire enregistrer leur union dans les registres d'état civil. Mais cela reste rare.

Le décret de 1792 qui peut nous sembler aujourd'hui n'avoir rien fait d'autre que transférer la tenue des registres des églises vers les mairies présente en fait l'avantage de permettre l'enregistrement des actes concernant les familles protestantes ou juives.

Fragilité des noms et des prénoms

Sur les noms de personnes, la Révolution va alterner libéralisation et rigidité. Dans un premier temps, le 24 brumaire an II (14 novembre 1793), c'est la liberté totale : la Convention décrète que « chaque citoyen a la faculté de se nommer comme il lui plaît ». Puis les législateurs reviennent vite sur ce principe de liberté radicale : en effet, comment enregistrer un acte, transmettre un bien, établir un contrat si l'on ne peut pas être sûr de l'identité du co-signataire ? Moins d'un an plus tard, le 6 fructidor an II (23 août 1794), la Convention fait marche arrière et décrète qu'aucun citoyen ne peut porter d'autres noms ou prénoms que ceux exprimés dans son acte de naissance.

En 1793, les noms de famille sont mis en cause aussi par les censeurs (le 18 octobre 1793 par exemple, on donne l'ordre à un boucher de Compiègne nommé Leroy de changer de nom). Néanmoins, même s'il existe dans certaines familles des traditions fantaisistes qui affirment qu'une particule présente avant la Révolution et attestant d'une origine noble a disparu ou s'est agglutinée au nom, les patronymes ont peu été touchés ou sont revenus vite à leur forme ancienne.

La différence est surtout sensible dans les prénoms. Dès 1793, surgissent les prénoms de l'Antiquité, en vogue chez les révolutionnaires épris des républiques antiques, ou les prénoms symboliques, pourtant tous absents du calendrier révolutionnaire. On voit ainsi apparaître des Brutus (le plus fréquemment donné, car il rappelle non pas le fils parricide de Jules César, mais un consul romain qui n'hésite pas à faire exécuter son fils conspirateur contre la République), des César, des Cicéron, des Scipion, des Hannibal, des Hercule... même si cela reste rare dans une population largement analphabète. Les noms des révolutionnaires contemporains sont aussi transposés en prénoms : Voltaire, Rousseau, Marat, Saint-Just... ainsi que des prénoms politiques : Convention, Guerre, Montagne, Sans-Culotte, Civique...

Au tribunal révolutionnaire :
– Comment vous appelez-vous?
– François, comte de St-Cyr.
– Il n'y a plus de comtes.
– Alors : François de Saint-Cyr.
– Les particules sont supprimées.
– Alors : François Saint-Cyr.
– Il n'y a plus de saints.
– François Cyr.
– Il n'y a plus de sires.

Le calendrier révolutionnaire ouvre également le champ des possibles puisqu'il attribue à chaque jour de l'année non plus les prénoms des saints, mais « les objets qui composent la véritable richesse nationale : les utiles productions de la terre, les instruments dont nous nous servons pour la cultiver et les animaux domestiques, nos fidèles serviteurs ». Évidemment, peu de parents ont prénommé leurs enfants Salsifis, Pomme-de-Terre ou Lapin, mais on a quand même compté des Artichaud, des Tubéreuse, quelques Prune, Violette, Garance...

Les prénoms du calendrier révolutionnaire n'apparaissent vraiment qu'à la toute fin de 1793, puis se développent en 1794 pour atteindre un pic en septembre et se raréfier ensuite. En clair, leur mode reste limitée aux années de Terreur (1793, 1794 et 1795), principalement aux villes où la répression républicaine est forte (jusqu'à 30 % à Nantes en 1794, moins de 2 % dans les villages). Parfois même, dans ces années difficiles, des officiers d'état civil refusent les prénoms choisis par les parents, les faisant revenir trois jours de suite et n'acceptant d'enregistrer la naissance qu'après le choix d'un prénom « convenablement républicain »...

La Terreur tente de déchristianiser les noms. Près de Tours (ci-dessus la cathédrale en 1800), Saint-Pierre-des-Corps prend le nom de Clarté-Républicaine, Saint-Cyr-sur-Loire de Belle-Côte, Saint-Avertin de Vançay...

Des noms de lieux modifiés

Sous la Terreur, les noms de lieux sont aussi fragiles que les têtes et sont modifiés à partir de 1792 pour traduire la volonté républicaine de suppression des anciens titres (Choisy-le-Roi devient Choisy-sur-Seine) et pour déchristianiser le pays (si le nom comprend « saint » ou « sainte », il est systématiquement raccourci – Saint-Michel-du- Bois devient Michel-du-Bois – ou modifié) ou désigner une ville royaliste à la vindicte républicaine (Toulon devient Ville-Infâme, Marseille Ville-Sans-Nom...). Un décret du 25 vendémiaire an II (16 octobre 1793) incite les communes à changer « incessamment » leur nom si celui-ci rappelle « les souvenirs de la royauté, de la féodalité ou de la superstition ». Dans chaque département, compte tenu du climat de Terreur de l'époque, ce sont des dizaines de villes et de villages qui changent de noms, en choisissant parfois une appelation qui n'a aucun lien avec l'ancienne... ou qui frise le ridicule (Coulanges devient Cou-Sans-Culotte...).

Les noms de rues sont modifiés (les boulevards du Roi et de la Reine à Versailles deviennent ceux de la Liberté et de l'Égalité) mais cela ne gêne le généalogiste que si ses ancêtres viennent de villes importantes et qu'il souhaite retrouver leur maison. Les censeurs de la Révolution vont jusqu'à retoucher les textes littéraires : une place Royale d'une pièce de Corneille est remplacée par une place des Piques !

Progressivement, les communes vont revenir à leurs anciens noms, un certain nombre sous la Convention thermidorienne (1794-1795), d'autres sous le Consulat (1799-1804) et celles qui restent par une ordonnance royale du 8 juillet 1814 qui rétablit obligatoirement les toponymes d'avant 1790.

Pour le généalogiste, ces changements de noms représentent une difficulté majeure. Comment reconnaître le lieu d'origine de ses ancêtres à travers ce masque ? Un premier réflexe consiste à ajouter Saint devant le lieu cité pour voir si l'on retombe sur un lieu connu. Le second réflexe est d'interroger un érudit local ou le responsable de la salle de lecture des archives départementales. Sinon, il ne reste plus qu'à se plonger dans les livres d'histoire régionale couvrant cette période.

Reprenons l'exemple débuté avec les recherches au XIXe siècle. De la Normandie, les filiations nous avaient conduits dans la Nièvre, à Saint-Parizé-le-Châtel (le Saint disparaît quelques mois), où Jacques-Rose-Marie Niellon (ci-contre en portrait) est dit né le 3 brumaire an III (un petit détour par une table de correspondance permet de retrouver de quel jour il s'agit dans notre calendrier traditionnel : le 24 octobre 1794), fils de Jean-Baptiste Niellon et de Marie-Anne Faure, qui se sont mariés le 30 octobre 1793 dans la commune. L'acte précise que Jean-Baptiste Niellon a trente-

Un portrait de Jacques-Rose-Marie Niellon en jeune officier du premier Empire.

et-un ans, né le 5 septembre 1764 à Bligny, en Côte-d'Or (le département voisin), que Marie-Anne Faure, de dix ans son aînée, a quarante-et-un ans et est déjà veuve de deux précédents mariages. Les noms des parents avec leurs âges sont indiqués dans l'acte ; pour la branche paternelle, il s'agit de Jean-Jacques-Antide Niellon (soixante-trois ans), indiqué comme contrôleur des travaux publics à Arnay-sur-Arroux en Côte-d'Or, et de Jeanne Dubois (cinquante-quatre ans). Un petit coup d'œil sur une liste actuelle des communes de Côte-d'Or montre qu'Arnay-sur-Arroux n'existe pas... mais qu'on y trouve une cité nommée Arnay-le-Duc, longée par la rivière Arroux. L'hypothèse qu'il s'agit de la même commune s'avèrera vraie et permettra sans trop de difficulté la poursuite des recherches dans le département voisin.

L'apparition du divorce

Le 21 août 1793, la Convention définit le mariage comme « une convention par laquelle l'homme et la femme s'engagent à vivre ensemble, à nourrir et à élever les enfants qui peuvent naître de leur union ». Il est considéré comme valide dès le oui du mari prononcé en mairie, avant même que les époux ne soient déclarés « unis par les liens du mariage ». L'acte est signé par l'officier d'état civil, les conjoints et les témoins (quatre au moins) choisis par les mariés ou leurs parents.

Puisque le mariage n'est pas un sacrement mais un contrat aux yeux de la loi, l'Assemblée législative déclare aussi « que le mariage est dissoluble par le divorce ». On définit trois cas : par consentement mutuel ; pour incompatibilité d'humeur ; pour motif grave (démence, condamnation à des peines infamantes, crimes, sévices ou injures graves, dérèglement des mœurs, adultère, abandon de domicile, absence sans nouvelle pendant au moins cinq ans, émigration). Le mariage une fois dissous, la femme doit attendre dix mois avant de se remarier (au cas où elle serait enceinte). Si un conjoint se remarie avant que le mariage précédent ne soit dissous, il commet un crime de bigamie.

De 1798 à 1800, les mariages se font obligatoirement dans les chefs-lieux. Si on ne le sait pas, on risque de les chercher longtemps dans des villages où on n'en célèbre aucun… À droite : gravure révolutionnaire montrant des divorcés se disputant leur enfant devant le juge.

La notion de divorce est tellement nouvelle qu'elle est remise en cause dès 1795. Le Code civil réduit les causes à la condamnation en justice, aux sévices et à

Gravure montrant une scène de jugement de divorce sous la Révolution.

Carte de l'Empire français en 1813, avec ses cent trente départements, un maximum dû aux guerres de la Révolution et de l'Empire qui ne sera pas dépassé.

l'adultère (seul celui de la femme est condamnable et motif de divorce). Il est finalement interdit à partir de 1816 et ne sera à nouveau autorisé qu'en 1884.

Ne considérez pas toujours les premiers divorces comme fondés. Sous la Révolution, certaines familles nobles ou bourgeoises ont eu recours au divorce pour protéger leurs biens : le mari émigrait à l'étranger (« crime » qui entraînait la saisie de ses biens) après un divorce qui laissait l'épouse en France propriétaire du patrimoine familial. Une fois réunis après la Terreur, les époux se remariaient parfois, mais pas toujours, puisqu'ils considéraient le mariage civil (et le divorce) comme sans valeur. Beaucoup de couples ont ainsi repris tranquillement la vie commune sans prendre la peine de s'occuper de ces formalités.

Les bouleversements administratifs

En 1789, la France est une mosaïque de provinces avec des législations et des fiscalités qui leur sont propres.

Pour que la France forme « un seul tout, soumis uniformément dans toutes ses parties à une administration et à une législation commune », la Révolution va faire table rase de l'organisation ancienne et créer les communes, les cantons, les départements que nous connaissons aujourd'hui. Après de nombreux débats, certains préconisant un quadrillage géométrique de la France, d'autres le respect des anciennes communautés de vie et des contraintes du relief, l'Assemblée constituante divise le 15 janvier 1790 la France en quatre-vingt-trois départements, eux-mêmes subdivisés en districts (qui disparaîtront ensuite), partagés à leur tour en cantons. Les départements sont de petite taille, à la fois pour faciliter la centralisation et empêcher un retour à un système de « provinces » trop puissantes, mais aussi pour permettre à chaque administré de se rendre à cheval en une journée dans son chef-lieu, ce qui signifie qu'il ne doit pas en être éloigné de plus de quarante kilomètres.

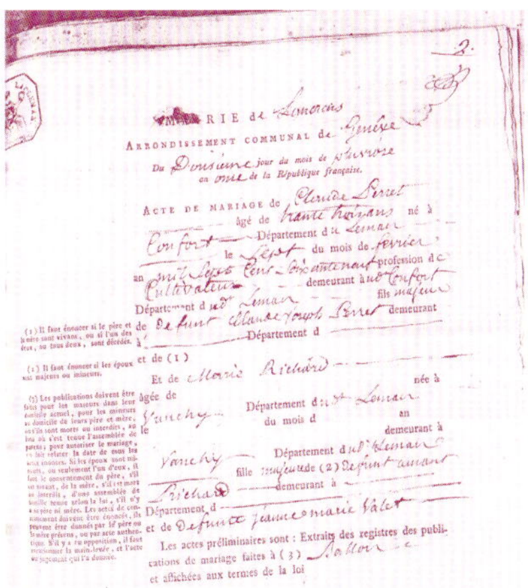
2.

MAIRIE de Lomerans

ARRONDISSEMENT COMMUNAL de Genève

Du Douzième jour du mois de Pluviôse an onze de la République française.

ACTE DE MARIAGE de Claude Perret âgé de trente trois ans né à Confort Département du Léman le sept du mois de février an mil sept cent soixante neuf profession de Cultivateur demeurant audit Confort Département dudit Léman fils majeur de Défunt Claude Joseph Perret demeurant à Département d

et de (1)

Et de Marie Richard née à âgée de Vanchy Département du Léman du mois d an le demeurant à Vanchy Département dudit Léman fille majeure de (2) Défunt Richard demeurant à Département d et de Défunte Jeanne Marie Valet

Les actes préliminaires sont : Extraits des registres des publications de mariage faites à (3) Collonges et affichées aux termes de la loi

(1) Il faut énoncer si le père et la mère sont vivans, ou si l'un des deux, ou tous deux, sont décédés.

(2) Il faut énoncer si les époux sont majeurs ou mineurs.

(3) Les publications doivent être faites pour les majeurs dans leur domicile actuel, pour les mineurs au domicile de leurs père et mère, ou s'ils sont morts ou interdits, au lieu où s'est tenue l'assemblée de parens ; pour autoriser le mariage, il faut relater la date de tous les actes énoncés. Si les époux sont mineurs, ou seulement l'un d'eux, il faut le consentement du père, s'il est vivant, de la mère, s'il est mort ou interdit, d'une assemblée de famille tenue selon la loi, s'il n'y a ni père ni mère. Les actes de consentement doivent être énoncés, ils peuvent être donnés par le père ou la mère présens, ou par acte authentique. S'il y a eu opposition, il faut mentionner la main-levée, et l'acte ou jugement qui l'a donnée.

Un mariage de l'an XI dans le département du Léman… créé en 1798 et disparu avec la chute de l'Empire.

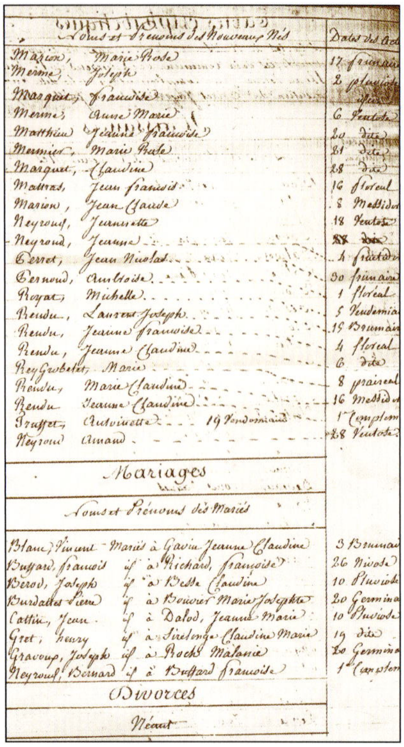
Mariages

Noms et Prénoms des Mariés

Divorces

Néant

Les tables décennales n'apparaissent qu'en 1802, mais on trouve parfois des tables alphabétiques annuelles à la fin des registres d'état civil, comme ici. À noter : l'apparition d'une colonne Divorces.

Les évolutions territoriales

Si l'organisation du pays est aujourd'hui toujours la même, son étendue va se modifier en fonction des guerres de la Révolution et de l'Empire. Vous pouvez ainsi trouver dans des actes la mention de départements dont vous n'avez jamais entendu parler parce qu'ils n'existent plus aujourd'hui. Au gré des conquêtes, la France va ainsi passer de quatre-vingt-trois départements en 1790 à cent trente en 1811 ! En 1815, elle reviendra à peu près au découpage actuel, à l'exception du comté de Nice et de la Savoie, qui ne rejoindront le territoire qu'en 1860. Les départements gagnés sur les pays voisins (voir page 176) sont les suivants :

1795 : création de neuf départements lors de l'annexion de la Belgique et des Pays-Bas : Lys avec Bruges pour préfecture, L'Escaut avec Gand, Jemmapes avec Mons, Deux-Nèthes avec Anvers, Dyle avec Bruxelles, Meuse-Inférieure avec Maestricht, Ourthe avec Liège, Sambre-et-Meuse avec Namur et Forêts avec Luxembourg.

1798 : annexion de la rive gauche du Rhin et création de cinq nouveaux départements : Sarre avec Trèves, Rhin-et-Moselle avec Coblence, Mont-Tonnerre avec Mayence, Roër avec Aix-la-Chapelle et Léman avec Genève.

1802 : annexion du Piémont et création de six départements : Doire avec Ivrée, Sesia avec Verceil, Po avec Turin, Stura avec Coni et Marengo avec Alexandrie.

1805 : annexion de la République ligurienne et création de trois départements : Montenotte avec Savone pour préfecture, Gênes et Apennins avec Chiavari.

1808 : annexion de la Toscane et création de trois nouveaux départements : l'Arno avec Florence pour préfecture, Méditerranée avec Livourne et Ombrone avec Sienne.

1810 : annexion des États de l'Église et création de deux départements : Tibre avec Rome pour préfecture et Trasimène avec Spolète.

1811 : annexion du Brabant, de la Zélande, de la Hollande, du Valais, du Hanovre, du duché de Oldenbourg, ce qui entraîne la création de quatorze nouveaux départements : Simplon avec Sion pour préfecture, Bouches-de-l'Escaut avec Middelbourg, Bouches-du-Rhin avec Bois-le-Duc, Bouches-de-la-Meuse avec la Haye, Zuiderzée avec Amsterdam, Yssel-Supérieur avec Arnheim, Frise avec Leuwarden, Ems-Occidental avec Groninge, Bouches-de-l'Yssel avec Zwolle, Ems-Oriental avec Aurich, Ems-Supérieur avec Osnabrück, Lippe avec Munster, Bouches-du-Weser avec Brême et Bouches-de-l'Elbe avec Hambourg. Signalons que, cette même année, la Corse, divisée jusqu'alors en deux départements, Golo et Liamone, devient un seul et même département : la Corse.

1812 : occupation de la Catalogne où sont créés, pendant une seule année, quatre départements : Monserrat avec Barcelone pour préfecture, les Bouches-de-l'Erbre avec Lerida, Ter avec Gérone et Segre avec Puycerda.

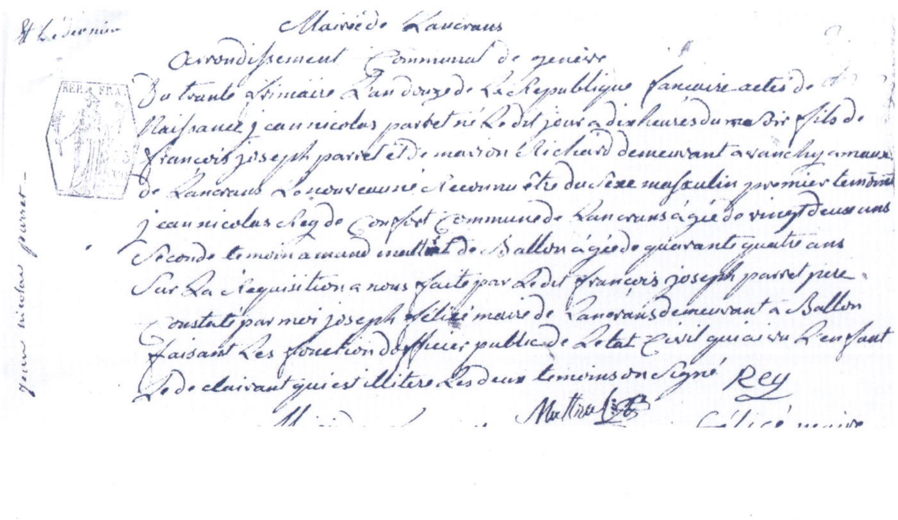
Mairie de Lancrans

Arrondissement communal de genève

Acte de l'an XII du département français du Léman, arrondissement de Genève… qui n'existe plus aujourd'hui.

Comment découvrir les outils en plus ?

Parmi ces outils, trois sont particulièrement importants pour le généalogiste : les cartes de sûretés (créées par la Révolution, l'équivalent de nos actuels passeports), les achats de biens nationaux, qui ont une place à part dans les archives départementales, et la conscription, qui permet, à des fins militaires, l'enregistrement de tous les jeunes gens.

À côté des traditionnels registres d'état civil, il existe sur la période révolutionnaire des outils spécifiques susceptibles de vous aider dans vos recherches. Vous serez heureux de les trouver pour contourner un registre manquant, remplacer un acte introuvable ou en savoir plus sur la vie de vos aïeux pendant cette période si difficile.

Les passeports et les cartes de sûreté

En février 1792, la Convention décide, pour enrayer l'émigration, qu'il n'est plus possible de quitter les limites de son canton (ce qui est bien peu !) sans obtenir au préalable de sa mairie un « passeport pour l'intérieur ». Si cette mesure disparaît à partir de 1795, les « passeports pour l'étranger » restent maintenus. Toutes les demandes de passeports, indiquant à chaque fois le motif du déplacement (le mariage d'un cousin, des raisons professionnelles, etc.), ont été conservées ; on les trouve en série M des archives départementales ou, pour les émigrés amnistiés, dans la sous-série F7 des Archives nationales (avec un « Index des noms de personnes des demandes de passeports 1793-1818 » en F/7/3564-3580).

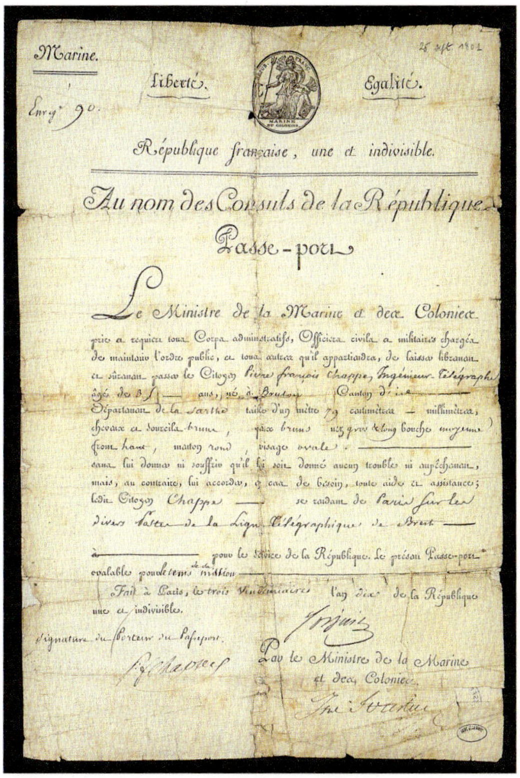
Marine.

Liberté. Egalité.

République française, une et indivisible.

Au nom des Consuls de la République

Passe-port

Le Ministre de la Marine et des Colonies

prie et requiert tous Corps administratifs, Officiers civils et militaires chargés de maintenir l'ordre public, et tous autres qu'il appartiendra, de laisser librement et sûrement passer le Citoyen Pierre François Chappe, Ingénieur Télégraphe

âgé de 3[illegible] ans, né à Brulon Canton d'[illegible] Département de la Sarthe taille d'un mètre 7[illegible] centimètres millimètres, cheveux et sourcils bruns, yeux bruns nez gros et long bouche moyenne front haut, menton rond, visage ovale.

sans lui donner ni souffrir qu'il lui soit donné aucun trouble ni empêchement, mais, au contraire, lui accorder, en cas de besoin, toute aide et assistance; ledit Citoyen Chappe se rendant de Paris sur les divers postes de la Ligne Télégraphique de Brest

à pour le service de la République. Le présent Passe-port valable pour le tems de sa mission

Fait à Paris, le trois Vendémiaire l'an dix de la République une et indivisible.

Signature du Porteur du Passeport.

Par le Ministre de la Marine et des Colonies

À partir de la Terreur, pour enrayer l'émigration, des passeports sont imposés par le gouvernement révolutionnaire. Ci-dessus : passeport délivré en l'an X de la République à Pierre-François Chappe, inventeur du télégraphe, pour créer la ligne Paris-Brest.

À Paris, les passeports, appelés cartes de sûreté, ont été obligatoires de septembre 1792 au début de l'année 1795 pour tous les hommes de plus de quinze ans, même s'ils n'avaient aucunement l'intention de se déplacer et de quitter la capitale. Comme l'état civil parisien a brûlé, ce document s'avère très précieux puisqu'il donne pour chaque titulaire : le nom, le prénom, le lieu de naissance (commune, canton, département), l'âge, l'adresse, depuis combien d'années il habite Paris, son signalement physique très précis, la signature éventuelle. La carte de sûreté peut ainsi vous permettre de retrouver hors de Paris la naissance d'un aïeul qui était venu s'y installer… et de pouvoir poursuivre vos recherches plus facilement dans une région où les archives ont été conservées. Les registres de délivrance des cartes de sûreté parisiennes (avec les mêmes informations) peuvent être consultés aux Archives nationales (sous-série F7.4785-4824), mais sont aussi accessibles, de façon payante, sur www.bibgen.org.

Les achats de biens nationaux

Avec la Révolution, les biens de l'Église et ceux des émigrés sont saisis et vendus comme biens nationaux à des tarifs défiant toute concurrence. Si votre ancêtre a émigré, ses biens ont sans doute été vendus ainsi. Ou si l'un de vos aïeux semble avoir considérablement accru son patrimoine à ce moment-là, c'est peut-être qu'il a été l'un de ces « profiteurs de la Révolution » qu'on critiquait tant sous la Restauration... Il peut donc être intéressant pour vous d'explorer les documents liés à ces ventes hors du commun. Vous les trouverez en série Q (dans une sous-série spéciale) ou en série L des archives départementales. Vous pourrez ensuite suivre le parcours de ces biens dans les documents notariés du XIXe siècle. Il peut être par exemple instructif de voir à quel moment votre famille les a revendus, à qui et à quel prix, puisque des amis ou régisseurs fidèles ont parfois acheté des biens saisis pour les remettre à leurs propriétaires d'origine sous l'Empire, à leur retour d'émigration.

Affiche annonçant en 1794 la vente de biens de familles qui ont émigré. Châteaux, églises, abbayes mais aussi fermes et maisons bourgeoises vont être vendues…

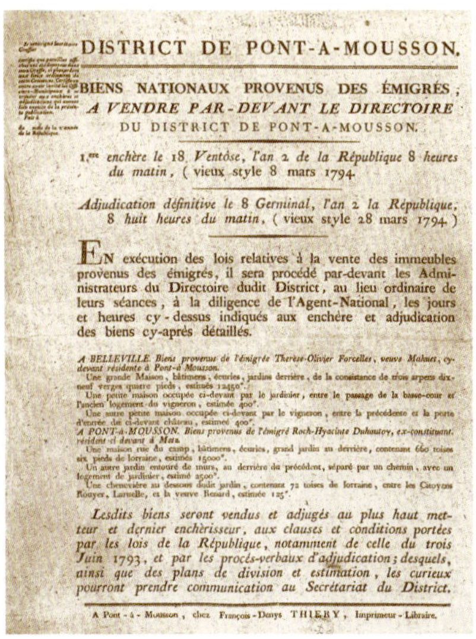

DISTRICT DE PONT-A-MOUSSON.

BIENS NATIONAUX PROVENUS DES ÉMIGRÉS ; *A VENDRE PAR-DEVANT LE DIRECTOIRE* DU DISTRICT DE PONT-A-MOUSSON.

1.ere enchère le 18 Ventôse, l'an 2 de la République 8 heures du matin, (vieux style 8 mars 1794.

Adjudication définitive le 8 Germinal, l'an 2 la République, 8 huit heures du matin, (vieux style 28 mars 1794.)

EN exécution des lois relatives à la vente des immeubles provenus des émigrés, il sera procédé par-devant les Administrateurs du Directoire dudit District, au lieu ordinaire de leurs séances, à la diligence de l'Agent-National, les jours et heures cy-dessus indiqués aux enchère et adjudication des biens cy-après détaillés.

A BELLEVILLE. Biens provenus de l'émigrée Therèse-Olivier Forcelles, veuve Mahuet, cy-devant résidente à Pont-à-Mousson.

Une grande Maison, bâtimens, écuries, jardins derrière, de la consistance de trois arpens dix-neuf verges quatre pieds, estimés 12450ᵗ.

Une petite maison occupée ci-devant par le jardinier, entre le passage de la basse-cour et l'ancien logement du vigneron, estimée 400ᵗ.

Une autre petite maison occupée ci-devant par le vigneron, entre la précédente et la porte d'entrée du ci-devant château, estimée 400ᵗ.

A PONT-A-MOUSSON. Biens provenus de l'émigré Roch-Hyacinte Duhoutoy, ex-constituant, résident ci devant à Metz.

Une maison rue du camp, bâtimens, écuries, grand jardin au derrière, contenant 660 toises six pieds de lorraine, estimés 15000ᵗ.

Un autre jardin entouré de murs, au derrière du précédent, séparé par un chemin, avec un logement de jardinier, estimé 2500ᵗ.

Une chenevière au dessous dudit jardin, contenant 72 toises de lorraine, entre les Citoyens Rouyer, Laruelle, et la veuve Benard, estimée 125ᵗ.

Lesdits biens seront vendus et adjugés au plus haut metteur et dernier enchérisseur, aux clauses et conditions portées par les lois de la République, notamment de celle du trois Juin 1793, et par les procès-verbaux d'adjudication ; desquels, ainsi que des plans de division et estimation, les curieux pourront prendre communication au Secrétariat du District.

A Pont-à-Mousson, chez François-Denys THIERY, Imprimeur-Libraire.

Ci-contre : une scène de conscription sous l'Empire. Ci-dessous : un dragon et un hussard à cheval.

La conscription

Une garde nationale apparaît spontanément à l'été 1789 à Paris puis en France. En juin 1791, l'État organise cet « élan » patriotique en militarisant des « volontaires employés au service de la Patrie et payés par l'État. Comme la solde est bonne, bien supérieure à celle des soldats d'active traditionnels, et que les volontaires ont le droit de démissionner et de rentrer chez eux à la fin de chaque année, les volontaires affluent ! Et comme l'esprit patriotique n'est sans doute pas pour beaucoup dans ces engagements massifs, les démissions deviennent considérables dès l'entrée en guerre de 1792 ! Au point que, en octobre, la Convention ne sait plus comment endiguer le flux des départs : « Citoyens soldats, la loi vous permet de vous retirer, le cri de la Patrie vous le défend ! », s'écrit-elle, ce qui n'arrête rien. Aussi, en août 1793, la Convention ordonne la levée en masse obligatoire de tous les hommes de dix-huit à cinquante ans, le limitant dans les faits, devant des populations qui grondent, aux célibataires et veufs sans enfants. C'est finalement en 1798 que la loi Jourdan remplace ces procédures d'urgence par un système de recrutement obligatoire : le système de la conscription, qui va durer deux siècles, est né. L'année de leur vingt ans, les jeunes gens sont désormais inscrits sur un tableau de recrutement.

Dans la pratique, c'est à partir de 1803 ou 1805 qu'on peut espérer retrouver ces tableaux dans la série R des archives départementales. Il n'y a que pour les marins qu'il est facile de trouver des éléments dès le début de la Révolution.

Les grognards de l'Empire

Le Service historique de la Défense, où vous pourrez trouver trace d'un soldat dans les registres de son régiment (encore faut-il le connaître !), envisage de placer sur son site Internet Mémoire des hommes l'ensemble des grognards du premier Empire, mais ce n'est pas encore fait. Si votre aïeul était officier sous l'Empire en revanche, il n'est pas perdu au milieu des registres de régiment mais dispose au SHD d'un dossier individuel, souvent succinct, mais qui peut contenir des lettres de recommandation,

Soldats de l'Empire, vifs ou morts, dans la neige à la fin de la campagne de Russie.

des demandes de pension ou de réintégration à la Restauration. Par ailleurs, l'épopée napoléonnienne a tellement fasciné qu'elle a fait couler beaucoup d'encre depuis deux siècles et que vous disposez de sources imprimées souvent rares pour les autres périodes. Pour retrouver un soldat ou un officier du premier Empire parmi ces livres, ce sont les dictionnaires biographiques qui vont principalement intéresser le généalogiste, comme :

– le *Dictionnaire des généraux et amiraux de la Révolution et de l'Empire*, de G. Six
– le *Dictionnaire des colonels du premier Empire*, de Bernard et Danielle Quintin
– le *Dictionnaire des morts et blessés mortellement à la bataille d'Austerlitz*, de B. Quintin
– *Eylau, dictionnaire des morts et blessés mortellement au combat*, B. et D. Quintin
– *Les gardes nationaux 1813-1814 : les oubliés de l'épopée, avec le dictionnaire des gardes nationaux morts au combat*, de Jean-Pierre Mir
– *Belfort 1813-1814, chronique d'un siège, et liste des morts et blessés*, de J.-P. Mir
– *La campagne de 1814, avec le dictionnaire des officiers tués ou blessés*, J.P. Mir
– *La bataille de Paris du 30 mars 1814, avec le dictionnaire des morts et blessés*, J.-P. Mir
– *La campagne de 1814 et la garde impériale, et liste des morts et des blessés*, JP Mir

Par ailleurs, de nombreux récits et témoignages d'époque ont été publiés et peuvent vous donner une approche du quotidien de vos aïeux au cours des campagnes militaires. Des histoires de régiment (par exemple celle du 5e hussards, de G.A Massoni) ont également été publiées. Rappelons aussi que le site www.stehelene.org recense plus de 218 000 biographies de militaires du premier Empire encore vivants en 1857 et que la base Napoléon-Mariages du site francegenweb.org donne les biographies de 6 000 vétérans, grognards à la retraite, dotés en 1810 par l'empereur au moment de ses propres noces pour qu'ils puissent s'établir et se marier.

Les recherches avant la Révolution

Comment découvrir une France différente ?

Comment chercher dans un état civil différent ?

Les catholiques oui, mais les autres ?

Comment reconstituer la vie de ses aïeux ?

Que faire si on perd la piste ?

Comment découvrir une France différente ?

La Révolution a balayé les structures du siècle précédent et centralisé ce qui se vivait autrefois à l'échelon de la province. Sur le plan administratif ou judiciaire, il n'y a plus rien de commun entre la France de l'Ancien Régime et celle du XIXe siècle. Si les structures religieuses restent à peu près les mêmes, elles ont un rôle différent.

Sous l'Ancien Régime, la paroisse tenue par un curé est à la fois l'unité administrative de base pour l'État et les impositions et la plus petite sous-division religieuse.

Ne vous inquiétez pas trop : un savoir encyclopédique sur les structures de l'Ancien Régime n'est pas nécessaire pour retrouver vos aïeux. Ce qu'il vous faut bien connaître, parce que c'est à cet échelon-là que vous allez travailler, c'est la paroisse.

La paroisse, unité administrative

Chaque église avait un territoire défini qu'on appelait paroisse, dans laquelle vous allez trouver l'équivalent de l'état civil du XIXe siècle puisque les registres étaient tenus par les curés avant la Révolution. Un petit bourg correspondait en général à une seule paroisse (ce qui deviendra une commune à partir de la Révolution). Mais une ville en comptait plusieurs : cinq par exemple pour la petite ville de Chinon en Touraine, une soixantaine sur Paris peu avant la Révolution...

La paroisse est alors la structure de base du pays tant sur le plan religieux (spirituel) que sur le plan administratif et fiscal (temporel) ; c'est à partir d'elle que vous allez mener vos recherches. Dans tous les actes que vous pourrez consulter, vos ancêtres sont définis par rapport à leur paroisse : paroisse de fait (ils y habitent mais sont rattachés, par exemple parce qu'ils sont mineurs, à une autre) et paroisse de droit (celle à laquelle ils appartiennent véritablement). Si l'on signale qu'ils habitent tel ou tel village et qu'ils sont de telle paroisse, il faut toujours comprendre le mot village dans le sens de hameau, par opposition au bourg, et pas davantage.

Entité spirituelle, la paroisse assure les baptêmes, les mariages et les sépultures, transcrits dans des registres qui sont l'équivalent de notre état civil actuel. Elle gère l'école (quand il y en a une), l'assistance aux pauvres et le cimetière.

Entité temporelle, elle sert de cadre administratif et géographique pour les dénombrements (recensements) de l'Ancien Régime, les rôles de taille (registres fiscaux) et les impositions diverses.

Si la Convention supprime totalement les paroisses en 1793, le Concordat de 1801 les rétablira, mais dans leurs fonctions religieuses seulement. Côté administratif, les communes ont définitivement pris leur place.

Les structures diocésaines, judiciaires ou militaires de l'Ancien Régime n'ont aucun point commun dans leur découpage avec celles d'aujourd'hui.

Une structure ecclésiastique aux contours différents

La paroisse est rattachée à un diocèse (ou évêché), sous-divisé alors en archidiaconés, eux-mêmes sous-divisés en archiprêtrés ou doyennés. Mais les diocèses d'hier ne couvrent pas les mêmes territoires que ceux d'aujourd'hui, redessinés lors du Concordat de 1801. Il est important de connaître l'ancien diocèse de rattachement des paroisses de vos ancêtres, car c'est lui qui délivrait la plupart des dispenses pour consanguinité, riches en informations généalogiques. Chaque dépôt d'archives départementales dispose d'ouvrages sur l'administration de l'Ancien Régime indiquant à quel diocèse se rattache quelles communes le jour où vous en aurez besoin.

Une structure administrative différente

Les paroisses sont, on l'a dit, les unités de base de l'administration fiscale, regroupées en élections dirigées par des officiers responsables de la répartition et de la collecte des impôts, structures auxquelles se superposent les généralités (trente-quatre en 1789), gérées par des intendants. Sur le plan judiciaire, les paroisses sont rassemblées dans des prévôtés, circonscriptions elles-mêmes regroupées dans des bailliages (ou des sénéchaussées dans le sud de la France), où se jugent les causes civiles et criminelles. La France compte plus de quatre cents bailliages en 1789. Des présidiaux ont aussi été créés pour soulager les parlements (treize en 1789 sur l'ensemble du pays) qui rendent en dernier ressort la justice au nom du roi et superposent leurs structures aux précédentes. Quant à l'administration militaire, elle rassemble les paroisses en généralités (structure de la maréchaussée) et en gouvernements.

Comme ces différents découpages ne se superposent pas mais se chevauchent sans aucune cohérence, en fonction de constructions séculaires, le généalogiste peut avoir du mal à s'y retrouver... Ne plongez donc dans les détails qu'en fonction de vos besoins et sachez que vous trouverez aux AD tout ce qu'il vous faudra.

Des prénoms peu nombreux et locaux

La stabilité des prénoms constatée au XIXe siècle est une caractéristique majeure des siècles précédents. Non seulement chaque génération porte les mêmes prénoms

Le choix des prénoms se faisait par référence à un saint, à un personnage important, à une marraine vertueuse…

que la génération d'avant, mais ceux-ci sont peu variés : les deux tiers des garçons d'un village se partagent quatre ou cinq prénoms (dont Jean qui devient le premier prénom donné en France à partir du XIVe siècle et qui va se maintenir à la première place pendant six cents ans), et les deux tiers des filles trois ou quatre (dont Jeanne et, à partir du XVIe siècle, Marie, qui va passer en tête de tous les prénoms féminins au XVIIe siècle et y rester jusqu'en 1915). Inutile de dire que cela peut vous compliquer les recherches si votre nom de famille est très répandu…

En revanche, il existait sous l'Ancien Régime des prénoms très locaux, qui peuvent vous aider à trouver le lieu d'origine d'un aïeul. Il était en effet coutume de donner aux petits un prénom de saint, une façon de le placer sous une protection céleste, et ces saints disposaient parfois dans une région d'une dévotion très forte. L'ouvrage de Jacques Dupâquier, Le temps des Jules, montre combien les principaux d'entre eux sont, au XIXe siècle encore, géographiquement très concentrés : Léonard en Limousin, Yves dans les trois départements bretons de l'Ouest, Philibert en Bourgogne, dans le Lyonnais, l'Ain et le Forez, Edme sur une verticale à l'Est de Paris, Marius dans toute la Provence et le Lyonnais, etc.

Au XVIIIe siècle, ces prénoms régionaux étaient infiniment plus nombreux que ceux que le calendrier a laissé subsister jusqu'à nous. Quantités de petits saints, qu'on ne retrouve plus guère aujourd'hui que dans les noms de nos villages (Saint-Féréol, Saint-Sauvant, Bourg-Saint-Andéol, Neuilly-Saint-Front, Saint-Maclou, Saint-Ouen pour ne citer que quelques exemples), étaient localement priés, connus, et choisis par les populations pour leurs enfants. Dans certains cas, le souvenir de leurs hauts faits célestes se perdait dans la brume des siècles ; peut-être ces saints étaient-ils parfois à peine reconnus par l'Église. Mais leurs noms s'ancraient dans les pierres des villages et dans le vocable de quelques paroisses. Ils se transmettaient par extension aux petits nés à proximité. Bref, ils constituaient de véritables prénoms régionaux. Ainsi, Bonnet (très porté dans l'Orléanais), Vivant ou Antide (en Bourgogne et en Franche-Comté), Sauvant (en Poitou), Andéol (en Provence), Cuny (en Lorraine) et quantité d'autres saints, dont on peut retrouver les prénoms dans nos arbres généalogiques avant la Révolution, en disparaissent totalement ensuite.

Et la noblesse ?

La noblesse était sous l'Ancien Régime l'un des trois ordres structurant la société, avec le clergé et le tiers-état. Elle n'a plus aujourd'hui d'existence officielle, mais elle continue à attirer certains généalogistes comme un miroir aux alouettes. Tordons donc le cou à une idée reçue : une particule n'est pas signe de noblesse, des familles nobles n'en avaient pas et des roturières en portaient. Comme les noms s'orthographiaient de façon fantaisiste, la syllabe *De-* pouvait se trouver aussi bien attachée au nom que détachée. N'en déduisez rien d'autre que les aléas de l'écriture...

En revanche, si vous retrouvez une branche noble parmi toutes celles de votre arbre, elle vous offre la possibilité de remonter plus haut dans le temps parce que les archives sont alors plus nombreuses.

Il suffit qu'un acte mentionne que votre aïeul est écuyer ou chevalier pour que vous puissiez le supposer noble, ces qualificatifs n'ayant pas le droit d'être utilisés par un roturier, poursuivi comme « usurpateur de noblesse ». En revanche, si vos ancêtres sont dits noble homme Jean Delaunay ou noble dame Catherine Delamarre, ne vous illusionnez pas : il s'agit seulement de formules de politesse. Ne confondez pas non plus sieur, forme ancienne de monsieur, et sire, qui veut dire seigneur.

Sous l'Ancien Régime, il était d'autant plus intéressant de faire partie de la noblesse que cela dispensait de payer l'impôt. Tenter de prouver sa noblesse relevait donc parfois simplement... de la fraude fiscale et des généalogistes royaux (la famille d'Hozier notamment) se chargeaient des contrôles, comme le font aujourd'hui nos inspecteurs du fisc. La dernière « réformation », c'est-à-dire la vérification systématique des titres de noblesse, date de 1661. Ces opérations de contrôle, ajoutées au fait que les familles étudiées ont occupé des fonctions notables ou possédé un vaste patrimoine, font qu'on trouve sur elles davantage d'archives que sur les autres familles. Ne vous lancez pas dans la lecture des manuscrits des généalogistes royaux conservés à la Bibliothèque nationale, très complexes. Il s'est publié tellement d'ouvrages sur la noblesse, que le plus simple est de commencer par là. Travaillez donc d'abord sur les nobiliaires en vous y reportant à la région qui vous intéresse, dont *L'histoire généalogique et chronologique de la Maison royale, des pairs et grands officiers de la Couronne*, du Père Anselme, édité avec des ajouts de 1625... à la fin du XIXe ! Comme il s'est publié aussi au XIXe siècle des généalogies fantaisistes, nous vous conseillons la prudence. Le guide *Retrouver ses ancêtres nobles*, de Philippe de Montjouvent, peut vous être utile.

Vitrail représentant le mariage de Louis XIV.

À gauche : bal à la cour en 1650. Ci-dessus : petite fille de la noblesse au XVIIe siècle.

Comment chercher dans un état civil différent ?

Avant 1792, l'état civil laïque n'existe pas, mais on trouve son équivalent dans les registres paroissiaux tenus par les curés. Inutile de commencer à courir d'une église à l'autre : ce sont les mairies et les archives départementales qui détiennent aujourd'hui les registres anciens, antérieurs à la Révolution.

Ci-dessous, acte de baptême de 1698. Le nom de l'enfant est assez souvent noté dans la marge, ce qui facilite la recherche.

Comme leur nom l'indique, les registres paroissiaux sont établis par paroisse. Comme une même ville peut contenir deux, cinq, dix paroisses (églises) ou plus encore… cela peut ralentir considérablement la recherche du généalogiste s'il travaille en milieu urbain. Ces registres contiennent la mention d'actes religieux : les baptêmes (et non pas les naissances), les mariages et les sépultures (non les décès). Que vous indiquent-ils au juste ?

L'acte de baptême

L'acte de baptême vous donne implicitement la date et le lieu de naissance de l'enfant. En effet, le baptême se déroulait autrefois toujours dans la paroisse d'habitation des parents et dans les trois jours voire le jour même de la naissance du petit. L'acte mentionne en général des termes comme : « né de ce jour », « né d'hier »… On ne baptisait donc pas les enfants quand ils avaient déjà plusieurs mois, voire plusieurs années comme aujourd'hui. La crainte des parents d'alors était que l'enfant puisse mourir sans ce sacrement, donc sans pouvoir gagner la vie éternelle. En cas d'accouchement difficile, de danger de mort pour le nouveau-né, un baptême de nécessité, dit ondoiement, pouvait même être pratiqué par n'importe quelle personne présente. Aussi trouve-t-on parfois dans l'acte la mention « ondoyé par la sage-femme » ou « ondoyé à la naissance ». L'acte indique le prénom et le sexe de l'enfant, puis le nom et les prénoms des parents, l'indication de « fils ou fille légitime de… » signifiant que les parents sont bien mariés. Leur âge et leur profession sont mentionnés. Attention : si l'on remonte le temps, on trouve parfois, dans certaines régions pauvres, seulement le prénom et le nom du père. La profession peut manquer, l'âge aussi. Dans tous les cas, même si l'âge est indiqué, il est à prendre avec précaution. Personne n'a de « papiers » dans une population illettrée ; chacun se souvient approximativement de l'époque de sa naissance et les anniversaires ne sont pas des événements familiaux d'importance. Aussi l'âge d'un adulte peut-il être indiqué à deux ou trois ans près, voire beaucoup plus.

Sont enfin toujours mentionnés dans l'acte les prénoms et noms du parrain et de la marraine, leur lien de parenté avec le baptisé, leur paroisse de résidence, leur profession et leur qualité (célibataires, mariés, avec, pour la marraine dans ce cas, le nom

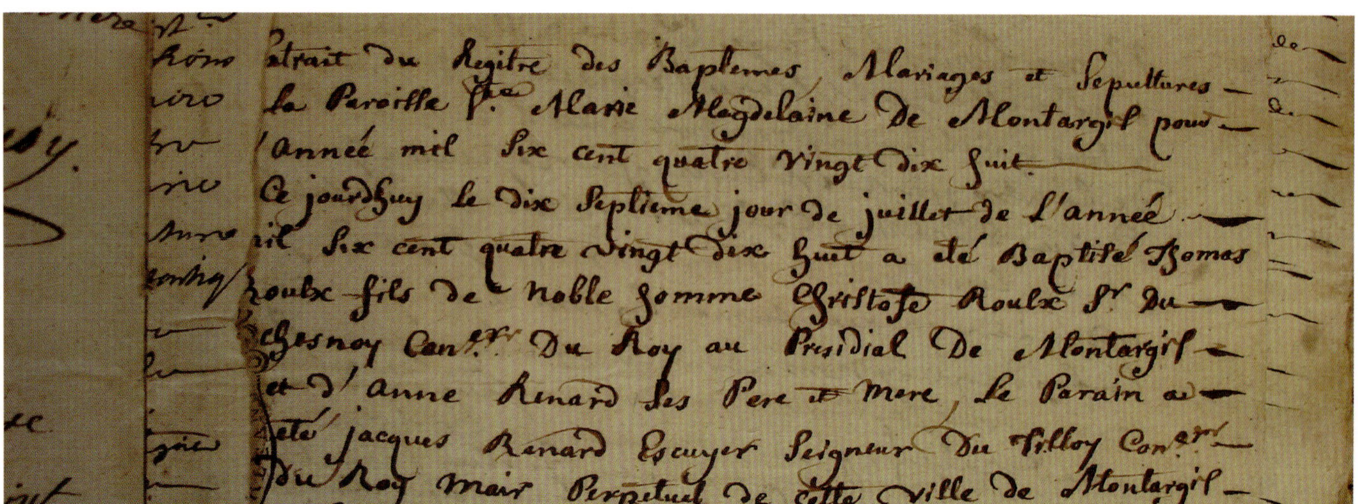
Extrait du Registre des Baptemes Mariages et Sepultures
la Paroisse Ste Marie Magdelaine De Montargis pour
l'Année mil six cent quatre vingt dix huit
Ce jourd'huy le dix Septiesme jour de juillet de l'année
mil six cent quatre vingt dix huit a été Baptisé Thomas
Roulx fils de noble homme Christofe Roulx Sr Du
Chesnoy Conr Du Roy au Presidial De Montargis
et d'anne Renard ses Pere et Mere Le Parain a
été jacques Renard Escuyer Seigneur Du Tilloy Conr
Du Roy Mair Perpetuel de cette ville de Montargis

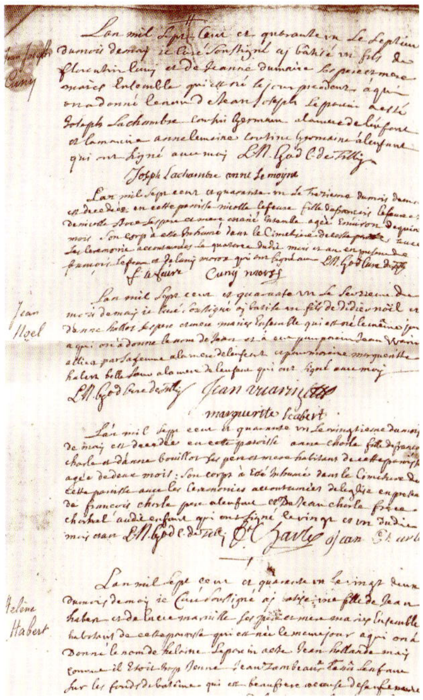

Ci-dessus, un registre paroissial de 1741 mélangeant des actes de baptême et de sépulture sur une même page. À gauche : une inhumation en Bretagne fin XVIIIe siècle.

de son époux). Le généalogiste doit absolument les noter. S'il perd le fil des filiations de la famille, ce sont ces parrains et marraines, en général apparentés, qui peuvent le guider vers les générations précédentes. Les baptêmes des aînés notamment sont essentiels, car ce sont souvent les grands-parents – s'ils sont encore vivants – qui en sont les parrains et les marraines.

L'acte de sépulture

L'acte de sépulture est celui qui apporte le moins d'élément au chercheur. Dans les cas les plus succincts, il peut tenir en une phrase « Aujourd'hui, moi curé de X ai inhumé Louis Martin » ou, pour un enfant : « Aujourd'hui ai inhumé un enfant de sexe masculin de Louis Martin ». Les parents d'un adulte ne sont jamais mentionnés dans l'acte ; pour un enfant, le père est cité mais pas toujours la mère, ni même le prénom ou l'âge de l'enfant. Enfin, les déclarants et témoins ne sont pas toujours cités dans l'acte. Dans les meilleurs cas, l'âge (approximatif) du défunt est mentionné avec sa profession, ainsi que le nom et le prénom de son conjoint (attention : si le défunt a été marié plusieurs fois, seul le dernier conjoint est mentionné).

L'acte de mariage

L'acte de mariage est, comme pour le XIXe siècle, le plus apprécié des généalogistes car il fournit en général quatre ancêtres de plus : les parents des mariés. L'acte rappelle les prénoms et noms des conjoints, leurs profession et domicile, leur statut (mineur, majeur, célibataire, veuf, avec dans ce cas le nom du conjoint précédent). Sauf pour les actes les plus anciens ou les régions les plus pauvres, l'acte donne les noms des parents, même s'ils sont morts. Dans tous les cas, les témoins sont cités, avec leur profession, leur paroisse d'habitation et le lien de parenté éventuel avec les jeunes mariés. Attention : on indique parfois la mention « fille » ou « garçon » après le nom

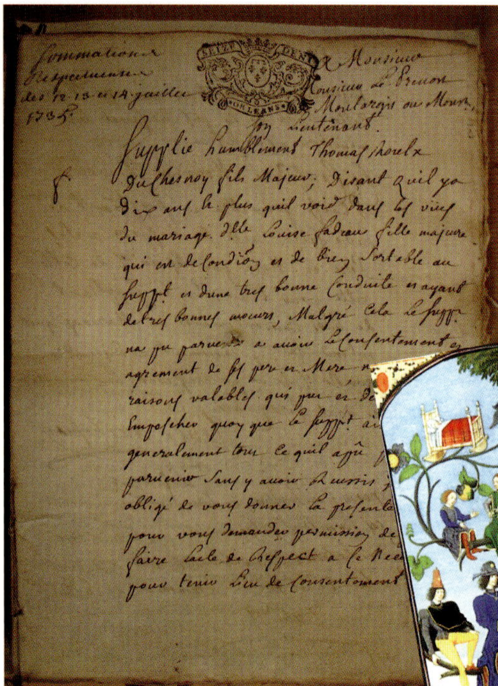

Acte respectueux de 1735 par lequel un enfant majeur peut imposer une fiancée à des parents s'opposant au mariage.

de tel ou tel témoin. Cela ne signifie pas que le curé ait le moindre doute sur le sexe de la personne ni que le prénom soit mixte... mais tout simplement que le témoin en question est célibataire.

Comme les âges ne sont pas toujours indiqués, les dates précises de naissance encore moins, il peut être utile, pour évaluer l'âge des mariés et pouvoir remonter le temps, de noter s'ils sont majeurs ou mineurs au moment du mariage. Le prêtre l'indique toujours puisqu'un mineur ne peut se marier sans le consentement de son père. L'indication est quand même à prendre avec précaution. En général, on est juridiquement majeur à vingt-cinq ans sous l'Ancien Régime, mais pour les garçons (susceptibles d'engager davantage les biens familiaux) la majorité matrimoniale, c'est-à-dire l'âge à partir duquel ils peuvent se marier contre le gré de leurs parents, est de trente ans. Par ailleurs, certaines régions ont des coutumes différentes : à Rouen, toute personne née en Normandie est majeure à vingt ans ; en Bretagne, un fils reste jusqu'à soixante ans sous l'autorité du père à moins de se marier avec son consentement... Partez donc sur vingt-cinq ans en moyenne et prenez une fourchette dans vos recherches jusqu'à ce que vous ayez bien compris le sens exact que le curé de la paroisse mettait sous le mot majeur.

Les dispenses pour mariage

Parfois, l'acte de mariage mentionne l'existence d'une dispense, accordée par l'évêque, voire par le pape, pour permettre des mariages :

lorsque les fiancés avaient tenu un même enfant sur des fonds baptismaux, car on considérait alors qu'ils étaient frères et sœurs spirituels. Un veuf ne pouvait donc pas épouser la marraine d'un de ses enfants, ni un parrain la marraine du même baptisé... sauf avec une dispense d'affinité spirituelle ;

– lorsqu'un veuf voulait se remarier trop tôt, sans respecter la période minimale exigée entre veuvage et remariage. Il lui fallait alors obtenir une dispense de pauvreté, accordée libéralement par les évêques car un remariage rapide (parfois moins d'un mois) pouvait être indispensable à la survie de la veuve et de ses enfants

– lorsque les époux étaient apparentés, car il était interdit d'épouser un parent trop proche, jusqu'aux cousins issus d'issus de germains (4e degré canonique). L'interdit était absolu jusqu'aux cousins germains mais pouvait être levé par une dispense en cas de parenté plus éloignée. C'est cette dispense qui intéresse le plus le généalogiste, car elle détaille les généalogies des deux fiancés jusqu'à l'ancêtre commun. Encore faut-il les retrouver, ces fameuses dispenses ! Elles étaient accordées par les évêchés d'Ancien Régime, dont le découpage, on l'a vu, était différent du découpage actuel. Si elles ont été conservées, elles se trouvent normalement en série G des archives du département correspondant au siège de l'évêché ancien. Signalons que certaines associations généalogiques en ont localement réalisé le dépouillement.

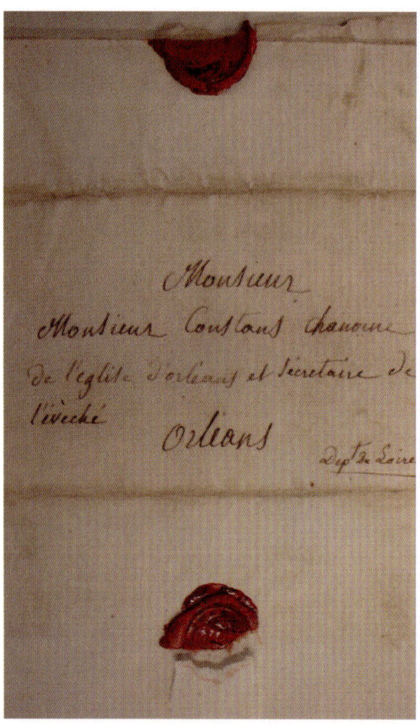
Monsieur
Monsieur Constans chanoine
de l'eglise d'orleans et secretaire de
l'eveché
Orleans

Demande écrite de dispense pour un mariage adressée à l'évêque d'Orléans.

Pas de tables décennales mais des relevés

La démarche de recherche d'acte en acte reste la même que celle utilisée au XIXe siècle. En théorie, il n'y a pas, cette fois, de tables alphabétiques pour vous aider à remonter le fil du temps puisque les tables décennales n'ont été créées qu'au XIXe

Les registres paroissiaux d'avant 1792 ne sont plus dans les églises mais dans les mairies et les archives départementales. Il n'y a qu'en Corse où vous pouvez encore en trouver dans les sacristies.

siècle. Néanmoins, vous pouvez parfois trouver des relevés (de mariage le plus souvent) effectués par l'association généalogique locale. Les registres paroissiaux restent à la base de toute recherche, mais commencent parfois à manquer dans certaines régions.

Remonter le temps d'acte en acte

Pour remonter le temps, vous devez surtout retrouver les actes de mariage, car ce sont eux qui garantissent les filiations. En consacrant davantage de temps à vos recherches, vous pourrez compléter avec les baptêmes et les sépultures (les plus difficiles à retrouver car un ancêtre peut mourir à vingt ans comme à quatre-vingt et chez lui aussi bien que lors d'un déplacement chez un parent). Compte tenu du peu de mobilité des populations d'hier, il faut chercher le mariage d'un couple d'ancêtres en priorité dans la paroisse où la génération suivante a déjà été trouvée.

Poursuivons la recherche qui nous menait en Côte-d'Or vers le couple Jean-Jacques-Antide Niellon, né vers 1730, et Jeanne Dubois, dont le fils connu, Jean-Baptiste, était né à Bligny en 1764. Première étape : Bligny. Aux archives départementales de Dijon, l'examen des registres de Bligny autour de l'année 1764 nous donne les actes de baptême de douze enfants plus jeunes mais pas le mariage des parents. Le nom Niellon paraît même totalement absent des registres antérieurs.

Une piste possible : Jean-Jacques-Antide Niellon était indiqué contrôleur des travaux publics à Arnay-le-Duc lors du mariage de son fils Jean-Baptiste dans la Nièvre en 1793. Allons donc voir les registres et les tables décennales d'Arnay-le-Duc. Leur consultation nous livre cette fois l'acte de décès de Jean-Jacques-Antide Niellon, en 1806. Il est dit né à Antigny-la-Ville (vers 1730 d'après l'âge indiqué) et fils du marchand-fermier Antide Niellon et d'Anne Bullier. À Antigny (petite paroisse à quelques kilomètres d'Arnay-le-Duc), on retrouve les actes de baptême de dix enfants de ce couple, de 1729 à 1744, dont celui de Jean-Jacques-Antide Niellon en 1735 (et non en 1730). Les Niellon paraissent bien implantés dans ce village, de nombreux actes concernant d'autres branches, peut-être cousines, sont relevés. Les grands-parents sont cités (heureusement car le mariage manque) : il s'agit de Jean Niellon (ou Nialon selon les actes), né vers 1672, et de Marguerite André. Mais la remontée

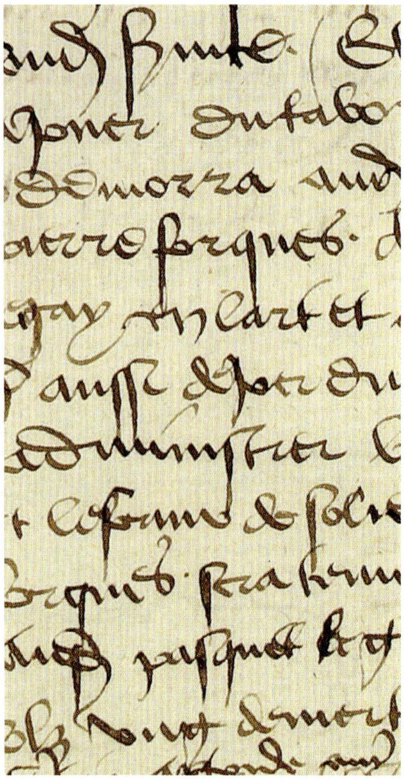

Un acte de 1478… pas si facile à déchiffrer ! Des cours de paléographie donnés par les archives départementales ou les associations peuvent vous aider.

dans le temps des registres d'Antigny démontre que leurs enfants n'y sont pas nés. D'où est donc issue la génération précédente ? Une piste possible : les frères, sœurs, belles-sœurs, beaux-frères, sont cités dans les actes de baptême des enfants, en tant que parrains ou marraines. La plupart d'entre eux sont indiqués habitant Champignolles, un village voisin. C'est là que nous retrouvons Jean Niellon et Marguerite André, qui y ont effectivement eu leurs dix enfants.

Un conseil : si vous constatez que tous vos ancêtres savaient lire et écrire, c'est-à-dire signer leur nom, à une époque où c'était peu fréquent, vous pouvez gagner du temps ; vous n'avez plus à lire tous les actes, mais à tourner les pages en cherchant les signatures qui vous intéressent. Très rares, elles se repèrent bien au fil des pages.

Des écritures plus difficiles à déchiffrer

L'écriture devient de plus en plus difficile à lire pour quelqu'un qui n'y est pas habitué. Bien sûr, les mêmes formules reviennent et facilitent le repérage. Il est exceptionnel aussi qu'on trouve, avant 1700, en marge, le nom de la personne sur laquelle porte l'acte ; il faut alors tout lire pour trouver ce que l'on cherche. Par ailleurs, pour des raisons d'économie d'encre et de papier, les actes sont notés les uns à la suite des autres, parfois sans séparation immédiatement repérable si les témoins ne signent pas. Enfin, ils sont de plus en plus lapidaires, surtout dans les régions les plus pauvres : les actes de baptême ne mentionnent pas souvent les liens de parenté des parrain et marraine avec le baptisé ; les actes de mariage n'indiquent parfois même pas les noms des parents des mariés ; les actes de sépulture peuvent ne donner ni l'âge ni la filiation s'il s'agit d'un adulte, ni l'âge ni le prénom s'il s'agit d'un enfant.

Une orthographe toujours plus fantaisiste

L'orthographe des noms se fait encore plus fluctuante. Une même personne peut porter dans les actes successifs la concernant jusqu'à sept ou huit graphies différentes, parfois même au sein d'un même document. Ces variations orthographiques sont encore plus fréquentes si la personne change de paroisse ou s'éloigne de sa région d'origine. Elles ne concernent pas non plus que les patronymes : tisseran pour tisserand, fame pour femme, anée pour année… voilà quelques-uns des grands classiques. Au XVIe et au XVIIe siècles, c'est la même chose, mais le latin s'en mêle pour ajouter à la confusion. Dans l'acte de 1640 reproduit ci-dessous par exemple, le nouveau-né, George, est dit *fillie* de Claude Perret et de Françoise Perron. Il ne s'agit pas d'une fille, mais d'une expression latine pour signifier « fils de ». Février est écrit fébvrier. L'écriture est moins facile à lire que celle du XVIIIe siècle (les *r* surtout), mais si vous êtes arrivé à cette époque-là, vous aurez largement eu le temps de vous y accoutumer... à moins que vous n'ayez travaillé qu'à partir des relevés des associations de généalogie et des travaux de vos cousins sur Internet. En revanche, le nom de famille « Perret » est encore écrit en biais sur le côté de l'acte, ce qui facilite la recherche dans cette paroisse.

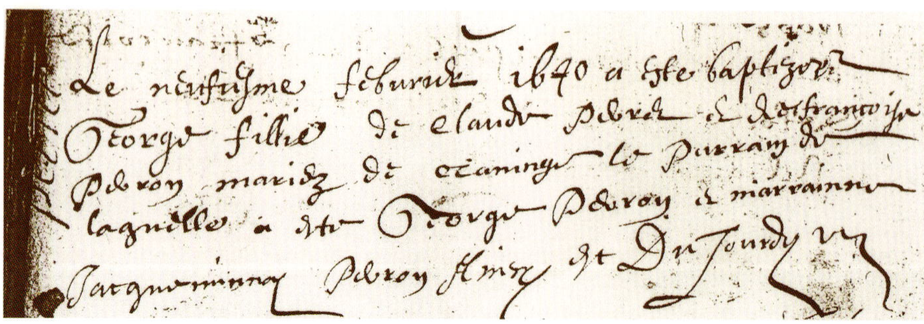

Les âges sont encore plus approximatifs que dans les actes du début du XIXe siècle. On peut retrouver une marge d'erreur de dix ans dans certains cas, et constater qu'un ancêtre « rajeunit » d'un acte à l'autre ! Prudence donc dans l'estimation de la période de recherche d'un mariage ou d'une naissance.

Enfin, certains actes de mariage vont manquer (par exemple, du fait de registres disparus) ou bien ne vont pas comporter l'indication des parents des mariés. C'est donc seulement en recoupant les indices glanés par ailleurs que l'on peut retrouver la génération précédente : par exemple, parce que la grand-mère paternelle est marraine d'un des enfants ; ou bien parce qu'un frère et son épouse sont parrain et marraine d'un enfant et que leur acte de mariage, détaillé cette fois, a pu être retrouvé... Les pistes peuvent être nombreuses comme totalement absentes, obligeant à se tourner vers d'autres sources que les registres paroissiaux. Mais dans tous les cas, elles nécessitent une validation minutieuse et des recoupements.

Des lacunes croissantes dans les fonds d'archives

Les cartes ci-dessous donnent un aperçu des départements dont les fonds présentent des lacunes sur les XVIIIe et XVIIe siècles. L'inventaire de la série E, sur place ou sur Internet, fournit le détail, par paroisse, de la date de début des collections de registres paroissiaux, ainsi que leur lieu de conservation car, parfois, si les doubles ont été perdus, c'est la commune qui a les registres les plus anciens et pas les archives départementales. Pas de changement dans la structure des registres paroissiaux les plus anciens : les curés enregistrent toujours les baptêmes, les mariages et les inhumations de leurs ouailles. En revanche, il est rare qu'il y ait trois registres distincts : les actes sont simplement notés au fil des pages dans leur ordre chronologique.

Pour la famille Niellon, suivie depuis le début de cet ouvrage, nous étions parvenus à un couple vivant à Champignolles-L'Hospitalier (Côte-d'Or) vers 1700 : Jean Niellon et Marguerite André. Leur mariage est trouvé en 1695 dans le village voisin d'Aubigny-la-Ronce. La recherche se poursuit sans difficulté sur trois générations, se partageant entre les deux paroisses. Elle s'arrête en 1606 à Champignolles, avec le mariage du maçon Léonard Nialon, fils de François (la mère n'est pas indiquée), né au hameau du Pont à Saint-Georges-la-Pouge dans la Creuse vers 1580. Comme les registres paroissiaux de cette commune limousine ne commencent que peu avant la Révolution (les précédents ont été détruits ou perdus), la recherche s'arrête là.

Plus vous avancerez dans le temps, plus les lacunes seront nombreuses et demanderont à être contournées par les registres des notaires ou d'autres fonds d'archives. Encore une fois, pas de panique : la France reste le pays de cocagne pour les chercheurs en matière de conservation d'archives !

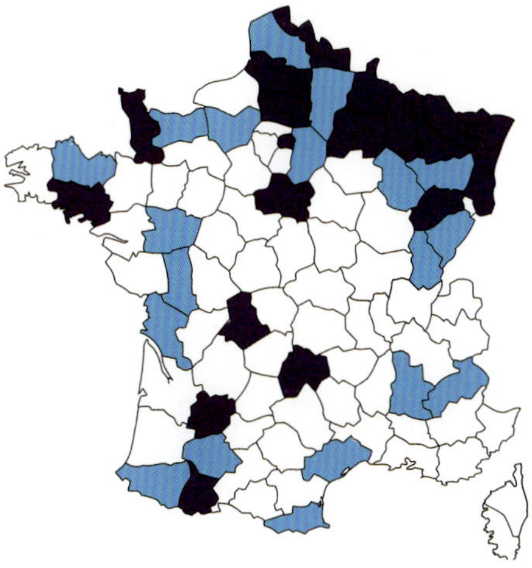

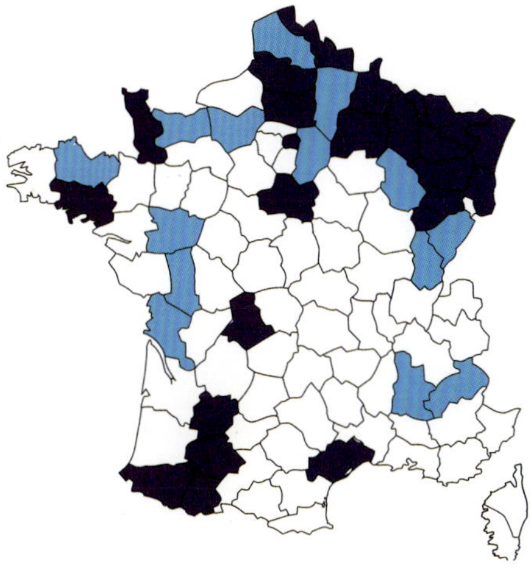

Cartes des lacunes dans les archives départementales ou communales pour le XVIIIe siècle (à gauche) et le XVIIe siècle (à droite). En bleu sombre : lacunes et destructions très importantes en termes de périodes ou de communes concernées. En bleu clair : lacunes ponctuelles.

Les catholiques oui, mais les autres ?

Évidemment, comme leur nom l'indique, les registres paroissiaux ne concernent que des paroissiens, donc les catholiques. Pas question pour autant d'affirmer, comme l'avait fait un généalogiste débutant, qu'il ne pourrait jamais remonter au-delà de la Révolution parce que toute sa famille était athée ! Autant prétendre que les parents d'aujourd'hui ne font pas enregistrer leurs enfants à l'état civil s'ils n'aiment pas les fonctionnaires…

Quelques exemples d'anciens cimetières juifs, avec des tombes du XVIIIe siècle.

En revanche, les difficultés vont commencer si votre famille est d'une autre religion. Il n'existait ni bouddhistes ni musulmans à cette époque, mais des familles juives (environ 40 000 personnes) ou protestantes (moins de 100 000) vivaient en France à la veille de la Révolution. Les recherches sur leur histoire ne peuvent pas suivre le cheminement classique. Plus complexes, elles sont semées d'embûches.

Ce chapitre vous donnera les grandes lignes des recherches et un aperçu des difficultés. Pour aller plus loin ensuite, nous vous conseillons ensuite la lecture des guides *Rechercher ses ancêtres juifs*, de Laurence Abensur-Hazan, ou *Retrouver ses ancêtres protestants*, de Francis Christian.

Les familles juives, un peu d'histoire

La présence des juifs en France remonte à l'époque gallo-romaine mais le Moyen Âge est pour eux une longue période de persécutions. Plusieurs fois expulsés puis réadmis, ils sont plus de 100 000 à quitter le territoire lorsque l'édit de bannissement est promulgué par Charles VI en 1394. Comme ce texte ne concernait que la couronne de France, beaucoup de régions rattachées tardivement n'étaient pas concernées (Alsace, Lorraine, Bourgogne, Provence...). Cet Édit de bannissement ne fut jamais révoqué mais, progressivement, un certain nombre de familles juives s'établirent dans le royaume. On les trouvait réparties sur quatre régions, où l'on recensait en 1789 près de 40 000 juifs (pour 22 millions d'habitants) : 20 000 juifs ashkénazes en Alsace, 8 000 juifs ashkénazes en Lorraine, 5 000 juifs marranes dans le Sud-Ouest, souvent venus d'Espagne ou du Portugal dont ils avaient été chassés, 2 500 « juifs du pape » dans le Contat venaissin, cédé au Saint-Siège en 1274 et rattaché à la France en 1791 seulement.

Les familles juives ont toujours conservé leur liberté de culte, contrairement aux protestants, mais étaient dépourvues de tout statut : impossibilité pour elles de posséder une terre, d'exercer l'agriculture, la justice ou la médecine. Ce n'est qu'en 1791 qu'ils deviennent citoyens à part entière, avec le droit de circuler librement.

Un mariage devant le rabbin en 1760, avec la communauté rassemblée. Quelques rares documents anciens ont été conservés, mais souvent écrits en yiddish.

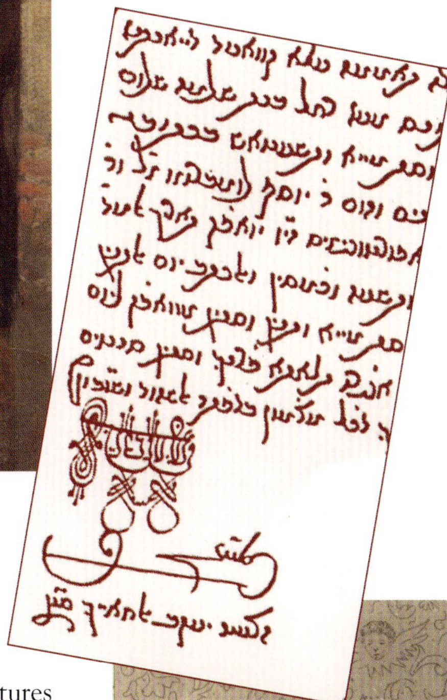

Les familles juives, les recherches

Les documents qui pourraient servir d'état-civil sont presque inexistants. Quelques actes de naissance, mariage (*ketouba*, qui donne l'ascendance paternelle des époux), divorce (guet), inhumation ou circoncision sont parfois aux archives départementales ou dans des bibliothèques juives mais rédigés en araméen, en hébreu ou en yiddish. Imposés par Louis XIV, des registres de sépultures des non-catholiques ont été tenus, plus ou moins assidûment, de 1685 à 1792, mais ils ont surtout servi à enregistrer les décès des protestants. Quelques inhumations juives y sont portées mais cela demeure l'exception. Exceptionnels aussi restent les actes concernant des familles juives dans les registres de l'édit de Tolérance, créés en 1787 par le roi pour enregistrer les familles non-catholiques (en fait essentiellement conçus pour mettre fin à la clandestinité des protestants).

Pour les familles venues d'ailleurs, on peut trouver des lettres de naturalité (terme utilisé du XVIe siècle au début du XIXe siècle pour parler de naturalisation, mot qui n'apparaît qu'en 1839). Celles concernant des familles juives venant s'implanter en France peuvent être trouvées au ministère des Affaires étrangères ou (pour le XIXe siècle) aux Archives nationales (sous-série BB11).

Les actes notariés permettent de reconstituer des familles plus aisément. On peut y trouver des contrats de mariage, des testaments, des actes de vente, mais aussi des listes de chefs de famille, des rôles de taille, des procès-verbaux d'assemblée, des listes de cotisants, etc. En Alsace particulièrement, un arrêt du Conseil souverain de 1701 impose aux juifs de passer leurs contrats de mariage devant notaire. Ces actes se retrouvent souvent groupés chez les mêmes notaires. Les associations de généalogie juive peuvent vous aider : le Cercle de généalogie juive (14, rue Saint-Lazare, 75009 Paris), www.genealoj.org ; ETSI, Association et revue de généalogie et et d'histoire séfarades (adresse postale (pas de bureau sur place) : 77, boulevard Richard-Lenoir, 75011 Paris), www.geocities.com/Etsi-Sefarad ; Genami, Association de généalogie juive internationale (76, rue de Passy, 75016 Paris), www.genami.org ; Association culturelle des juifs du Pape (musée judéo-comtadin, rue Hébraïque, 84300 Cavaillon)

Les familles protestantes, un peu d'histoire

C'est au XVIe siècle qu'apparaissent les protestants. Les luthériens (confession d'Augsbourg) tolérés en Alsace, ont dès le début tenu des registres distincts. Mais les calvinistes ne l'ont fait que tardivement. Baptêmes, mariages et inhumations ont donc pu se retrouver au départ dans les registres catholiques, ou bien dans les premiers registres pastoraux, ou bien... nulle part. Ces registres protestants, s'ils ont existé et s'ils n'ont pas été détruits, se trouvent dispersés aux Archives nationales, aux archives départementales (séries B, Justice d'Ancien Régime, série C, Intendance, série E, état civil, série I, Fonds divers...), aux archives communales ou hospitalières, etc. À voir au cas par cas, sur place, pour la région qui vous concerne.

En 1598, l'édit de Nantes officialise la nouvelle religion et confirme que les pasteurs ont la nécessité de tenir des carnets pastoraux de baptêmes, mariages et sépultures, comme le font les curés pour leurs ouailles catholiques. Malheureusement, comme les lieux de culte autorisés sont en nombre restreint, les familles ne s'y déplacent pas toujours pour enregistrer la naissance d'un nouveau-né. Et le siècle suivant va se terminer par la révocation de l'édit de Nantes en 1685 et la diaspora des protestants français dans le monde entier. Plus de 200 000 huguenots vont quitter la France. Ceux qui restent doivent se convertir ou bien vivre dans la clandestinité (ou désert) jusqu'en 1787, date à laquelle Louis XVI rend aux réformés, par l'édit de Tolérance, une existence légale. Autant dire que les recherches sur la presque totalité du XVIIIe siècle sont difficiles.

D'un roi à l'autre... De Louis XIV, qui révoque l'édit de Nantes et chasse les protestants de France...

Les familles protestantes, les recherches

Avant 1685, des registres auraient du être tenus mais ils sont rares, faute de pasteurs en nombre suffisant. Si ces registres existent, ils sont conservés aux archives départementales. S'ils sont absents, vous devrez vous rabattre sur les archives notariées pour suivre la famille et son évolution à travers les contrats de mariage et les successions. Après 1685, compte tenu des persécutions, les protestants ne pouvaient plus pratiquer leur religion que dans la clandestinité. D'autres pistes, fort nombreuses peuvent être utilisées pour suppléer partiellement à ces lacunes.

... à Louis XVI qui leur redonne un statut légal avec l'édit de Tolérance de 1787.

Déjà, comme le baptême catholique a la même valeur sacramentelle que le baptême protestant, les familles restées pourtant secrètement protestantes n'hésitaient pas à laisser le curé de la paroisse baptiser leurs enfants. D'autant plus que cela pouvait éloigner les soupçons. Ce sont les mariages et les décès que vous aurez plus de mal à trouver. Les mariages étaient faits au désert par les pasteurs et le curé n'en avait évidemment pas connaissance. Aussi, si vous trouvez mention de baptêmes d'enfants dont les parents ne sont pas mariés (selon le curé) et « vivent ensemble dans le péché », il peut s'agir d'un couple de protestants (personne ne vivait en concubinage à cette époque).

Du côté des décès, c'est encore plus difficile. La révocation de l'édit de Nantes oblige les protestants à devenir catholiques et leur attache l'étiquette de nouveaux convertis. Mais s'ils ne se convertissent pas ou sont soupçonnés d'être retombés dans l'hérésie, ils peuvent être condamnés. Même une fois mort, on pouvait condamner le cadavre : le corps était alors traîné sur une claie et jeté à la voirie, les biens du défunt confisqués. Les fonds judiciaires des archives départementales sont riches en procédures de ce genre. Pour l'éviter, les familles ne déclaraient pas les décès ou affirmaient que la mort avait été si subite qu'on n'avait pas eu le temps d'appeler un prêtre, ce qu'elles faisaient enregistrer devant notaire par prudence. On trouve ainsi dans les minutiers des régions protestantes quantité de déclarations de décès. Les testaments y sont aussi fort nombreux. Ils ne comportent ni croix ni formules latines, contrairement à l'usage de l'époque, et recommandent aux héritiers une inhumation « à l'endroit où ils le trouveront à propos », c'est-à-dire en clair : ailleurs que dans un cimetière catholique.

Les abjurations, quand il y en a, se trouvent dans les registres de catholicité ou dans des répertoires spécialisés, aux archives départementales. Elles peuvent être individuelles ou massives : sous la pression des dragonnades, c'est souvent un village entier qui abjure. Cela peut alors être enregistré par le notaire du lieu. Après l'abjuration, les nouveaux convertis sont régulièrement recensés. Des listes nominatives sont conservées aux archives départementales ou à la Bibliothèque nationale.

Les enfants des anciens protestants sont encore plus étroitement surveillés. On s'assure qu'ils suivent bien l'enseignement catholique à travers des certificats de présence et l'on en dresse des états, y compris des enfants de pasteurs (les pasteurs ont été chassés du royaume mais sans avoir le droit d'emmener avec eux leurs enfants). On les rebaptise souvent et des certificats de baptême peuvent être trouvés en archives.

Les fonds judiciaires des archives départementales contiennent aussi des états d'arrestation, des condamnations aux galères, ou amendes pour assemblées illégales, des listes de fugitifs avec des états récapitulatifs de leurs biens, et des procès-verbaux de capture quand les fugitifs ont été retrouvés.

Les protestants peuvent en effet être arrêtés pour avoir tenté de fuir à l'étranger ou pour avoir assisté à des assemblées du Désert. Des états des prisonniers protestants peuvent être trouvés non seulement aux archives départementales, mais aussi à la Bibliothèque nationale, aux Archives nationales ou aux archives militaires de Vincennes.

À consulter absolument : la bibliothèque de la Société de l'histoire du protestantisme (54, rue des Saints-Pères, 75007 Paris), qui rassemble des ouvrages sur le thème, de très nombreuses généalogies, avec un fichier nominatif précieux. Elle abrite le siège du Centre de généalogie protestante, association d'entraide pour les généalogistes comptant des huguenots parmi leurs ancêtres

Dragonnades et répression frappent les protestants…

Protestants sur le chemin de l'exil. 200 000 auraient quitté la France aux XVIIe et XVIIIe siècles.

Comment reconstituer la vie de ses aïeux ?

Les registres paroissiaux vous ont livré des noms, des dates, des lieux. Maintenant, d'autres sources, également disponibles aux archives départementales, peuvent vous aider à retrouver la vie de vos aïeux, l'agencement de leur domicile, leur fortune, leurs déboires judiciaires… tout cela avec la même précision qu'au XIXe siècle.

Parfois, l'inventaire après décès, qui ne mentionne que quatre chaises alors que vous aviez relevé huit naissances dans la famille, vous rappelle l'importance de la mortalité infantile sous l'Ancien Régime.

Comme au XIXe siècle, ce sont les archives des notaires qui vont constituer pour vous une fabuleuse machine à remonter le temps. On trouve sous l'Ancien Régime exactement le même type d'actes : des inventaires après décès et des successions qui non seulement vous détaillent le patrimoine mais décrivent par le menu la maison de l'ancêtre, ses meubles et ses objets ; des contrats de mariage, qui montrent ce que chaque conjoint apporte et mentionne largement la parentèle et le réseau de relation de chacun ; les actes de vente, les constitutions de rente, les baux agricoles… Une mention particulière pour les testaments, beaucoup plus nombreux sous l'Ancien Régime et qui donnent une approche du caractère de l'aïeul en même temps que des indications précieuses sur les liens familiaux.

Mais l'organisation administrative et fiscale et les clefs d'entrée vers les minutiers ne sont plus les mêmes…

Les inventaires et mutations après décès

L'inventaire après décès vous donne un aperçu complet des biens de votre ancêtre à un moment donné. Il est aussi, on l'a vu, l'acte qui vous donne le plus de clefs d'accès vers d'autres minutes, d'autres notaires, puisque les documents notariés trouvés dans les tiroirs du défunt sont systématiquement enregistrés : on peut trouver mention des contrats de mariage, des actes d'achat, des documents relatifs à la succession des parents, etc., avec indication précise de leurs dates et de l'étude qui les a établis.

Reprenons l'exemple de la famille Niellon. L'inventaire après décès d'un fermier bourguignon, Jean Nialon en 1744 (par Maître Moreau, notaire à Bligny), un cousin de la branche étudiée, a des biens estimés à 2 000 livres, énumérés sur des dizaines de pages d'écriture serrée.

Sa ferme de Champignolles comporte deux petites maisons avec grenier au-dessus, une grange, une écurie et une étable. Dans chaque maison, une seule pièce, très vaste,

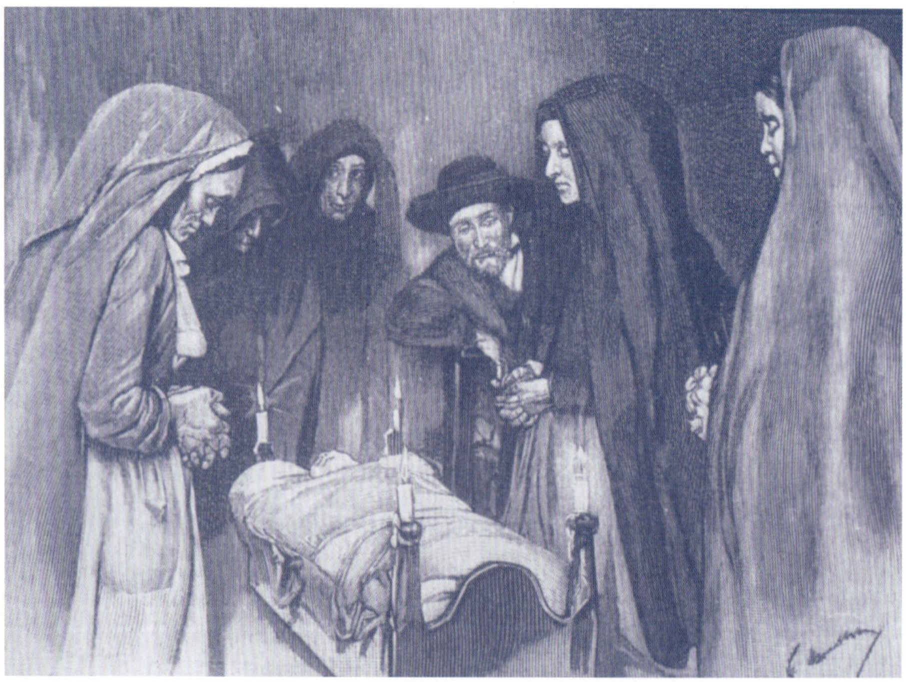

Comme au XIXe siècle, ce sont les documents notariés qui vont vous aider à retrouver le quotidien de vos aïeux, même modestes.

qui sert à la fois de chambre, de cuisine et de salle commune. La description qu'en donne l'inventaire est tellement précise que l'on pourrait presque avoir l'impression d'y entrer. Dans la première, le foyer, avec ses deux chenets et sa crémaillère, occupe la place centrale. Deux lits en bois de chêne, avec couette de plumes, couverture et traversins, entourés de rideaux, encadrent cette source de chaleur indispensable l'hiver. À côté, une paire d'armoires à deux battants en bois de cerisier, un coffre en bois de noyer contiennent les draps, serviettes et habits de la famille. Tout autour de cette vaste pièce, deux armoires ferrées fermant à clef et un dressoir en bois de chêne renferment les plats, chaudrons, marmites, poêles, etc. (tous consciencieusement comptés par le notaire, qui indique leur degré d'usure). Au centre : une grande table en chêne avec ses cinq chaises et une lampe. Le fusil de Jean Nialon, qui chasse peut-être de temps à autre, est dans un angle de la pièce.

La seconde maison est construite exactement à l'identique : une cheminée encadrée par deux armoires à battants contenant draps et vêtements, une troisième armoire surmontée d'un dressoir renfermant les plats, couverts et assiettes ; à droite et à gauche de la porte, deux autres lits de chêne entourés de rideaux. Une table avec quatre chaises occupe le centre.

Le notaire n'oublie pas d'inspecter les greniers où Jean Nialon stocke le grain pour sa consommation, pour celle du bétail et pour les semis. Au moment de son décès, le notaire recense ainsi 300 mesures d'avoine, 300 fagots de paille, 85 mesures de seigle, 18 de foin, 15 de navets, 10 d'orge et 4 de pois. Ni blé ni farine. Pour l'exploitation, on relève trois charrues, deux charrettes et un tombereau, ainsi que du petit matériel agricole. Le détail des salaires encore dus nous indique qu'il employait une servante, deux valets et un berger. Quant au bétail, il compte 13 bovins, 7 chevaux, 87 moutons, 4 porcs et une dizaine de poules. Voilà un bel exemple de la moisson d'informations que l'inventaire peut apporter sous l'Ancien Régime !

Si vous connaissez déjà le notaire de famille pour avoir trouvé des actes au XIXe siècle, vous pouvez continuer à parcourir les documents de son étude en relevant tous les actes (et pas seulement les inventaires) qui concernent votre famille.

Les testaments manifestaient aussi la foi de leur auteur. Ici, vieille femme en prière dans la crypte de l'église de Quimperlé en Bretagne.

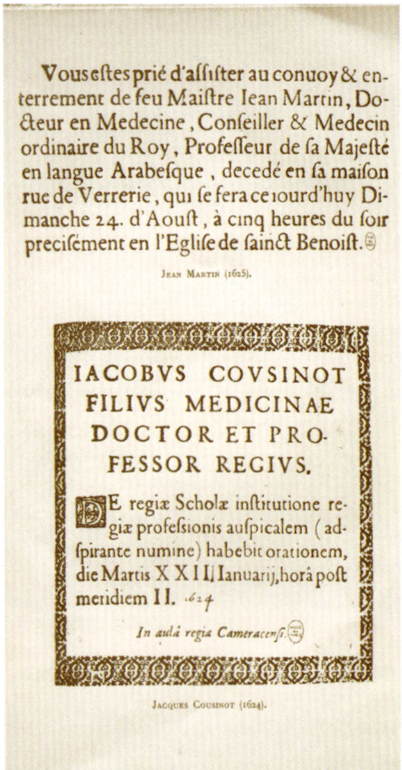

Vous eſtes prié d'aſſiſter au conuoy & enterrement de feu Maiſtre Iean Martin, Docteur en Medecine, Conſeiller & Medecin ordinaire du Roy, Profeſſeur de ſa Majeſté en langue Arabeſque, decedé en ſa maiſon rue de Verrerie, qui ſe fera ceiourd'huy Dimanche 24. d'Aouſt, à cinq heures du ſoir preciſément en l'Egliſe de ſainct Benoiſt.

Jean Martin (1625).

IACOBVS COVSINOT FILIVS MEDICINAE DOCTOR ET PROFESSOR REGIVS.

DE regiæ Scholæ inſtitutione regiæ profeſsionis auſpicalem (adſpirante numine) habebit orationem, die Martis X X I I. Ianuarij, horâ poſt meridiem II. 1624

In aulâ regia Cameracenſi.

Jacques Cousinot (1624).

Faire-part de décès de 1625. On les appelait alors placards, car ils étaient placardés comme des affiches sur les portes des défunts. Mais les morts, surtout en cas de guerre comme ci-dessous, étaient souvent inhumés dans des fosses communes.

Sinon, utilisez les registres du contrôle des actes ou insinuation (l'équivalent de l'enregistrement fiscal du XIXe siècle), qui sont en quelque sorte des tables des actes notariés. Pour Paris, les registres de l'insinuation sont conservés aux archives de Paris sous la cote D.C6 de 1704 à 1791, aux Archives nationales cotes Y 86 à Y 494 avant 1704 et pour la province aux archives départementales en série C. Attention aux dates : un acte pouvait être insinué plusieurs années après sa rédaction. Les contenus des registres d'insinuation sont variés. On y trouve :

– les déclarations de mutation d'immeuble, avec des tables alphabétiques
– les actes sous seing privé, dont les testaments
– les renonciations à succession (pour 1704-1741 seulement)
– les insinuations de contrats de mariage, actes de curatelle, mutations de propriété
– les dons mutuels faits entre les époux
– les lettres de chancellerie portant émancipation, légitimation ou naturalisation...

Les testaments

Si les testaments sont moins fréquents à partir du XIXe siècle, c'est parce que le Code Napoléon légifère sur les successions et fait payer des droits importants sur les dons aux cousins éloignés ou à des tiers. Mais, sous l'Ancien Régime, chacun ou presque rédige son testament. Le plus souvent, ces actes se font simultanément entre époux, chacun désignant l'autre comme légataire universel.

Avant le XVIIIe, le testament est aussi un moyen de régler avant l'heure tous les détails de la cérémonie d'inhumation, du nombre des messes à célébrer chaque année à la mémoire de la mort jusqu'au nombre de bougies qu'il faudra allumer... Au XVIIIe, la foi n'est pas moins ardente, mais le courant janséniste incite à donner priorité à la ferveur intérieure sur les démonstrations extérieures ; les testaments donnent moins de précisions sur les célébrations religieuses souhaitées par le testateur.

Les contrats de mariage

Pour le généalogiste, pister les contrats de mariage de génération en génération permet d'appréhender l'évolution sociale de la famille. Les mariages ont-ils toujours lieu dans le même cercle de familles alliées ? Y a-t-il progression des biens échangés ? Le rapport des biens semble-t-il égal ?...

Dans une société rurale, où il est important de conserver ou d'accroître le patrimoine foncier, les parents doivent doter la fille lorsqu'elle se marie pour la désintéresser du bien paternel, qui échoie aux garçons. La dot est donc toujours détaillée par le notaire dans le contrat de mariage, qui aborde aussi la date de son paiement. En milieu rural, comme il est difficile pour les familles de réussir à la payer dans des communautés où l'argent circule peu, des stratégies matrimoniales d'échanges de dot se pratiquent souvent : un frère et une sœur épousent par exemple le même jour une sœur et un frère, ce qui évite à chaque famille d'avoir à sortir la dot de la fille.

Autre solution, courante dans le Béarn : doter les filles avec l'argent apporté par la femme du fils aîné... qui est donc incité à choisir une riche fiancée ! Dans de nombreuses régions cependant (Ile-de-France par exemple), les apports des deux fiancés sont souvent équivalents. Lorsqu'en 1700 Marc-Antoine Barboteau épouse Marie Favreau, la fille du notaire de la cour de Marmande (Indre-et-Loire), ses parents apportent par contrat une dot de 100 livres, ceux de la jeune fille 200 livres et Marc-Antoine déclare qu'il possède en propre de son métier de maréchal ferrant un capital de 400 livres dont 100 entreront dans la communauté, ce qui, avec les 100 livres de ses parents, fait 200 « pour égaler ce qui est donné par le sieur Favreau à sa fille ».
Si le versement de la dot est inévitable, le paiement se fait en une ou plusieurs fois,

Deux scènes de signatures de contrats de mariage au XVIIIe siècle.

avec des dates d'échéance précisées lors du contrat, à la Saint-Jean, à la Saint-Martin… La dot d'Antoine Barboteau doit ainsi être versée « le jour de Saint-Jean-Baptiste prochainement venant », celle de la jeune fille est quant à elle « payable à Pâques ». Parfois, la dot n'est pas en monnaie sonnante et trébuchante mais en pièces de toile, en bestiaux ou en ruches de mouches à miel… Un mélange des deux peut aussi être imaginé. Marie Favreau apportait « six brebis, un lit avec son châlit et le tour de lit, six linceuls [draps] de 4,5 aunes la pièce, quatre nappes, douze serviettes, vingt livres de vaisselle d'étain, un coffre de bois de noyer », etc.

Pour retrouver ces contrats, il faut éplucher les archives du notaire de famille ou utiliser les registres du contrôle des actes évoqués pour les inventaires.

Les autres actes notariés

Il existe quantité d'autres actes, qui peuvent chacun vous en apprendre un peu plus sur votre famille. Reprenons notre exemple. Antide Niellon (1697-1731), époux d'Anne Bullier, est un riche « marchand fermier des revenus de la terre et seigneurie de Lacanche », ce qui signifie qu'il a pris à bail la gestion de la seigneurie, un contrat d'autant plus intéressant financièrement que les premiers hauts-fourneaux sont apparus à Lacanche, et vont se développer prodigieusement avec l'essor de la métallurgie au bois, dans une région à la fois riche en minerai de fer et en forêts. On suit ainsi, tous les neuf ans, comment Antide Niellon puis son fils, également prénommé Antide, obtiennent le renouvellement régulier du bail. Mais quand Antide meurt en 1771, avant le terme du contrat (1780), ne laissant qu'un fils de quatorze ans, l'affermage de la seigneurie risque d'échapper aux Niellon. La veuve sait alors habilement négocier pour que le seigneur de Lacanche signe le nouveau bail avec le directeur des forges et fourneaux de Lacanche Jean Finot… père d'une fille unique qui épousera le jeune Niellon quelques années plus tard…

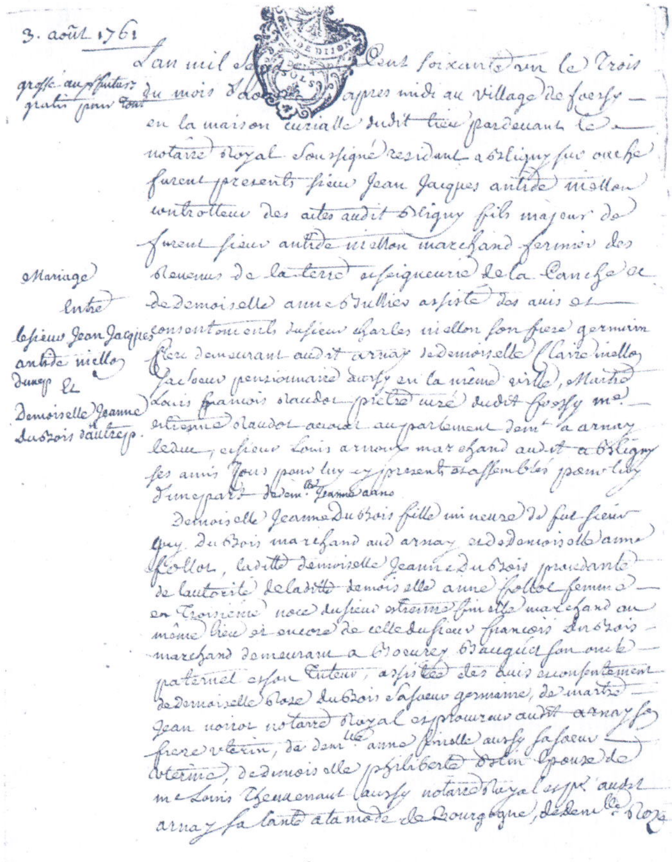
3. août 1761

L'an mil sept cent soixante un le trois du mois d'août après midi au village de Foissy en la maison curialle dudit lieu pardevant le notaire royal soussigné residant a Bligny sur Ouche furent presents sieur Jean Jacques Antide Niellon controlleur des actes audit Bligny fils majeur de feu sieur Antide Niellon marchand fermier des revenus de la terre et seigneurie de la Canche et de demoiselle Anne Bullier assisté des avis et consentements du sieur Charles Niellon son frere germain clerc demeurant audit Arnay demoiselle Claire Niellon sa soeur pensionnaire aussy en la même ville, Maitre Louis François Claudot pretre curé dudit Foissy

Mariage entre le sieur Jean Jacques Antide Niellon dune part et Demoiselle Jeanne Dubois d'autre part.

Photographiée en 2009, la maison qu'habitait Jean Jacques Antide Niellon à la fin du XVIIIe siècle à Arnay-le-Duc. À droite, un contrat de mariage de la même famille en 1761.

Tableau représentant un lit de justice du roi Charles VI au parlement de Paris.

Les archives judiciaires

Comme pour le XIXe siècle, les archives judiciaires peuvent vous être utiles, mais elles ne sont pas conservées sous les mêmes cotes.

Pour les curatelles ou les mises sous tutelles d'orphelins par exemple, les principes juridiques étaient à peu près les mêmes, mais les dossiers étaient établis par le bailli ou le sénéchal en province (les fonds sont en série B des archives départementales) ou par les commissaires au Châtelet à Paris (en série Y 3879 et Y 5198 aux Archives nationales). On y trouve les « avis des parents et de la famille » (l'équivalent de nos conseils de famille) et les noms des tuteurs.

Mais pour retrouver des procès, il vous faudra une connaissance approfondie des juridictions d'Ancien Régime pour comprendre qui a pu juger quoi et où, ainsi que d'excellentes capacités en paléographie, car ces documents sont particulièrement mal écrits, avec un nombre extraordinaire d'abréviations juridiques. Les fonds sont conservés en série B des archives départementales ou Y des archives nationales. Nous conseillons la lecture du *Guide des recherches dans les fonds judiciaires de l'Ancien Régime*, édité par les Archives nationales (pas moins de quelques centaines de pages pour débroussailler l'horizon du chercheur).

Les procédures civiles sont particulièrement nombreuses et se déroulent alors sur plusieurs années, plusieurs décennies, voire plusieurs générations ! « Le procès est l'accessoire obligé de l'hôtel en ville, des terres et du château, signale M. Giordanengo dans son *Dictionnaire de l'Ancien Régime*. Lorsque les procès avec les voisins ne suffisent pas, on peut alors assigner ses parents, sa famille, il y a toujours quelque succession à discuter ». Des dédales de chicanes qui restent bien difficiles à suivre pour le généalogiste débutant.

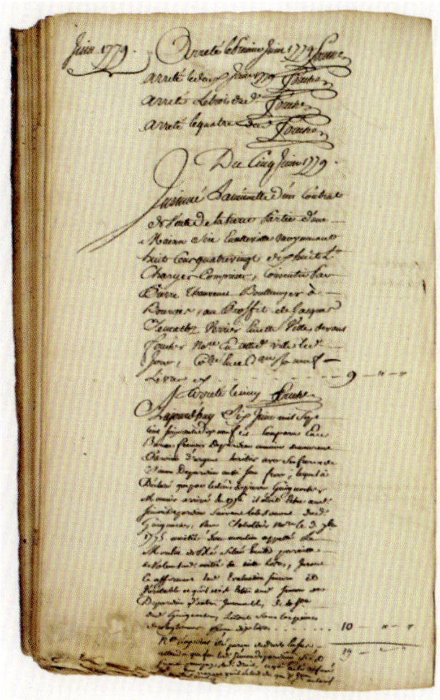

Ci-dessus : registre fiscal de 1775. Source : Archives départementales du Cher.

Les procédures criminelles sont plus simples et plus courtes. Leurs archives sont présentes dans les mêmes fonds. Mais n'y cherchez pas de registres d'écrous : les prisons n'existaient à peu près pas. On peut citer :

– la Bastille. L'archiviste Funck-Brentano a publié en 1901 la liste de toutes les personnes qui y avaient été incarcérées, avec le motif, dans *Les prisonniers de la Bastille* (accessible sur Internet par Gallica, le site de la Bibliothèque nationale)

– le Grand et le Petit Châtelet, tribunaux qui faisaient aussi office de prison jusqu'en 1802 pour le premier et 1782 pour le second ; leurs archives sont aux Archives nationales en Z1H 355 à 376 et en série Y

– les galères, en quelque sorte des prisons flottantes. On y envoyait les prisonniers de guerre d'Algérie ou du Levant, les faux-sauniers (des paysans ayant tenté la contrebande du sel), qui représentaient un tiers des captifs, les déserteurs, les protestants, les assassins et les voleurs. La liste des galériens protestants, avec des éléments biographiques, a été publiée en trois volumes par Gaston Tournier dans *Les galères de France et les galériens protestants des XVIIe et XVIIIe siècles*, ouvrage épuisé mais consultable à la Bibliothèque d'histoire du protestantisme. Pour les autres galériens, il faut explorer les séries B ou G des archives départementales et, aux Archives nationales, les séries Y (pour les criminels), Z (divers) et Z1Q (faux-sauniers).

Les archives hospitalières

Sous l'Ancien Régime, ce sont les paroisses qui prennent en charge les pauvres et les malades (voir leurs archives en série H « Clergé régulier avant 1790 ») dans des hôpitaux gérés par une administration centrale appelée Hôpital général. Ces établissements reçoivent aussi bien les malades, que les mendiants, les fous ou les prostituées. Les registres d'entrée et de sortie des personnes admises sont conservées en série F des archives départementales concernées, avec la liste du personnel religieux ou laïque, administratif ou médical. La série G des archives départementales regroupe quant à elle les fonds des Bureaux des pauvres et de la mendicité, les dossiers des enfants trouvés et des orphelins, les archives des asiles, des sages-femmes, etc. Et quelques observations personnelles y sont notées, ce qui permet de glaner quelques informations sur quelques ancêtres infortunés...

Saint Vincent de Paul et les sœurs de la Charité (ci-contre à Milan et ci-dessus lors d'une présentation à la reine) vont créer de nombreux hospices et hôpitaux.

Que faire si on perd la piste ?

Les difficultés, il y en a et il y en aura toujours. C'est ça aussi qui donne du piment à la recherche généalogique ! Des conseils ont été donnés tout le long de ces pages pour vous éviter de perdre la piste. En voici quelques autres qui peuvent vous aider, si cela vous arrive quand même…

Les tournants et les virants, surnoms donnés aux paroisses mais issus de l'univers de la meunerie…

Lacunes, tournants et virants, orthographe et forme fluctuante des patronymes autrefois, lacunes d'archives, enfants naturels ou abandonnés, ancêtres parisiens, ancêtres venus de l'étranger, autant de cas particuliers qui peuvent vous poser problème.

Attention aux lacunes d'archives

Principe de base : tout noter. Vous pouvez trouver les grands-parents parmi les témoins, contourner un mariage manquant par celui des frères et beaux-frères, deviner la date d'un décès en constatant à partir de quelle date l'aïeul est dit « feu untel » dans les registres, etc. Si vous perdez la piste, n'hésitez pas à consulter les deux jeux de registres : celui de la paroisse, en général conservé en mairie, et son double, conservé aux archives départementales (AD). D'abord parce qu'un des deux jeux peut être lacunaire : les registres de la commune peuvent remonter trente ou cinquante ans plus loin que ceux des AD ou vice-versa. Ensuite parce que les doubles sont parfois recopiés de façon incomplète. Pour la famille Niellon, par exemple, l'exemplaire du greffe (le double) ne mentionnait pas la paroisse d'origine de Léonard Nialon ; c'est l'original seulement qui précisait qu'il s'agissait de Saint-Georges-la-Pouge, dans le Limousin. Signalons que, de plus en plus, les pages numérisées par les archives départementales sur Internet proposent heureusement les deux versions quand elles sont différentes, et que les associations de généalogie dépouillent désormais les deux jeux dans leurs relevés. Enfin, n'oubliez pas que certaines paroisses ont disparu au fil des siècles : consultez leur liste aux archives départementales si vous tombez sur un nom de lieu qui ne vous dit rien.

Attention aux tournants et aux virants

Des actes paroissiaux peuvent vous échapper sans que vous vous en rendiez compte, même s'il n'y a pas de lacunes apparentes dans les registres. D'abord, il peut arriver qu'un curé ait la charge de plusieurs paroisses, et qu'il n'enregistre tous les actes que dans les registres d'une seule, celle où il réside. Ensuite, certains hameaux à mi-

distance entre deux paroisses sont alternativement rattachés à une paroisse ou à une autre, tant au spirituel qu'au temporel. La conséquence pour le généalogiste, c'est que les actes concernant sa famille vont être enregistrés une année dans une paroisse, l'année suivante dans l'autre et que, s'il ne s'en rend pas compte, il risque par exemple de ne repérer les naissances que d'un enfant sur deux... Cette alternance peu connue mais assez fréquente sous l'Ancien Régime est peu repérable (rares mentions dans les actes, rares allusions dans des procès verbaux...), mais certains des ouvrages de la collection *Paroisses et communes de France* éditée par le CNRS en dressent des listes. En Indre-et-Loire par exemple, vingt paroisses ont ainsi ce qu'on appelle des tournants et des virants, une expression évocatrice tirée du vocabulaire des moulins.

Scènes d'inondation et d'orage. Les catastrophes climatiques, comme les guerres, ont pu détruire des fonds d'archives.

Attention aux noms et aux prénoms

On l'a vu pour les siècles plus proches du nôtre : l'orthographe des noms et prénoms est flucutante, ils sont même parfois traduits à partir du XVIIIe siècle, Weiss devenant Leblanc en passant de l'Alsace à la Lorraine ou Dubois se transformant en Van den Bosch en quittant la Picardie pour la Flandre flamande...

Pour l'Alsace, les noms sont même déclinés ! Ainsi, les patronymes se voient ajouter les suffixes *-erin*, *-in*, *-ine*, *-erine* pour les personnes du sexe féminin. Ils portent les suffixes de l'accusatif, du datif ou du génitif allemand selon leur place dans la phrase, principalement l'ajout d'un *-s* final ou du suffixe *-en*. Quant aux patronymes évoquant de façon évidente un lieu d'origine, ils peuvent être modifiés par ajout du suffixe *-er*, signifiant « originaire de » (Hambourg devient Hamburger), ou des préfixes *Am-* ou *Zum-*, qui ont le même sens. Enfin, en Alsace toujours, les noms de famille étaient jusqu'à la fin du XVIIe siècle indiqués avant et non après le prénom.

Du côté des prénoms, signalons en Corse des actes donnant le mot Anonyme en guise de prénom car, si le parrain pressenti était absent lors du baptême, aucun prénom n'était alors inscrit. Du côté des noms, les actes corses du XVIIe siècle (et ce sera encore pire pour les actes plus anciens) ne mentionnent plus les noms de jeune fille des épouses et des mères, ce qui ne facilite pas la recherche.

Dans le Béarn, des usages venus d'Espagne compliquent le repérage des patronymes, les *V* étant parfois utilisés pour des *B* et les *H* pour des *F*.

Attention aux autres langues

Depuis l'ordonnance de Villers-Cotterêts de 1539, les actes officiels, doivent être tenus en français. Dans certaines régions, en général parce qu'elles n'ont été rattachées que tardivement à la France, vous trouvez pourtant au XVIIe siècle encore des documents rédigés dans d'autres langues. Parmi les principaux écueils :

– les registres paroissiaux corses, savoyards ou du pays niçois, en latin ou en italien
– les registres des Pyrénées-Orientales, en catalan jusqu'aux années 1740, malgré un édit de 1700 rappelant que le français est obligatoire
– les registres alsaciens, longtemps tenus en latin ou en allemand
– les documents de la Flandre française (la région de Lille, conquise en 1668, le Hainaut autour de Valenciennes et le Cambrésis autour de Cambrai, rattachés à la France en 1713) peuvent être en flamand jusqu'au début du XVIIIe siècle
– les registres paroissiaux du Béarn, pays rattaché à la France en 1620, sont rédigés en béarnais jusqu'aux années 1620-1630 avant de passer en français. Mais les documents notariés restent en général rédigés en béarnais jusqu'à la Révolution !

Dans ces registres paroissiaux, ce qui vous sauvera d'un désastre total, c'est que les formules sont répétitives : vous vous habituerez assez vite à repérer les noms de personnes, les lieux, les métiers, au milieu de l'ensemble du texte. Pour vous aider dans les traductions latines, pensez bien sûr aux dictionnaires présents dans toutes

Acte de 1789 légitimant un enfant naturel.

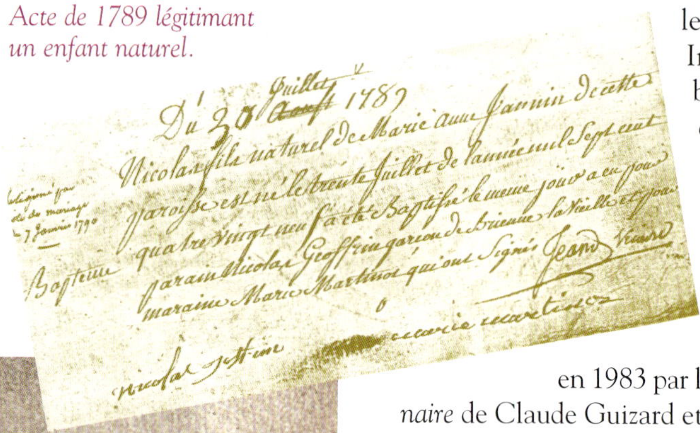

les bibliothèques, mais aussi aux sites de traductions sur Internet, comme www.francegenweb.org/traductions ou bien http://e-transcriptum.net. Ils sont gratuits à condition de ne pas abuser de la bonne volonté des bénévoles...

En Alsace, pour vous y retrouver dans les noms de lieux, vous pouvez consulter le site du Centre départemental sur l'histoire des familles, à Guebwiller, www.cdhf.net. Pour les traductions, il vous faudra consulter le site www.geneapass.org, le *Dictionnaire ancien alsacien-français XIIIe-XVIIIe siècle*, de François-Jacques Himly, édité en 1983 par les archives départementales du Bas-Rhin, ou le *Dialectionnaire* de Claude Guizard et Jean Spath, édité en 1991 par les Éditions du Rhin.

Pour les Flandres, contactez le Centre de recherches généalogiques Flandre Artois, qui dispose à Bailleul d'une importante bibliothèque où vous trouverez, entre autres, un *Glossaire flamand-français à l'usage de l'historien des familles*.

Pour le Béarn, rapprochez-vous des associations locales ou des archives départementales si vous avez besoin de traductions. Elles pourront vous conseiller.

Attention aux enfants naturels

À partir du milieu du XVIIIe siècle, fille-mère n'est pas un statut enviable : les juristes combattent l'Église qui donnait jusqu'alors les torts au père et permettent plus facilement aux riches de chasser une servante engrossée. Au XVIIIe siècle, ces naissances hors mariage sont pour 80 % le fait de domestiques, en général mineures et analphabètes ; la moitié d'entre elles ont été séduites par leur maître, une faute qui s'explique à la fois par leur misère et leur isolement, les études historiques montrant qu'elles sont presque toutes des déracinées placées dans une ferme éloignée de leur paroisse d'origine et que beaucoup sont orphelines. Le « bâtard » est désormais inscrit dans les registres de baptême sans le nom du père, sauf s'il a reconnu l'enfant. Néanmoins, retrouver le père d'un enfant naturel né avant la Révolution reste rela-

Nourrices avec nourrisson. À droite, un bureau de nourrices parisiennes.

tivement facile car, pour éviter tout avortement ou infanticide, un édit d'Henri II de 1556 oblige les filles non mariées et les veuves à déclarer leur grossesse au lieutenant civil du bailliage ou à la police sous peine de pendaison. Dans ces déclarations de grossesse, on trouve des informations précieuses : le nom de la fille, son âge, son origine géographique, son métier éventuel mais aussi le nom du père et les circonstances de la conception. Un risque subsiste : le père véritable, s'il est notable, a pu soudoyer la jeune femme pour l'obliger à mentir et un autre homme pour endosser la paternité lors de la déclaration.

Ces déclarations de grossesse peuvent se trouver dans les archives municipales (en série FF ou dans les registres de police, mélangées avec les documents sur les vagabonds et les filles publiques !) ou aux archives départementales, en série B (cours et juridiction d'Ancien Régime).

Explorez aussi les documents notariés. Si vous pensez avoir trouvé la trace du père, cherchez donc s'il n'a pas laissé un testament : il a pu, au moment de sa mort, laisser un legs important ou l'aveu de sa paternité dans le document. Parfois encore, des procédures de légitimation sont entreprises. Elles devaient obligatoirement être enregistrées par le Parlement et par la Chambre des comptes de Paris. Elles sont classées en séries E, K, M et O aux Archives nationales (ou BB30 pour la fin du XVIIIe siècle), les taxes perçues à l'occasion de ces légitimations étant conservées en Q3. Pour le détail des cotes, voir le *Guide des recherches sur l'histoire des familles* de Gildas Bernard, disponible aux Archives nationales en salle des inventaires. En province, les légitimations étaient enregistrées devant notaire et soumises à la procédure du contrôle des actes (ou insinuation), en série C des archives départementales, dont les registres en donnent en même temps un résumé.

Saint Vincent de Paul est le premier à organiser la réception des enfants abandonnés et à créer des hospices pour les recevoir.

Attention aux enfants abandonnés

Si les enfants naturels sont rares dans les registres de baptême, c'est aussi parce que l'abandon d'enfant est malheureusement plus fréquent : les deux tiers seraient liés à des naissances hors mariage, le tiers restant à la misère, comme l'évoquent les contes traditionnels, *Hansel et Gretel* ou *Le Petit Poucet*.

L'abandon est facilité par la création de tours pivotants construits dans les murailles des hôpitaux et des couvents. Ces cylindres peuvent se manœuvrer de l'intérieur vers l'extérieur pour qu'on puisse y déposer un nouveau-né puis de l'extérieur vers l'intérieur pour que les religieuses récupèrent l'enfant abandonné : l'anonymat est donc total. La généralisation des tours tout au long du XVIIIe siècle entraîne une multiplication des abandons, mais permet de réduire considérablement le nombre d'enfants laissés à tous les dangers, à même la rue ou sous le porche des églises.

Tenus par des congrégations religieuses, les hôpitaux sont chargés de recueillir et d'élever les enfants trouvés. Mais comme ils en reçoivent plus qu'ils ne peuvent en accueillir, ils les confient à des parents nourriciers. Dès que ces petits arrivent à l'hospice, ils sont donc acheminés par des meneurs vers des nourrices de province dans des conditions de transport effroyable. Neuf enfants sur dix meurent dans le transport ou dans les trois mois qui suivent. Quant aux nourrices, elles sont mal payées, difficiles à trouver et peu sûres. Les rares survivants à un an, aussitôt sevrés, sont ramenés à leur lieu de dépôt d'origine, ou, après 1761, laissés en pension chez leur nourrice jusqu'à leur sept ans. Signalons que, à la fin de l'Ancien Régime, six à sept cents parents par an à Paris demandent à récupérer l'enfant déposé pour des raisons de misère. Mais la mortalité, les conditions de certaines admissions et la mauvaise tenue des dossiers rendent quasi-impossible, des années plus tard, l'identification et la restitution de l'abandonné. On ne réussit à en rendre au mieux que trois à cinq par an. Un chiffre affreusement dérisoire. Les procès-verbaux sur les enfants légi-

Un nourrisson dans son berceau au XVIIIe siècle, né dans une famille aisée cette fois.

timés et rendus à leurs parents figurent aussi dans ces fonds d'archives. Les dossiers de l'administration des Enfants assistés puis des hospices de la Seine depuis 1639 sont aujourd'hui conservés aux archives de Paris. Ceux du XVIIIe siècle sont bien sûr consultables. Ils comprennent un procès-verbal relatant les circonstances de la découverte de l'enfant, avec tous les détails sur leur découverte, leurs langes, les éventuels billets ou petits colliers trouvés sur eux, et un extrait du registre des baptêmes.

Attention aux ancêtres parisiens

À Paris, on l'a vu, l'état civil et les registres paroissiaux ont brûlé en 1871. Les reconstitutions ont permis de collecter plus de deux millions d'actes du XIXe siècle, mais, quand on remonte le temps, les chiffres vont en décroissant : 242 000 actes pour le XVIIIe siècle, 5 000 pour le XVIIe siècle... et 5 actes seulement pour le XVe siècle. Les actes antérieurs au XIXe siècle ont en général été ramenés par des familles notables, qui disposaient d'archives personnelles.

Pour le XIXe siècle, les registres paroissiaux de l'évêché pouvaient servir de source de substitution. Mais pour le XVIIIe siècle, impossible : les originaux et les doubles avaient été saisis au moment de la Révolution, tous ont brûlé en 1871.

En remplacement, on peut bien sûr tenter de faire parler les morts : les cimetières et les épitaphes peuvent lever une difficulté. Les Archives nationales ont conservé l'épitaphier du cimetière des Innocents pour le XVIIIe siècle (cote LL 434B), d'autres sont à la Bibliothèque nationale (*Nouvelles acquisitions françaises* 2052 à 2053).

Mais il est surtout nécessaire de mener la recherche à travers les actes notariés, comme nous vous l'avions déjà conseillé pour le XIXe siècle. Les registres récapitulatifs permettant d'accéder facilement au minutier des notaires parisiens sont ceux de l'insinuation et du contrôle des actes (aux archives de Paris en cote D.C6 pour la période 1704-1791, aux Archives nationales en cotes Y86 à Y 494 avant 1704).

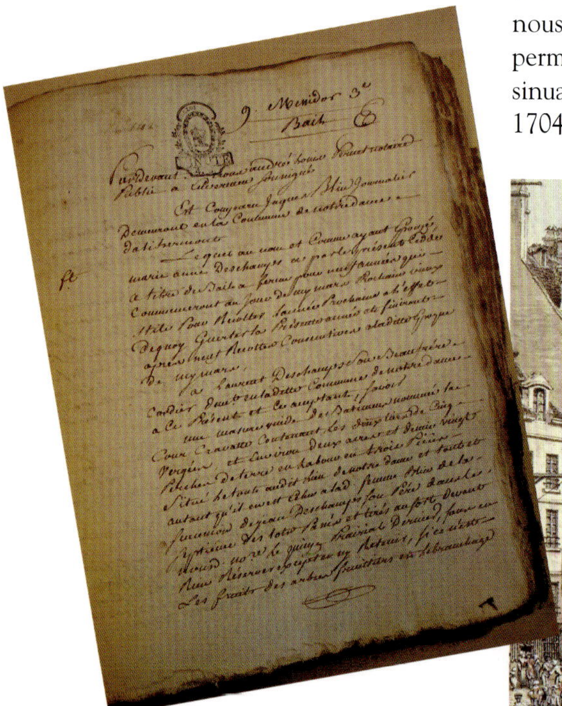

Acte norarié et scène de vie parisienne, en bord de Seine au XVIIIe siècle.

La marine va développer les colonies sous l'Ancien Régime. Côté Europe, les guerres et les mariages vont agrandir le territoire. Ci-dessous les contours de la France au XVIe siècle et au début du XVIIIe.

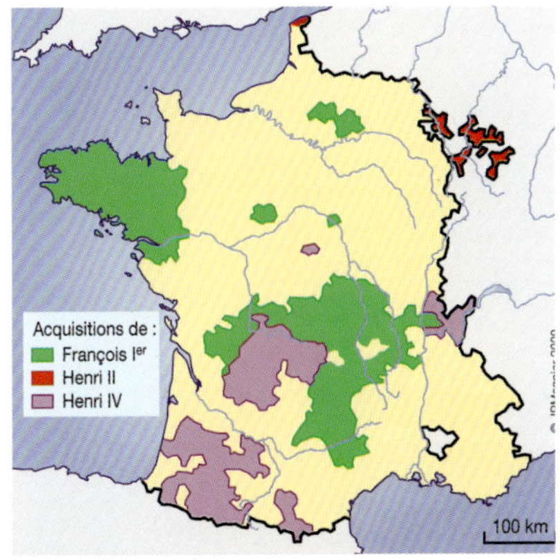

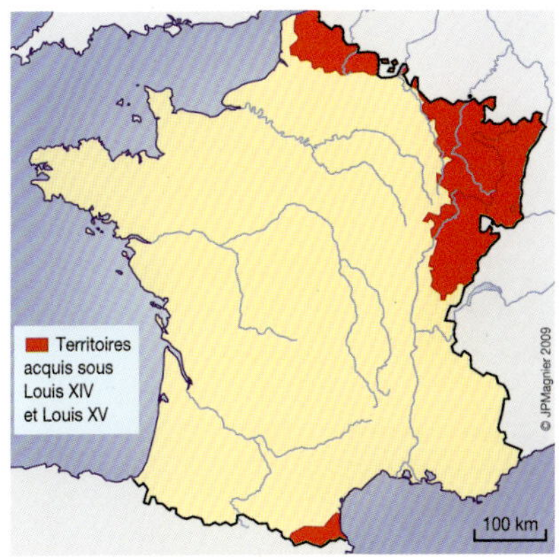

Attention aux ancêtres étrangers…

Sous l'Ancien Régime, on considère comme étranger toute personne née hors de France, même de parents français, et comme française toute personne née en France, même de parents étrangers. Pour devenir française, une personne née hors de France devait donc obtenir des « lettres de naturalité » (le terme de naturalisation ne s'imposera qu'au XIXe siècle). À partir de 1789, les demandes (qu'elles aient abouti ou non) sont conservés aux Archives nationales (cotes BB11). Entre 1703 et 1789, les lettres de naturalité peuvent se trouver aux archives départementales (série B, avec d'autres types d'actes, dans les fonds des cours des comptes et des parlements, pas toujours hélas avec un inventaire analytique alphabétique détaillé) ou aux Archives nationales, dans de très nombreux fonds. Pour le détail des cotes, il est conseillé de se reporter au *Guide des recherches sur l'histoire des familles* de Gildas Bernard, ou à la table alphabétique intitulée *Archives nationales, lettres de naturalité et légitimation 1674-1787* de Jean de La Trollière, Guillemette de Bauffremont et Fernand de la Houssaye, livres tous deux disponibles aux Archives nationales en salle des inventaires. Signalons que, dans les régions (Savoie, comté de Nice…) qui n'étaient pas encore rattachées à la France à ce moment-là, les recherches s'effectuent de la même façon que dans les autres archives départementales.

… et aux colonies

En juin 1776, un édit demande qu'un double de tous les registres paroissiaux, de tous les registres d'inhumation des hôpitaux, des greffes judiciaires, des actes d'affranchissement d'esclaves, des relevés de passagers et de toutes les minutes des notaires établis dans les colonies soit envoyé à Versailles. Cet édit avait un effet rétroactif mais peu de curés, de greffiers ou de notaires ont recopié leurs registres anciens. Ces doubles sont conservés aujourd'hui au Centre des archives d'outre-mer des Archives nationales à Aix-en-Provence, 1 chemin du Moulin-de-Testas, Les Fenouillères, 13100 Aix (voir détail des documents conservés dans l'état général des fonds des Archives

Le Québec et la Louisiane ont longtemps appartenu à la France. Ci-dessus, carte de 1888 et emblème du Québec sous Louis XIV.

nationales) et vous permettent donc une recherche sans aller sur place. L'importance des fonds avant 1776 est très variable d'un endroit du monde à l'autre :

– pour les registres paroissiaux, il n'existe qu'un volume (1720-1734) pour la Louisiane, un seul (de décès 1759-1760) pour Madagascar, 236 registres pour la moitié sud de Saint-Domingue mais très peu pour la partie nord, des fonds irréguliers pour les Antilles et La Réunion...

– les registres d'inhumation des hôpitaux n'ont vraiment été envoyés qu'après 1776 et se résument souvent à de simples listes

– les documents notariés n'ont été envoyés en France qu'à partir de 1777. Attention : l'édit dispensait les notaires du dépôt des testaments et des actes d'inventaires et de partage. On ne trouve ces actes à Aix que pour Saint-Domingue dont les originaux anciens ont été rapatriés

– les listes de passagers embarqués ou débarqués des ports de France ou des colonies sont conservées en F5B 1 à F5B 143.

Attention à la guerre de Trente Ans

La guerre de Trente Ans peut avoir touché votre famille si vous êtes originaire du nord ou de l'est de la France. D'abord guerre civile autrichienne, le conflit, débuté en 1618, s'étend à la majeure partie de l'Europe, ravage l'Alsace et la Lorraine, et ne prend fin qu'en 1648. Il se prolonge par une guerre avec l'Espagne qui dévaste les régions du nord de la France et s'arrête en 1659 avec la paix des Pyrénées, donnant à la France l'Artois, le Roussillon et la Cerdagne. Les ravages sont immenses. La Lorraine voit sa population réduite d'un tiers. Des familles entières ont migré vers le Sud (Bourgogne, Franche-Comté) et vous pouvez perdre des pistes généalogiques à ce moment-là. En Alsace, on parle même de la guerre de Trente Ans comme du « butoir alsacien » parce qu'il subsiste bien peu de registres antérieurs à cette période.